퀀텀 신학

Quantum Theology

-양자역학 용어로 서술한 기독교 신앙-

퀀텀 신학
양자역학 용어로 서술한 기독교 신앙

초판 1쇄 발행 2024년 9월 10일

지은이 김광락
펴낸이 장길수
펴낸곳 지식과감성#
출판등록 제2012-000081호

교정 한장희
디자인 이현
편집 이현
검수 이주희
마케팅 김윤길, 정은혜

주소 서울시 금천구 벚꽃로298 대륭포스트타워6차 1212호
전화 070-4651-3730~4
팩스 070-4325-7006
이메일 ksbookup@naver.com
홈페이지 www.knsbookup.com

ISBN 979-11-392-2077-3(03230)
값 18,000원

- 이 책의 판권은 지은이에게 있습니다.
- 이 책 내용의 전부 또는 일부를 재사용하려면 반드시 지은이의 서면 동의를 받아야 합니다.
- 잘못된 책은 구입하신 곳에서 바꾸어 드립니다.

지식과감성#
홈페이지 바로가기

퀀텀 신학

Quantum Theology

−양자역학 용어로 서술한 기독교 신앙−

김광락 지음

책을 내면서

저는 글을 잘 쓰는 사람이 아니지만 평소 글 쓰는 것을 좋아합니다. 생각을 글로 표현하는 일은 언제나 즐겁습니다. 글을 쓰면서 생각이 정리되기도 하고 새로운 아이디어가 떠오르기도 합니다. 때로는 내가 알고 있는 것이 정말 내 것인지 확인하기 위해서 글을 쓰기도 합니다. 그러나 책을 내는 것은 또 다른 영역입니다. 이것저것 신경 쓸 것이 많아집니다. 특히 학문적인 책을 쓸 때가 그렇습니다. 처음에는 평소처럼 생각을 정리하기 위해 글을 쓰기 시작했는데 주변에서 많은 분들이 격려해 주면서 출판을 시도하게 되었습니다. 먼저 책을 쓰기로 결정하면 크고 작은 제목들, 생각들, 글의 방향과 목적에 관해서 생각나는 대로 메모한 다음에 관련 책을 찾아 읽기 시작합니다. 독자의 평이 좋은 책이나 전문가에 추천받아 읽기 시작합니다. 어떤 책은 정독하고 어떤 책은 속독으로 읽어 나갑니다. 어느 정도 주제별로 생각이 정리가 되면 컴퓨터를 켜고 최대한 빠르게 글을 써 내려갑니다. 그러나 글을 쓰는 속도에 비해 저는 매우 꼼꼼하지 못합니다. 그래서 늘 제 아내가 자세하게 읽고 오자를 찾아내는 수고를 합니다. 아내에게 이번에도 고맙다는 말을 전합니다. 딱딱한 물리 이야기와 신학적 논쟁을 들어 주고 공감하거나 비평도 해 주고 글도 교정해 주는 수고를 아끼지 않았습니다. 그리고 양자 물리학자로서 신학자의 길을 걸었던 존 폴킹혼을 소개해 주고 부족한 저의 글쓰기를 적극 응원해 주신 연세대 김재권 교수님께도 감사드립니다. 글을 쓸 때부터 제 말을 들어 주고 제 글을 읽어 주었던 사랑스러운 딸들이 힘이 되어 주었습니다. 30년 전 청년부에서 교역자와 청년부 회장으로 만나 지금까지 늘 든든한 믿음의 후원자가 되어 준 순섭 형제는 고려대 전자공학과 출신으로 IT업계에서 현역으로 일하는 친구답게 매우 꼼꼼하게 제 글을 읽어 주고 비평해 주었습니다. 그리고 한국광해광업공단 모든 신우회원들께서 제 글쓰기에 관심과 응원을 아끼지 않아 주셨습니다. 모두 고마운 마음 전합니다, 그리고 무엇보다 고마운 이들이 있습니다. 매주 인도하는 교회구역 모임에 부모보다 더 열심인 초등학생들이 있습니다. 저는 예배 전에 이 아이들을 위해 격주마다 과학교실을 열어서 원자모형이나 분광기도 만들고 현미경으로 표본을 관찰하고 주기율표나 자석, 또는 소리굽쇠를 가지고 실험도 하는 등 함께 놉니다. 초롱초롱한 눈망울로 재미있게 반응해 주는 의영, 의준, 윤서, 서진, 하윤, 규리에게 사랑과 축복을 전합니다. 자연과 우주에 관하여 보여 준 이 아이들의 호기심 어린 눈빛이 저로 하여금 이 책을 계속 쓰게 만든 진정한 에너지의 원천이었습니다. 이러한 눈빛을 가지고 살아가는 이 시대의 그리스도인들에게 부족한 저의 책이 작은 도움이 되기를 바랄 뿐입니다.

2024년 5월 원주에서

김광락

"우리가 아는 것은 물방울 하나에 지나지 않는다. 우리가 모르는 것은 큰 바다와 같다."

"우주에 대한 모든 지식과 이해는 광활하고도 헤아릴 수 없는 진리의 바다 해안에서 돌멩이와 조개껍질을 가지고 노는 것에 지나지 않는다."

"중력은 행성의 움직임을 설명할 수 있지만 누가 행성을 그렇게 움직이게 설정했는지에 대해서는 설명하지 못한다."

"가장 단순한 진리에 도달하기 위해서는 수년간의 사색이 필요한 법이다."

— 아이작 뉴턴

목차

책을 내면서   4
추천사 1   10
추천사 2   11

들어가는 말: 내가 양자역학에 관심을 가지게 된 이유   14

1부 일반적인 고찰

양자역학과 신학이 서로 어떻게 관계할 수 있는가?   26
양자역학과 계시   30
원자와 양자란 무엇인가?   34
양자역학의 역사, 그리고 문제점   36
현대 물리학의 3대 이론이 추구하는 것   53
표준모형   58
양자역학의 특징 10가지   59

2부 해석의 도구

신학의 재구성을 위한 양자역학 용어들   70
만물: 하나님께서 창조하신 빛의 세계   75

3부 창조와 창조주

혼돈: 암흑물질과 암흑에너지   86
창조의 첫째 날: 모든 물질의 근원이 되는 빛   93
창조의 둘째 날: 물과 하늘   104
창조의 셋째 날: 땅과 식물   110
창조의 넷째 날: 하늘의 광명체   114
창조의 다섯째 날: 새와 물고기   122

창조의 여섯째 날: 동물과 사람	124
창조론 vs. 진화론	126
하나님은 빛이시라	140
로고스	146
삼위일체	147
양자역학으로 하나님의 존재를 증명할 수 있을까?	154

4부 인간, 죄, 타락

최초 인간의 생명과 신체의 본질	160
죄: 반역	171
죄의 결과: 죽음	173
세상 만물의 신음	176
종말	180

5부 구속과 회복

구원	186
구원에 이르는 믿음	190
예정과 선택	192
속죄의 원리	201
성화(sanctification)	204
중간상태	206

6부 완성

그리스도의 재림	214
영화(glorification)	219
생명책	225
불못	227
새 하늘과 새 땅	229

7부 기타 고려해 볼 주제들

다양한 우주관에 대하여	236
기적	247
산을 옮기는 믿음	251
기도 응답	252
시간을 구하라(Time Redemption)	253
크로노스와 카이로스	259
시간 여행은 가능한가?	267
외계 문명은 있는가?	269
사물을 본다는 것의 의미	270
무엇이 참 실재인가?	275
만물을 보는 관점	278
제비뽑기	280
지식의 말씀에 관하여	284
성경에 관하여	291
천사들에 관하여	299
윤회사상에 관하여	302
퀀텀 시크릿(Quantum Secret)에 관하여	304
'안다는 것'의 의미	307
내일 일을 자랑하는 것이 왜 죄가 되는가?	310
하나님의 음성을 듣는 삶	311
기독교 생명윤리	312
'깨달음'과 '거듭남'	317
설교	321
선교하는 하나님	327
교회: 빛의 공동체	337
너를 이해함으로써 나를 이해한다	340
에필로그	345
참고문헌	348
부록 1 – 양자역학 & 천체물리학 연표	351
부록 2 – 나의 신앙고백문(My Confession)	356

추천사 1

우리는 가끔 시야가 넓어지는 경험을 한다. 물리학을 전공하다가 과학철학의 넓은 세계를 알고 전공을 바꾼 사람이 있다. 보건학을 평생 공부하다가 하얀 캔버스에 그림을 그리는 세계에 매료되기도 한다. 나는 공학을 20년 정도 전공하다가 인문학의 세계를 10년 전부터 탐험하고 있다. 폴킹혼은 양자역학을 오랜 기간 전공하다가 신학을 시작했다. 익숙하지 않은 세계는 자기의 고정관념을 느슨하게 할 것을 요구한다. 기꺼이 자기 확신을 비판의 대상으로 삼으려는 용기가 필요하다. 예상하지 못한 일이 벌어져도 느긋한 마음으로 받아들이는 자세가 시야를 넓히는 출발점이 아닐까. 낯선 곳을 여행할 때의 마음처럼. 하나님의 말씀에 순종해서 익숙한 곳을 떠나 유목민으로 살기로 결심한 아브라함처럼.

김광락 목사님은 신학을 오랜 기간 가르치시다가 양자역학의 매력을 경험하셨다. 폴킹혼의 반대 방향이다. 여러 나라를 경험하며 선교활동을 하셔서 그런지 다른 학문 분야에 대해 마음의 문을 활짝 열고 거침없이 탐험하셨다. 그 탐험은 호기심을 충족시키는 데서 멈추지 않고, 신학을 더 풍성하고 강하게 했다. 양자역학의 용어로 복음의 핵심을 재정리한 것이다. 『퀀텀 신학』을 읽고 있으면 저자의 설렘이 느껴진다. 과학은 논리적으로 견고하지만 신학은 그렇지 못하다는 편견이 있는 분들에게 강력 추천한다.

2024년 5월
연세대 미래캠퍼스 김재권 교수

추천사 2

 어릴 때 밤하늘에 빛나는 은하수를 보며 광대한 우주에 대한 궁금증이 생겼고, 제가 사는 세상과는 다른 무한한 세계가 있다는 것을 자연스럽게 받아들였습니다. 지금은 도시화로 은하수가 아닌 별 몇 개를 보기도 힘든 환경이 되어 버렸습니다. 이러한 환경으로 인해 요즘 젊은이들은 광활하고 큰 꿈을 잃어버리고 현실에 갇혀 사는 것이 아닌가 생각하게 됩니다. 이러한 면에서 이 책은 최신 과학인 양자 이론과 신학을 결합하여 작게는 원자의 움직임부터 크게는 우주와 별들이 있음을 설명하며, 그 모든 것을 지으신 하나님의 창조 섭리를 이해하도록 도와 무한한 꿈을 꾸게 돕는 책입니다. 이 책은 고전 물리에서 이해할 수 없었던 빛이 입자(물질)이며 동시에 파동(비물질)이라는 것을 설명하는 양자 이론을 설명하는 것을 넘어 물질적인 것만 진리라 믿는 사람들에게 비물질 세계로 이루어진 하나님의 존재 및 영적인 에너지, 즉 파동이 있다는 것을 입체적으로 잘 설명한 책입니다.

 저는 양자역학을 현실에서 가장 잘 응용하고 있는 전자공학, 그중에서도 반도체 설계 분야에서 30년 이상 일하고 있습니다. 전자공학은 전자를 다루고 응용하는 학문이기에 전자의 움직임에 따른 빛 혹은 전자기파에 대해서 연구합니다. 전자의 움직임은 빛과 에너지로 변환되어, 레이더, 무선 통신, 가시광선(모니터), 소리 등 다양한 주파수에서 나타납니다. 이 주파수 특성을 이해하면 인간의 한계를 깨닫게 됩니다. 우리가 볼 수 있는 주파수는 가시광선 영역으로 한정되어 있고, 우리가 들을 수 있는 소리도 마찬가지로 가청 주파수

영역만 들을 수 있기 때문입니다. 예를 들면, 우리가 보는 장미꽃이 빨간색인 것을 귀로 들으려 하지 않고, 애국가 연주를 귀로 들으려 하지, 눈으로 보려고 하지 않습니다. 전자공학의 관점에서는 빨간색이나 음악이나 둘 다 특정 주파수의 파동이지만 어떤 것은 보기만 하고, 어떤 것은 듣기만 할 수 있기에 인간의 한계에 따라 보이지 않고, 들리지 않는 세계가 있다는 것을 인정할 수밖에 없습니다.

이 책을 통해 온 우주에서 가장 크신 하나님께서 만드신 파동을 중심으로 하나님과 비교할 때 전자보다 더 작은 사람이 그 주위를 돌며 그 파동(에너지, 말씀, 힘)으로 사는 것이 얼마나 아름답고 생명력이 넘치는 일인가를 깨닫게 되시기를 바랍니다.

오픈 엣지 테크놀로지 이순섭

"두 개의 진리는 서로 모순될 수 없다."

"진리를 알지 못하는 자는 단순히 멍청한 사람에 불과하지만 진리를 알고도 그것을 거짓이라고 하는 사람은 범죄자이다."

"자연의 법칙은 수학 언어를 가지고 하나님의 손으로 쓰인 것이다."

"감각으로 느낄 수 없을 때는 이성이 개입해야 한다."

"그래도 지구는 돈다."

— 갈릴레오 갈릴레이

들어가는 말:
내가 양자역학에 관심을 가지게 된 이유

나의 어릴 적 꿈은 천문학자가 되는 것이었다. 밤하늘을 올려다보면서 무한한 우주의 세계를 상상하는 것을 즐겼다. 밤하늘의 별들을 보면서 별들 사이를 유유히 다니면 얼마나 좋을까 생각하면서 그러한 우주를 여행할 우주선을 만드는 나 자신을 상상하기를 좋아했다. 그러다 십 대 초반에 예수님을 만나게 되었고 그분의 말씀을 전하는 일에 내 생애를 드리기로 결심했다. 복음을 전하는 데 도움이 될 것 같아서 그렇게 하기 싫어했던 영어 공부를 열심히 했고, 그래서 대학교의 영문학과로 진학을 했다. 그리고 신학대학원을 나왔고 목사가 되어 교회를 섬기기 시작했다. 어찌어찌하여 영어권 선교사로 파송되어 15년간 선교사로 사역을 하였고 또 어찌어찌하여 선교지에서 철수하여 고국인 대한민국 땅으로 돌아오게 되었다. 그리고 아무 연고도 아는 사람도 없던 강원도의 어느 작은 도시에 정착을 하게 되었다.

이삿짐을 정리하는 등 한국에 재정착하는 것이 잘 마무리되고 한숨 돌리려는 순간에 내게 찾아온 것이 양자역학이었다. 문과 출신인 내가 현대물리학의 주류가 되어 버린 양자역학에 관심을 갖게 된 것은 우연처럼 보였다. 그러나 양자역학에 관련한 책과 관련된 정보를 알아 가면서 점점 흥미가 커져 갔다. 내가 아프리카에서 선교사로 있을 때 했던 일은 가난하여 신학교를 가지 못했던 흑인 목회자들에게 성경과 신학을 가르치는 일이었다. 그랬던 내가 양자역학에 흥미를 가지게 된 이유는 아마도 내가 예수님을 만나기 이전에 나의 성향이 우주에 대한 호기심이 많았었기 때문이었을 것이다. 아프리카에서도 다양한 구경의 반사 및 굴절식 천체 망원경을 사용하여 밤하늘을 관측하는 것을 즐겼고 틈틈이 천문학에 관련된 책을 찾아 읽는 것을 좋아했다. 그런 나와 함께 살아서인지 아내는 거의 모든 별자리를 다 알고 있다! 내가 양자역학을 알아 가면서 새로운 시야가 열리는 재미를 경험하게 된 것은 우연이 아닐 것이다.

　내가 믿는 하나님은 온 세상을 말씀으로 창조하신 분이며 아담의 죄로 말미암아 고통을 겪으며 신음하는 온 세상을 위해 사랑하는 독생자를 기꺼이 내어주신 분이며, 그 아들을 통해 죄인을 구원하실 뿐만 아니라 뒤틀린 온 세상을 회복하며 새롭게 통일시키려 하시는 분이시다. 하나님께서 모든 만물을 창조하셨을 뿐만 아니라 그 만드신 모든 만물을 다스리고 계시며, 만물은 그 창조주의 영광과 능력을 빛나게 반사시키고 있다고 나는 굳게 믿는다. 아프리카의 밤하늘을 바라보는 것은 언제나 황홀했고 큰 즐거움이었다. 무수히 반짝이는 별들은 외국에서 나그네로 사는 외로움과 서러움을 잊게 해 주었다. 우주는 하나님의 위대하심 앞에 내가 얼마나 작고 보잘것없는 존재인지 깨닫게 하는 스승이자 말을 걸어 주는 친구와 같았다. 별들과 함께하는 시간은 정말 행복한 시간이다.

양자 물리학자들이 나의 글을 본다면 양자론을 신학에 적용하는 것에 대해 비웃을 것이다. 그리고 신학자들이 본다면 과정신학[1]의 한 흐름이 아니냐고 생각할지 모르겠다. 그러나 하나님께서 만물을 창조하셨고 그 모든 만물이 하나님의 영광을 드러낸다는 믿음을 양자론으로 설명하는 것이 하나도 이상하지 않다고 본다. 왜냐면 양자물리학은 만물이 원자로 되어 있으며 원자의 움직임을 설명하는 이론, 즉 양자역학으로 만물을 설명할 수 있다고 믿기 때문이다. 새롭게 알게 된 양자역학은 나의 믿음이 비이성적인 영역이 아니라 '과학적'임을 깨닫게 해 주었다.

물론 나는 하나님의 존재나 기독교 신앙체계를 과학적으로 '증명'할 수 있다고 생각하지 않는다. 단지 과학의 용어를 빌려 '설명'하려고 할 뿐이다. 과학은 실험으로 증명하지 못하는 것을 다루지 않는다. 그러나 과학은 충분히 신학을 풍부하게 해 줄 수 있는 언어와 실험 결과를 가지고 있다. 내가 양자역학에 대해 배우면 배울수록 그것은 하나님의 창조세계와 지금도 그 모든 만물을 다스리시는 하나님의 일이 어떻게 작동되고 있는지 생생하게 이해시켜 주었다. 양자역학을 접하기 전에 확고부동한 신념으로 내 안에 자리 잡았던 신학

1　과정신학(Process Theology)은 화이트헤드의 과정철학을 신학에 적용한 것이다. 존 캅(John B. Cobb, 1925-)으로 대표되는 과정신학은 하나님의 속성이 과정에 의해 영향을 주고받는다는 개념이다. 반면 전통적인 유신론은 하나님은 영원하고 세계에 의해 변화되거나 영향을 받는 존재가 아니라고 본다. 나는 하나님께서 만물을 창조하시고 만물 위에 초월하여 계시며 동시에 만물 안에 계셔서 만물의 변화에 영향을 주시나 영향을 받지 않는 영원불변성의 하나님을 믿는다.

의 체계가 흑백으로 채색된 그림이었다면 양자역학을 접하면서부터 찬란한 빛을 내기 시작했다. 이와 같이 시야가 넓어지는 경험은 언제나 즐거운 일이다.

예전에는 무조건 믿었고, 당연히 믿어졌던 그러한 신념이 이제는 왜 그러한지 이해되기 시작했고 선명한 그림으로 다가오기 시작했다. 하나님께서 창조하신 빛, 만물, 우주, 그리고 인간, 하나님의 말씀, 인간의 믿음과 불신앙, 삼위일체, 구원, 심판, 부활과 영생, 새 하늘과 새 땅 등등 모든 신학체계들이 새롭게 조명되고 화려한 색깔로 덧입혀지기 시작했다. 그래서 그것을 하나씩 정리하기 시작했다. 그리고 아내와 딸들에게 혹은 가까운 사람들에게 조금씩 나누기 시작했다. 그것은 그들을 가르치려는 의도가 아니라 내가 배운 것을 잊지 않기 위해 정리하기 위함이었다. 주변인들은 나를 신기하게 바라보았지만 나는 내가 알아 가는 하나님의 창조세계가 더 신기할 따름이었다.

나는 평범한 목사요, 선교사일 뿐이다. 그러나 나의 기쁨을 누군가와 나누고 싶었다. 특히 기독교 신앙이 현대과학의 세계에 대해 무지하다고 생각하는 지성인들이 있다면 특히 더욱 그렇다. 신학은 최첨단 물리학의 세계와 대화할 수 있다고 생각한다. 그래서 배우고 느낀 것을 기록하기 시작했다. 물론 나는 과학을 신학에 적용하려는 이른바 '과정신학자'가 되고 싶지는 않다. 나는 성경의 무오성을 굳게 믿는다. 나는 신학에 대한 자부심이 있다. 나는 하나님을 부인하는 진화론을 받아들이지 않는다. 그래서 진화론적 입장에서 신학을 이해하려는 '과정신학'을 받아들이지 않는다. 나는 하나님의 말씀의 권위 아래 모든 학문이 복종해야 한다고 철저히 믿고 있다. 성경의 권위와 과학의 관측과 실험 결과를 동일한 권위의 선상에 둘 수 없다고 믿는다. 그리고 그 어떤 학문이나 실험 결과도 하나님의 말씀의 권위를 부정할 수 없다고 믿는다. 그러나 우주 만물에는 부인할 수 없는 '변화'가 관측되고 있는데 신학은 그것을 부정하면 안 된다고 생각한다. 우주 만물에서 발견되는 참되고 의미 있는 변화, 그곳에 하나님이 계신다고 믿는다.

과학자들은 종교인이나 신앙인과 달리 오직 실험으로 증명되는 것만을 '믿는 사람들'이다. 그래서 그들은 증명할 수 없는 '이론'이나 '가설'에는 그다지 관심을 보이지 않는다. 그러나 놀랍게도 그들은 실험뿐만 아니라 이론이나 가설을 세우는 사람들이기도 하다. 자신들이 이해할 수 없고, 실험으로 증명할 수 없는 어떤 현상에 대해 상상력과 논리적 유추를 통해 '그럴듯한 가설 혹은 이론'을 세우는 것을 좋아하기도 한다. 좋은 이론이 좋은 실험으로 이끈다고 믿는다. 이론 물리학자들이 그런 사람들이다. 과학자들은 이미 밝혀진 실험 결과를 토대로 어떤 새로운 이론을 세우기도 하고, 세워진 가설들을 검증하는 방법들을 모색하기도 한다. 그들의 모든 출발점은 '이성'과 '실험'이다. 그들이 학문을 하는 방법은 귀납법적(歸納法的)이다. 그러나 신학자들의 관점은 '계시'에서 출발한다. 기본적으로 신학은 연역적(演繹的)이다.[2] 물론 이성과 과학에서 출발하여 하나님과 하나님의 말씀을 이해하려는 시도와 이성과 과학을 하나님의 말씀과 병립시키려는 시도가 있기도 하다. 내가 이해하는 과정신학(process theology)이 그렇다. 그러나 나는 철저히 하나님의 말씀의 권위 아래 이성과 경험이 복종해야 한다고 믿는 사람이다.

그러나 만일 하나님의 말씀과 과학자들의 이성과 실험이 서로 상충된다고 보인다면 어떻게 할 것인가? 옛날 갈릴레오(Galileo Galilei, 1564-1642)는 지구가 태양을 공전한다고 했을 때 교회로부터 공격을 받게 되었다. 그러나 역사는 갈릴레오를 정죄한 교회가 잘못했다는 것을 알려 준다. 종교개혁자인 마틴 루터 역시 갈릴레오를 정죄했었다. 지난 2천 년의 역사를 살펴보면 교회의 판단이 언제나 옳고 언제나 진리였던 것은 아니었다. 십자군 전쟁이 그 대표적인 예다. 수많은 과학자들을 마녀 취급하며 정죄하던 어리석음을 교회가 범했다. 교회가 정직한 과학자들을 비난한 적이 많았다. 성경은 무오하지만 성경을 해석하고 가르치는 교회가 실수할 수 있다는 것을 알아야 한다.

따라서 만일 어떤 과학자들의 주장이나 실험 결과가 전통적으로 교회가 믿고 가르쳐 왔던 것과 서로 배치되는 것처럼 보인다면 두

---

2 귀납법(inductive reasoning)이란 세부적인 관찰을 통해 일반적인 법칙을 발견하는 방식이라면, 연역법(deductive reasoning)이란 일반적인 명제로부터 시작하여 세부적인 사항을 추론하는 사고방식을 의미한다.

가지를 생각해 보아야 한다. 첫째, 과학자들의 이론과 실험 결과가 언제나 진리가 될 수 없다는 사실이다. 예를 들어 빛은 입자라고 믿었던 뉴턴의 주장이 150여 년간은 확실한 '진리'처럼 받아들여졌지만 결국 '빛의 파동설'로 대체되었고, 또한 빛의 파동설은 아인슈타인에 의해서 '빛의 입자-파동 이중성'으로 결론이 나지 않았던가? 과학자들의 이성과 실험은 그 자체로 완벽하지 않다는 것이다. 둘째, 교회가 전통적으로 가르쳐 왔던 교리가 성경의 권위 아래 있지 않을 수 있다는 것이다. 천동설을 굳게 믿었던 교회가 지동설에 대해 어떤 반응을 보였는가? 중세교회가 갈릴레오의 지동설을 정죄했던 이유는 지구가 우주의 중심이라는 것이 '교리적'이라고 믿었기 때문이었다. 교회는 자신들의 교리가 '틀릴 리가 없다'고 믿었다. 교회는 자신들의 신념이 '진리'라고 믿었고, 다른 신념을 가진 과학자들을 정죄하기 시작했다. 그리고 그러한 교회가 권력을 가졌을 때 얼마나 많은 무고한 생명이 피를 흘려야 했는가? 과학자들이나 신학자들이 모두 '오만과 독선'에 사로잡힐 수 있다. 역사를 보면 대체로 종교나 과학이 권력을 가진 권위주의 집단이 될 때 그런 경향이 두드러진다.

그래서 교회가 평소 가져왔고 가르쳐 왔던 '신념'이 과학자들로부터 공격을 받는다면 과학자들을 정죄함으로써 자신을 방어할 것이 아니라 한 번쯤 자신들의 신념이 '완벽하지 못한' 혹은 잘못된 신념일 수 있다는 의심을 해 봐야 한다. 그것은 하나님의 말씀을 부정하는 것이 결코 아니다. 오히려 하나님의 말씀에 더 가까이 다가가는 것이다. 교회들의 잘못은 대부분 하나님의 말씀에 자신들의 생각과 전통을 더하여 왜곡된 신념체계를 만드는 것이다. 아이러니하게도 교리를 지킨다는 강한 신념이 오히려 진리를 대적하게 된다. 사실 과학과 신학은 서로를 보완해 주는 좋은 친구 같은 관계이다. 과학과 신학이 서로를 돕고 보완하는 관계를 가질 수 있는 까닭은 오직 한 가지다. 진리를 사랑하는 마음이다. 진리를 추구하는 마음만큼은 공통분모를 형성하기 때문에 과학과 신학은 서로를 배척하거나 부정할 수 없다. 진리를 사랑하는 마음은 자신의 생각이 틀릴 수 있다는 생각, 즉 겸손한 마음이기도 하다. 겸손은 자신을 낮추고 상대방을 배우려는 자세이다. 학자가 겸손을 잃어버리면 교권을 휘두르게 된다.

고전역학의 세계관에 젖어 있던 과학자들은 결정론적 우주관을 가지고 있었다. 그들은 자신들이 믿던 과학 법칙을 부정하는 듯이 보이는 신비, 기적, 신의 존재 같은 것을 받아들이지 못했다. 그들은 하나님을 믿더라도 하나님이 그저 우주를 창조하시고 관망만 하는 존재로 여겼다. 그러나 20세기 들어서면서 양자역학이 급부상하면서 과학자들은 스스로 한계를 인정하기 시작했다. 원자의 세계가 인간의 이성과 실험으로 알아내기에 한계가 있다는 것을 깨닫기 시작한 것이다. 이제는 교회가 스스로 변화되어야 할 시기이다. 자신들의 신념에 갇혀 있기보다는 과학의 눈으로 자신들의 교리체계를 되돌아볼 수 있어야 한다. 그리고 과학을 적대시하고 공격하는 것이 아니라 과학자들의 언어와 논리로 자신들의 교리와 신념을 서술하는 용기와 여유를 가져야 한다. 그러지 못한다면 교회는 세상에서 고립될 것이다. 옛날처럼 지구를 중심으로 태양이 돌고 있다거나 지구가 평평하다고 외쳐 보라. 누가 귀를 기울이려고 하겠는가. 그런데 지금 교회가 그러고 있는 것처럼 보인다.

과학자들은 끊임없이 실험하고 격렬하게 논쟁함으로써 조금씩 변화하는데 교회가 가만히 있으면 되겠는가. 교회는 자신들이 붙들어 왔던 교리체계를 되돌아보아야 하고, 새로운 언어로 다시 진술해야 한다. 물론 이럴 때 결코 놓지 말아야 할 원칙이 있는데, 성경의 권위 아래 모든 학문이 복종해야 한다는 것이다. 즉, 신학은 과학의 발전 과정에서 얻어 낸 결과들을 받아들이고, 그러한 언어로 자신들이 신학체계를 재구성하되, 그러한 노력이 성경 스스로 부정하는 또 다른 모순을 만들어 내지 않도록 하는 것이다.

나는 내가 말하고자 하는 바를 7부로 나누어서 정리하고자 한다. 1부는 양자역학에 대해 배우게 되면서 내가 갖고 있던 신학체계와 어떻게 상호 관계할 수 있을지에 대해 모색하는 내용이다. 2부에서는 앞으로 어떤 방법론을 가지고 글을 전개할 것인가에 대해 정리했다. 3부에서부터 6부까지는 기독교 세계관의 기본 골격인 '창조-타락-구속-완성'을 따라 써 내려가고자 했다.[3] 3부에서는 기독교 신학의 첫 단추라고 할 수 있는 '창조와 창조주'에 관하여 진술하려고 한

---

3 일반적인 기독교 신학은 성경신학-조직신학-역사신학-실천신학-선교신학의 분야가 있으며 그중에서 조직신학은 계시론-신론-인간론-기독론-구원론-교회론-종말론의 흐름으로 전개된다.

다. 4부에서는 '인간, 죄, 타락'에 관하여 살펴볼 것이다. 5부에서는 '구속과 회복'에 관하여 6부에서는 '완성된 세상'에 관하여 다룰 것이다. 마지막 7부에서는 우주론과 시간론과 같이 사소할 수 있지만 몇 가지 중요한 주제들을 챙기고자 한다.

나는 양자역학의 용어로 내 안에 형성된 기독교 신학체계를 다시 써 보기로 결심했고 『퀀텀 신학』이라고 제목을 붙여 보았다. 과학도 그렇듯이 신학도 언제나 완벽할 수 없다. 항상 새롭게 되어야 하고 개혁되어야 한다. 아무쪼록 평범한 일반 신학도가 양자 물리학을 배우면서 알게 된 것으로 신학체계를 다시 진술한 것을 통해 다른 누군가 기독교 진리의 진수를 조금이라고 알게 되기를 희망해 본다. 현대 물리학과 우주론에 관심이 있는 크리스천들, 그리고 양자역학이 점점 일반인들의 상식이 되어 가는 과학 시대를 살아가는 현대인들에게 하나님의 말씀이 쉽게 다가가는 계기가 되기를 바란다.

1부
일반적인 고찰

"창조력이란 재미를 느끼는 재능이다."

"상상력은 지식보다 중요하다."

"질문이 정답보다 중요하다."

"질문하지 않으면 실수하게 된다."

"나는 똑똑한 것이 아니라 단지 더 오래 고민할 뿐이다."

"논리는 당신을 A에서 B로 데려다줄 것이다. 상상력은 당신을 어디로든 데려가 줄 것이다."

- 알베르트 아인슈타인

1부
일반적인 고찰

양자역학과 신학이 서로 어떻게 관계할 수 있는가?

양자역학(量子力學, quantum physics)은 지난 100년 넘게 발전해 오면서 21세기 문명을 꽃피우게 한 첨단 물리학의 분야이다. 그런데 2천 년 넘게 지속되어 온 기독교 신학과 어떻게 어울릴 수 있을까? 하나는 원자의 세계에서 일어나는 법칙을 연구하는 학문이고, 과학자들의 눈에 비친 신학은 형이상학(形而上學, metaphysics), 즉 관찰할 수 없는 영역을 다루는 학문이 아닌가?

형이상학자들은 주로 다음과 같은 질문들을 다룬다. 우리가 보고 느끼는 것이 과연 진짜인가? 실재하는 것은 무엇인가? 나는 누구며, 과연 신은 있는가? 인간에게는 자유의지가 있는가? 의식은 무엇이며 영혼은 있는가? 그러나 보이는 세계를 주로 다루는 물리학(고전물리학)이 보이지 않는 원자의 세계를 다루는 양자론으로 넘어오게 되면서 이제는 과학자들도 자연스럽게 위와 같은 철학적인 문제를 피할 수 없게 되었다. 양자역학이 형이상학과 고전물리학의 경계를 복잡하고 모호하게 만들었다. 물리학과 신학이 서로 공유할 수 있는 접촉점이 생긴 것이다.

영국의 성공회 목사인 존 폴킹혼(John Polkinghorne)은 이 부분에 관하여 좋은 책을 썼다. 『양자물리학과 신학』이 그것이다. 이 책에서 폴킹혼은 양자역학과 신학의 유사성에 관하여 말하고 있다. 그는 신학자가 되기 전에 오랫동안 입자 물리학자로 일했다. 물리학자로서 신학을 한 것이다. 그는 최신 물리학과 신학이 서로 비슷한 점을 가지고 있다는 것을 자신의 책에서 말하고 있다. 그래서 그는 과학과 신학이 서로 친구로서의 관계로 발전하기 위해서 '비교발견법'을 사용하자고 제안하고 있다.

"물리학이나 신학은 실재의 놀라운 특성에 관한 사실을 맹목적으로 받아들이는 것만으로는 만족할 수 없습니다. 이 새로운 지식을 더 깊이 있는 이해의 컨텍스트에서 설정하려면, 더 투쟁해야 합니다. 빛의 사례에서 보면, 디랙(Paul Dirac)의 통찰이 양자장이론(quantum field theory)의 발견을 가져왔을 때, 물리학자는 파동-입자 이중성을 보고 편안하게 느끼기 시작했습니다. 왜냐하면 장은 공간과 시간 내에서 퍼지기 때문에, 장은 파동 같은 속성을 가지고 있습니다. 장이 양자화되면 장의 에너지는 입자 같은 행동에 해당하는 묶음 속으로 들어옵니다. 예상치 못했던 이중적 특성을 계속 지니는 특정한 사례를 검사할 수 있게 됨으로써 그 위협적인 패러독스는 사라졌습니다. 비슷한 방식으로, 기독교의 사고는 그리스도에게 신의 위상을 인정하는 것으로만 충분한 것이 아니라 그러한 하나님의 위상이 이스라엘의 하나님의 근본적 위상과 어떤 관계가 있는지 밝혀야 합니다. 즉 신학적 탐구는 결국 삼위일체와 성육신의 믿음을 갖도록 교회를 이끄는 여정입니다. 양자이론과 신학 모두 다 새로운 발견이 실제로 이루어지는 방법을 고려하면, 더 깊이 있는 이해를 할 수 있고, 더 깊이 있는 이해가 매우 다른 종류의 주제를 다루는 두 형태의 합리적 탐구 사이에 분별 가능한 논리적 유사관계를 더 많이 추구하는 방법을 제공합니다. 유사성은 경험이 사고에 영향을 주는 방식으로 나타나고, 발견법의 전략은 더욱 충분한 이해를 제공하기 위해 발전하는 방식으로 나타납니다."[4]

과학과 신학 사이에서 유사성을 발견하는 방식으로 대화를 시도하는 작업은 여러 사람에 의해서 시도되었다.[5] 『기독교 신앙과 카오스 이론』에서 저자 강성열 교수는 카오스 이론을 신학체계에 응용하였다. 나비효과로 널리 알려진 카오스 이론은 복잡성과 다양성 속에서 일정한 규칙성과 단순성을 보여 준다는 점에서 그 안에 질서와 법칙을 감추고 있는 이른바 결정론적인 카오스 내지는 질서를 낳는 혼돈이라고 본다. 이 책은 카오스 이론과 성경의 다양한 가르침 사이에 있는 유사성을 발견하고 신학에 적용하고 있다.[6]

비선형(non-linear) 이론 또는 복잡성의 과학으로 불리는 '카

---

4 폴킹혼의 양자물리학과 신학, 존 폴킹혼, 현우식 역, 동방박사 출판, pp. 50, 51
5 최근에는 불교에서 양자역학을 적극적으로 인용하고 있으며, 심리학 의학 생물학 등 심지어 마인드 콘트롤을 통해 부자가 될 수 있다는 적극적 사고방식주의자들도 양자역학을 활용하려는 추세이다.
6 기독교 신앙과 카오스 이론, 강성열, 대한기독교서회 출판, p. 6

오스 이론'(Chaos Theory)은 1970년대 이후로 비약적으로 발전하기 시작한 학문 분야이다. 이 이론의 주된 연구 대상은 카오스 현상이다. '카오스'란 '혼돈' 또는 '무질서'를 뜻하는 것으로, 어떤 시스템이 일정한 법칙에 따라 변화하고 있는 것 같지만, 실제로는 그 나타나는 양상이 너무도 복잡하고 불규칙하여 미래의 상태를 예측할 수 없는 상태를 말한다. 지금까지 자연과학자들은 자연의 법칙을 알아내기 위해 부단히 노력해 왔지만 이러한 혼돈의 문제에 관해서는 관심을 두지 않았다. 그들이 대표하는 고전 과학은 단지 균질하고 매우 단순한 조건을 갖춘 자연 현상만을 탐구의 대상으로 삼았던 것이다. 이른바 기계론적인 또는 결정론적인 세계관에 기초해서 말이다. …카오스 이론은 그것을 학문적으로 규명하려는 노력이다. 겉으로 보기에 무질서하고 예측 불가능한 현상 속에 내재되어 있는 정연한 질서를 찾아내어 이러한 현상들에 대한 새로운 이해의 길을 제시하고자 했다…. 카오스 이론은 본래 수학이나 기상학, 천문학, 물리학 등의 과학 분야에서 시작된 것이지만 그 연구 성과는 심리학, 경제학, 사회학, 철학, 정치학, 의학, 문학 등 모든 학문 분야에 이르기까지 폭넓게 적용되었다.[7]

그러나 물리학자의 길을 걷다가 나중에 신학을 공부한 폴킹혼과 달리 나는 신학을 먼저 했고 나중에 양자역학을 접했다. 나의 관심은 양자역학과 신학을 1:1로 양립시키는 것이 아니라 양자역학 원리와 용어들로써 신학을 재진술(re-write) 혹은 재구성(re-

---

7 위의 책, pp. 11, 12

construct)하는 것이다. 즉, 나의 목표는 양자역학과 신학 사이의 유사성을 발견하는 것이라기보다는 신학을 재진술하기 위한 용어들(terms)을 제공함으로써 전통적인 신학체계에 또 다른 색을 입히는 것이다.

  신학은 창조주 하나님과 피조물(인간과 자연)의 관계에서 출발한다. 그리고 원자로 구성된 자연세계는 하나님의 영광과 신성과 능력을 드러낸다. 그리고 하나님은 창조한 세계를 멀리서 방관하시는 분이 아니라 적극 개입하시며 다스리시며 지금도 창조의 일을 하고 계신다고 믿는다. 그렇다면 양자역학에서 말하는 원자의 세계가 어떻게 존재하고 어떻게 작동하고 있는지 과학자들이 연구하고 실험하여 밝혀낸 결과를 가지고 하나님의 창조하시고 다스리시는 신비를 당연히 설명할 수 있을 것이다. 그런 면에서 과학과 신학은 서로 배치되는 것이 아니라 서로 보완해 주는 친구이다. 단지 유사성을 발견하는 것만이 아니라 상대방의 언어로 자신의 것을 설명할 수 있다. 따라서 나는 이 책에서 성경의 권위를 존중하면서 양자역학 원리와 용어들을 가지고 신학을 재구성함으로써 기독교 신학이 반지성적인 것이 아님을 보여 주고자 한다.

양자역학과 계시

  양자역학은 원자의 세계를 기술하는 물리학의 한 분야이다. 모든 물질이 원자로 구성되어 있다는 것이 밝혀졌다. 인간의 몸, 심지어 의식까지도, 돌, 식물, 동물, 우주의 수많은 별들 역시 원자의 세계로 구성되어 있다. 과학자들은 이론가들이자 실험가들이다. 그들은 현실을 설명하기 위해 다양한 이론들을 만들어 내고 그러한 이론들을 실험과 수학 공식을 사용하여 검증하려고 한다. 과학자들은 실험과 수학 공식으로 교차 검증하였을 때 비로소 그러한 이론을 '진리'라고 받아들인다. 그리고 실험으로 증명되지 않은 것은 일단 보류한다. 그러한 연구 결과로 나온 탁월한 지식으로 인하여 인류가 많은 혜택을 보았다. 하지만 놀랍게도 과학사를 자세히 들여다보면 과학자들이 '진리'라고 믿었던 것들이 반박되고 뒤집히는 일들이 많았다.

예를 들어, 뉴턴(1643-1727)은 빛이 입자라고 굳게 믿었다. 그를 따라 많은 과학자들이 빛의 입자설을 믿었으나 100년이 지나서 빛이 파동이라는 주장에 힘을 잃고 말았다. 그런데 결국 아인슈타인이 등장하여 빛은 입자이자 동시에 파동이라는 광전효과(photoelectric effect) 이론을 발표하여 1921년 노벨상을 수상하게 되었다. 뉴턴의 만유인력의 법칙이 진리라고 많은 과학자들이 굳게 믿었으나 만유인력의 법칙은 아인슈타인의 상대성 이론에 의해 무릎 꿇어야 했다. 그러나 아인슈타인 역시 양자역학의 등장에 반대하고 공격하다가 결국 양자역학의 이론에 양손 들어야 했다. 이 얼마나 아이러니인가! 당대 최고의 지성인들이 실험과 수학 공식으로 교차 검증하여 발표한 '진리'라고 믿겨졌던 것들이 반박되고 뒤집히는 것을 수없이 보고 있지 않은가! 그렇다면 과학자들이 주장하는

'진리'라고 하는 것이 과연 언제까지 진리일 수 있을까? 과연 영원불변의 진리라고 자신 있게 말할 수 있을까? 그것이 실험과 관측으로 입증된 '진리'라고 하지만 과연 그것은 영원불변의 진리인가?

과학자들은 실험할 수 없는 '신비'의 영역에 관해서는 개인마다 '신념'을 가질 자유의 영역으로 넘겨 버린다. 그들에겐 오직 실험할 수 있는지 여부가 중요하다. 그들은 이해가 되지 않는 영역을 이해하기 위해 끊임없이 가설을 세우고 머릿속에서 혹은 실험실에서 검증하려고 한다. 반면, 기독교 신학의 출발은 실험과 검증이 아니라 '계시'이다. 인간의 이성과 경험은 신적 계시에 의존해야 한다고 굳게 믿는다. 물론 어떤 신학자들은 인간의 이성과 경험, 그리고 과학의 지위를 계시와 동등하거나 혹은 계시 위에 두기도 한다. 나는 매우 보수적인 입장에서 모든 학문과 인간 이성과 경험이 계시 아래 있어야 한다고 굳게 믿는 사람이다. 여기서 세 가지 요점을 명심해야 한다. 첫째, 과학과 신학은 서로 보완하는 관계가 될 수 있다. 둘째, 과학자들이 실험하여 밝혀내어 '진리'라고 주장하는 것이 또 다른 실험에 의해 뒤집힐 수 있다는 사실이다. 셋째, 기독교의 계시론에 의해 세워지고 오랫동안 전해져 내려온 전통적인 교리 역시 모든 시대에 완전한 진리일 수 있는가 항상 의구심을 가져야 한다.

세 번째 요점에 관해 오해가 없도록 좀 더 설명을 해야겠다. 이것은 내가 믿는 성경이 오류가 있다는 그런 뜻이 아니다. 성경의 진리는 불변의 진리이지만 그것을 당시 신학자의 언어로 진술하는 과정에서 과장 혹은 왜곡될 가능성이 있다는 것이다. 하나님의 계시는 진리이고 그 계시를 기록한 성경은 진리의 책이다. 그러나 진리를 교리화하고 체계화하는 과정에서 필연적으로 사람의 한계가 개입될 수 있다는 것이다. 마치 과학자들이 실험으로 증명되었으니 불변의 진리라고 믿어 왔지만 또 다른 실험에 의해서 반박되고 뒤집히는 것처럼 하나님의 계시를 서술하는 인간의 언어가 오염될 수 있다. 따라서 신학은 항상 그 시대의 언어로 재진술(re-write)되어야 한다. 과학자들도 겸손해야 하고, 신학자들도 마찬가지로 겸허해야 한다. 우리가 이 겸손의 미덕을 가지게 될 때 비로소 과학과 신학은 서로 보완해 주는 든든한 친구 관계로 발전할 수 있을 것이다.

오만과 독선은 과학자나 신학자에게 매우 조심해야 할 부분이다. 오만과 독선은 자신이 보고 경험한 것이 전부이고 다른 것을 내려다보며 받아들이지 못하는 태도다. 이러한 태도로 인해 갈등과 싸움이 시작된다. 그러나 상대방에게서 무엇인가 배울 수 있다고 생각한다면 대화가 가능해지고 나아가 서로의 부족함을 보완해 주는 친구로서 발전할 수 있다. 그래서 나는 오만과 독선에 빠지지 않기 위해서 양자역학을 공부하고 있다. 또 다른 학문의 영역도 열린 자세로 탐구할 것이다. 신학을 가르치지만 신학에 머물러 있지 않을 것이다. 신학자들은 물리학을 공부해야 하고 물리학자는 신학을 공부해야 한다. 신학은 늘 개혁되어야 한다. 그렇지 않으면 시대를 설득할 힘을 잃어버리게 되고 복음의 능력을 상실하게 될 것이다. 그러므로 그 시대에 진리가 효과적으로 선포되기 위해서는 그 시대의 언어로 항상 다시 진술되는 신학이 되어야만 한다.

  나는 양자역학을 통해 많은 것을 배우고 있다. 내가 가지고 있던 신학이 양자역학을 배움으로써 흑백에서 총천연색이 더해지는 것처럼 느껴진다. 고등학교 시절에 그토록 재미없었던 물리학, 화학, 생물학이 이제는 너무나 재미있다. 양자역학의 언어와 원리로서 인간의 몸과 구원과 부활과 새 하늘과 새 땅을 그려 보는 것이 얼마나 즐거운지 모른다. 그리고 양자역학과 신학은 서로 너무나 가까운 친구라는 것도 알게 되었다. 내가 믿는 하나님은 모든 물질세계를 지으신 분이다. 따라서 양자세계를 통해 세상을 바라보면 세상의 모든 물질세계가 그 만드신 하나님이 얼마나 위대한 분인지 선명하게 보여 준다. 이제 우리는 먼저 간략하게 양자역학이 무엇인지 알아야 한다. 양자 물리학자를 위해서가 아닌 일반인들을 위해 최대한 쉽게 정리해 보도록 한다.

원자와 양자란 무엇인가?

  지금으로부터 2,500여 년 전 그리스 철학자들은 만물의 본질이 무엇인가에 대해 서로 논쟁했다. 만물의 본질이 물이라고 말한 탈레스가 있었고, 만물이 4가지 원소 즉 물, 불, 흙, 공기로 이루어져 있다고 주장한 엠페도클레스도 있었다. 한편 데모크리토스는 만물의 근본이 더 이상 쪼갤 수 없는 원자 *atom*으로 되어 있다고 말했다.

'쪼개다'라는 뜻의 그리스어 *tomos*에 부정을 뜻하는 접두어 *a-*가 붙어서 '더 이상 나눌 수 없는'이란 뜻의 *atom*이 원자다. 19세기에 들어와서 돌턴(John Dalton, 1766-1844)이란 과학자가 만물이 원자로 되어 있다고 주장하면서 원자가 다시 주목받기 시작했다. 그런데 과학자들이 관찰한 결과 원자는 양성자, 중성자, 전자와 같은 여러 입자들로 구성되어 작동하고 있다는 것이 밝혀졌다. 이러한 원자의 세계가 어떻게 움직이고 작동하는지에 대한 연구가 본격적으로 시작된 것이다.

양자를 뜻하는 단어 *quanta*는 '덩어리' 또는 '어느 만큼의 분량'을 뜻하는 라틴어로서 물질이나 에너지의 최소 단위를 말한다. 즉, 어떤 물리적 값이 '양자화'되었다는 것은 그 값이 불연속적이라는 뜻이다. 예를 들어 우리가 텔레비전에서 보는 영상은 사실 매우 작은 픽셀(pixel)이 세 가지 색을 서로 조합하여 만들어 내는 결과물이다. 우리의 눈에는 연속적인 색으로 보이지만 자세히 들여다보면 색은 '양자화'되어 있다. 마찬가지로 원자의 세계도 '양자화'되어 있는데 양자의 움직임을 연구하는 학문을 양자역학이라고 하고, 이것은 오늘날 현대물리학에 있어서 중요한 부분을 차지한다. 게다가 20세기에 들어서 발달하기 시작한 양자 물리학은 21세기 문명을 꽃피우는 데 결정적인 역할을 했다. 우리의 다음 세대가 누리게 될 22세기 초 현대문명은 양자역학의 손에 달려 있는 것이 분명해 보인다.

양자역학은 사람의 눈으로 볼 수 없는 원자의 내부가 어떻게 작동하고 있는지 연구한다. 미국의 유명한 물리학자인 리처드 파인만은 모든 것은 원자로 되어 있다고 했다. 즉, 원자를 이해하면 모든 것을 이해할 수 있다. 보이지 않는 원자의 세계를 이해하게 되면 보이는 물질세상을 이해하게 된다. 20세기 초 등장한 양자역학은 뉴턴과 아인슈타인을 중심으로 발전해 온 고전물리학을 대체하여 닐스 보어, 하이젠베르크, 드 브로이, 슈뢰딩거, 보른, 파인만 등이 주도하였다. 에너지의 연속성과 관측가능성, 결정론적 사고방식의 고전역학과 달리 양자역학은 양자의 파동-입자 이중성, 중첩, 얽힘, 불확정성 원리 등을 다룬다. 그 간략한 역사를 살펴보도록 하자.

양자역학의 역사, 그리고 문제점[8]

주변에서 일어나는 현상을 보면서 일정한 패턴 혹은 규칙성이 있다는 것을 발견하게 되면 호기심을 가지고 실험을 해 보며 검증해 보고자 하는 것은 인간만이 가지고 있는 특성이다. 그래서 얻어 낸 결과를 '법칙'이라고 부르며 이것을 '진리'라고 믿는다. 그렇다면 물질을 이해하려면 어떻게 해야 할까? 과학자들은 어떤 물체나 물질을 이해하려고 할 때 그것의 위치와 속도(혹은 운동량)를 측정하는

---

8   더 자세한 양자역학의 역사를 알기 원한다면 다음 두 권의 책을 추천한다.
    ① 퀀텀스토리: 양자역학 100년 역사의 결정적 순간들, 짐 배것, 박병철 역, 반니출판
    ② 양자혁명: 양자물리학 100년사, 만지트 쿠마르, 이덕환 역, 도서출판 까치

방식을 찾는 데 고심하였다. 갈릴레이는 실험의 중요성을 깨우쳐 주었다는 점에서 근대과학의 지평을 열었고, 뉴턴에 의하여 이러한 사물의 '운동법칙'을 찾는 일이 거의 성공하는 듯이 보였다. 이것을 '고전물리학'이라고 한다.

 그러나 20세기에 들어서면서 인간의 관측기술이 발달함으로 인하여 고전물리학의 근본이 흔들리기 시작했다. 특별히 빛의 본질을 탐구하는 데서 새로운 패러다임의 과학이 싹 틀 준비가 되었다. 고전물리학자인 뉴턴은 빛이 직진하는 것을 관찰하고서 빛이 입자라고 했다(1675년). 뉴턴 당시에 뉴턴의 주장과 달리 빛이 파동이라고 주장하는 과학자들이 있었지만 빛이 입자라는 것이 오랫동안 대세를 이루었다. 그러나 19세기에 들어와서 토마스 영(Thomas Young, 1773-1829)이 실험으로 빛의 간섭 현상을 발견하면서 빛이 파동이란 결론이 났다(1803년).[9] 이 결론이 날 때까지 뉴턴 시대로부터 100년이 걸렸다.[10]

 참고로 사람이 눈으로 볼 수 있는 빛인 가시광선의 파장은 380nm부터 270nm(나노미터) 정도이다.(1nm는 10억분의 1m이다) 일반적으로 빛의 회질은 파장이 길수록 크게 나타나는데, 파장

---

9   토마스 영은 영국의 의사였으나 수학, 분광학, 물리학, 고고학에 뛰어난 재능을 보였다. 10개의 언어를 능숙하게 구사했으며, 이집트 상형문자 해석에 크게 기여를 했을 뿐만 아니라 빛의 파동성질을 밝혀낸 이중 슬릿 실험으로 유명하다.
10   직감하는 양자역학, 마쓰우라 소, 전종훈 역, 보누스 출판, p. 41

이 짧은 가시광선에서는 큰 회질이 잘 일어나지 않는다. 가시광선에서 그림자가 선명하게 나타나는 것은 이것 때문이다.[11]

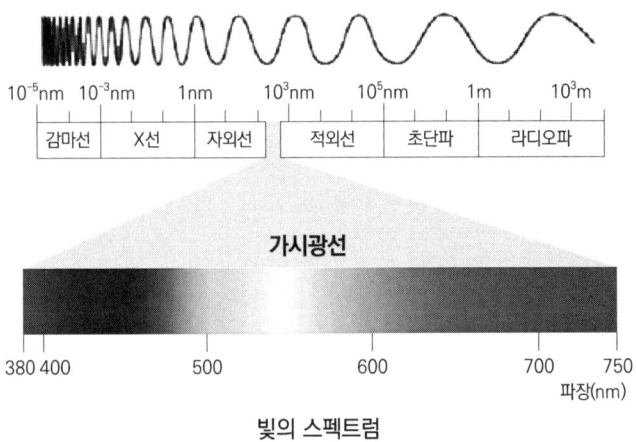

빛의 스펙트럼

빛은 흰색으로 보이지만 실은 매우 다양한 파장을 가진 스펙트럼을 가지고 있다. 인간의 눈으로 볼 수 있는 빛의 영역은 매우 좁은 가시광선이고, 인간의 눈으로 볼 수 없는 빛의 영역은 훨씬 넓다. 파장이 짧을수록 에너지가 강력하며 푸른 계열의 빛을 띠고 있고, 파장이 길수록 붉은 계열의 빛을 띠고 있다. 따라서 푸른빛을 띠게 되면 가까이 다가오고 있다는 것을, 반대로 붉은빛을 띠게 되면 멀어지고 있음을 의미한다. 이러한 빛은 서로 관계하면서 여러 가지 형태의 간섭효과를 나타낸다.

---
11   위의 책, p. 42

19세기 과학자 토마스 영이 그 유명한 "이중 슬릿 실험"을 통해 빛이 바다의 파도와 같은 방식으로 움직이는 것을 관측하였다. 좁은 틈을 지난 파도는 틈에서부터 다시 동심원 형태로 퍼져 나간다. 그리고 두 틈에서 나와 다시 동심원을 그리면서 퍼져 나가는 파도는 서로 간섭하고 중첩되는 독특한 간섭무늬(interference fringes)를 만든다. 이로써 빛이 파동이란 사실이 실험으로 증명되었다. 이러한 간섭무늬가 나타나는 것은 빛이 입자의 성질이 아니라 파동의 성질로 움직이는 것을 보여 준다.

1864년 스코틀랜드 과학자 제임스 클러크 맥스웰(James Clerk Maxwell, 1831-1879)은 전자기학을 확립하였는데 그 역시 빛의 파동성을 뒷받침하였다. 그의 이론에 의하면 전기장과 자기장이 서로 번갈아 가며 전진하는 '전자기파'를 예측했는데 그가 계산한 전자기파의 속도는 빛의 속도와 일치했다. 즉, 빛이 전기장과 자기장의 파동이라는 것을 의미한다. 맥스웰이 죽은 후 1888년 하인리히 헤르츠(Heinrich Rudolf Hertz, 1857-1894)가 빛이 실제로 전자기파임을 입증하였다. 빛이 어떻게 움직이는지 다음의 그림으로 묘사된다.

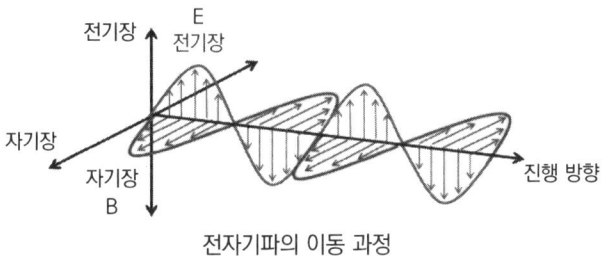

전자기파의 이동 과정

그러나 19세기 과학자들을 난처하게 만든 몇 가지 현상이 있었는데 그중의 하나가 물체에서 나오는 전자의 움직임이었다. 이른바 **'광전효과'**이다. 광전효과는 빛이 물체에 부딪힐 때 나오는 전자의 현상을 말한다. 방출되는 전자의 양은 빛의 밝기가 아니라 빛의 진동수에 비례하는 현상이 나타난 것이다. 빛의 밝기를 바꿔도 전자의 운동에너지는 변하지 않고 진동수가 짧은 빛일수록 더 많은 전자가 나온다. 빛이 단지 파동이라면 이러한 현상을 설명할 수 없다.

이 문제를 해결하기 위해 19세기 말 막스 플랑크(Max Karl Ernst Ludwig Planck, 1858-1947)는 자신의 이름을 따서 **"플랑크 양자가설"**을 제시하였다. 어떤 이유로 특정 진동수의 빛이 진동수에 비례한 단위로 물질과 에너지를 교환한다는 것이다. 즉, 에너지가 연속적이지 않은 덩어리 형태로 나온다고 하였다.[12] 플랑크는 그 이유가 무엇인지 설명하지 못하였으나 앨버트 아인슈타인(Albert Einstein, 1879-1955)이 그 이유를 간파하여 새로운 가설을 세웠는데 이것이 인류를 '양자의 세계'로 인도하였다.[13] 그것은 다름 아니라 빛을 입자로도, 동시에 파동으로도 볼 수 있다는 것이다. 파동의 성질을 지니면서 동시에 한 개, 두 개로 헤아릴 수 있는

---

12 플랑크는 빛이 방출될 때 그 진동수와 관계된 '에너지 덩어리'(quantum)의 형태로 방출되는데 이 과정에서 기호 h로 적고 '플랑크 상수'(Planck's constant)라 부르는 새로운 자연의 기본 상수를 도입하였다. 빛의 양자 하나에 담긴 에너지의 양은 빛의 진동수에 비례하며, 그 비례상수가 곧 플랑크 상수이다. 빛 양자의 에너지는 빛의 진동수에 h를 곱한 값이다.

13 직감하는 양자역학, p. 57

형태로 존재하는 입자를 '양자'(quantum)라고 부른다.[14] 1921년 아인슈타인은 이러한 '광양자설' 혹은 '광전자효과'에 관한 논문으로 노벨 물리학상을 받았다.[15]

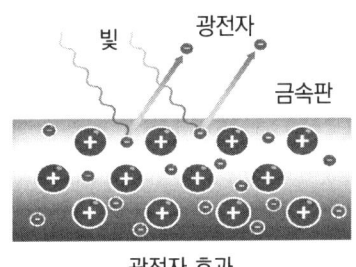

광전자 효과

중요한 것은 이제부터다. 빛뿐만 아니라 모든 물질, 모든 만물이 양자로 되어 있다는 인식에 모든 과학자들이 동의하기 시작했다. 모든 것이 원자로 되어 있으므로 원자를 이해하면 주변 모든 현상을 설명할 수 있다.

> 1869년에 드미트리 멘델레예프(1834-1907)가 '원자를 가벼운 순서대로 나열하면 비슷한 성질을 지닌 원자가 주기적으로 나타난다.'라는 관측 결과를 보고한 것이 큰 전환점이었다고 생각한다. 소위 말하는 원소주기율표를 발견한 것이다. 원자에 패턴이 있다는 사실은 원자가 쪼갤 수 없는 것이 아니라 그 안

---

14 위의 책, p. 58
15 광자가 갖는 에너지는 $E=hf$로 나타낸다. (E=에너지, h=플랑크 상수, f=빛의 진동수)

에 아직 보지 못한 다른 구조가 숨어 있다는 점을 강하게 시사하기 때문이다. 이후 1897년 조지프 존 톰슨(J. J. Tompson)이 전자를 발견하면서 원자에 어떤 구조가 있다는 인식이 생겼다. 원자는 마이너스 전하를 띤 전자와 플러스 전하를 띤 무언가가 모여서 만들어진 복합 입자였던 것이다[16].

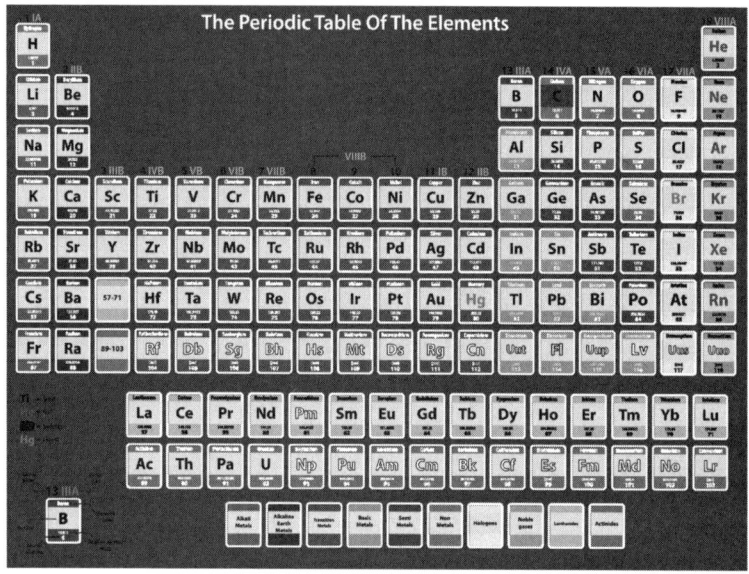

멘델레예프 주기율표

원자(atom)는 쪼갤 수 없는 최소 입자를 말하며, 원소(element)는 물질을 이루는 기본 성분을 말한다. 인류는 자연계에서 118종의 원소를 찾아냈다. 주기율표는 원자량이 작은 순서로부터 배열하면 비슷한 성질을 가지는 원소가 주기적으로 나타난다는 사실을 보

---

16   직감하는 양자역학, p. 60

여 준다. 과학자들은 이것으로 만물의 모든 변화를 설명할 수 있다. 주기율표에서 원자번호는 양성자의 수를 의미한다. 가로줄(주기, period)은 전자껍질의 수를 나타내며 가장 안쪽에서부터 2, 8, 8, 18, 18, 32, 32개의 전자가 차례대로 들어간다.[17] 세로줄(족, family)은 최외곽 궤도에 위치한 전자의 수가 동일하여 비슷한 화학적 성질을 가지고 있다. 전자의 결합과 운동에 따라 전자기파라고 불리는 빛을 방출하거나 흡수하기도 하며 자연계에서 관찰되는 다양한 물질의 화학적 결합이 만들어진다.

이제 과학자들은 원자의 구조에 본격적으로 관심을 갖기 시작했다. 톰슨의 제자이며 원자핵 물리학의 아버지라 불리는 어니스트 러더퍼드(Ernest Rutherford, 1871-1937)는 알파선이라는 방사선을 가지고 실험하던 도중 원자의 구조가 태양계와 비슷한 모습을 하고 있을 것이란 추측을 하게 되었다. 러더퍼드는 음전하인 전자가 원자핵 주위를 돌고 있으며 전자가 진동할 때 전자기파(빛)가 발생한다고 생각했다. 그러나 빛을 방출하고 난 전자는 에너지를 잃고 중심부에 위치한 핵과 충돌해야만 했다. 이 문제를 해결하기 위해 양자역학의 아버지라 불리는 덴마크 과학자 닐스 보어(Niels Bohr, 1885-1962)가 전자의 궤도설을 주장했다.

---

17 원자: 만물의 근원에 관한 모든 것, 잭 챌로너, 장정문 역, 소우주, p. 81

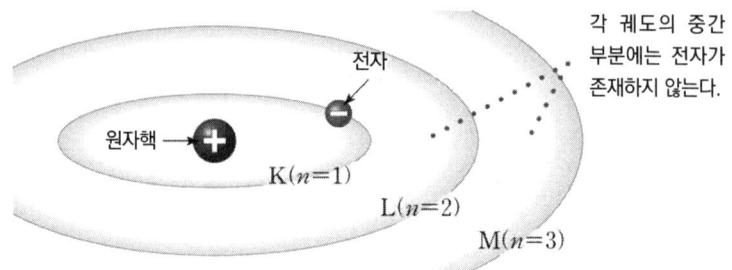

닐스 보어의 원자 궤도

그를 이어 프랑스 물리학자 루이 드 브로이(Louis de Broglie, 1892-1987)는 전자 또한 빛과 같은 파동성을 지닌다고 주장했다. 이것을 '물질파'라고 한다. 전자가 태양을 도는 지구처럼 원 궤도를 따라 움직이는 입자가 아니라 원자핵 주위를 파동으로 존재한다는 것이다. 그리고 에너지를 빛으로 방출하여도 핵과 부딪치지 않는 것은 낮은 궤도가 있기 때문이다. 이렇게 그는 원자가 붕괴되지 않는 이유를 설명하고자 했다. 이런 물질파 이론이 발표된 이후 전자를 쏘는 실험을 통해 전자가 간섭현상을 일으키는 것이 확인되었고, 빛은 물론, 온 세상을 구성하는 모든 존재가 셀 수 있는 입자이면서 동시에 파동성을 지닌 '양자'라는 사실이 밝혀지게 되었다. 이렇게 하여 세상을 바라보는 방식이 달라지기 시작하였다. 빛과 물질 모두 양자로 되어 있다. 양자의 가장 큰 특징은 '파동과 입자의 이중성' 즉 파동이면서 동시에 입자인 성질을 가지고 있다는 것이다.[18] 어느 한

---

18   직감하는 양자역학, p. 104

쪽만 염두에 두면 모순이 생긴다. 여기까지가 '초기 양자이론'이다.[19]

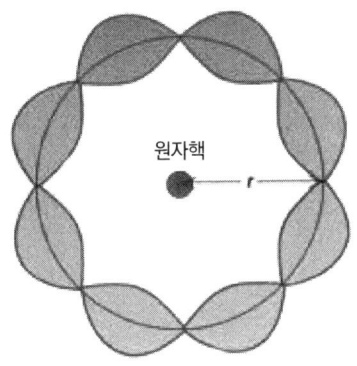

루이 드 브로이의 물질파로 이해한 원자

원자모형에 대한 이해가 어떻게 변천해 왔는지는 다음의 그림으로 묘사할 수 있다. 18세기 과학자 돌턴(John Dalton, 1766-1844)은 고대 그리스도 철학자 데모크리토스의 원자론을 따라 만물이 원자로 구성되었다고 주장하였다(1803년). 이후 100여 년이 지난 후 톰슨(Joseph John Thomson, 1856-1940)은 푸딩에 건포도가 박힌 것과 비슷한 모양의 원자모형을 제안하였다(1903년). 이후 러더퍼드(Ernest Rutherford, 1871-1937)가 원자핵을 중심으로 돌고 있는 전자의 모습을 제안하였다(1911년). 그리고 그의 제자 닐스 보어(Niels Henrik David Bohr, 1885-1962)는 원자의 궤도모형을 제안하였다(1913년). 지금은 양성자와 중성자로 구

---
19 현대 양자론은 원자 내 소립자를 연구하여 표준모델을 발전시키려는 입자 물리학과 양자특성을 활용한 정보연구 및 다양한 분야로 확대되었다.

성된 원자핵을 중심으로 전자는 구름의 형태로 존재하며 그 위치는 확률로만 알 수 있는 전자구름의 형태로 원자모형이 정착되었다 (1936년-현재). 오늘날 현대 기술은 원자의 실제 모습을 직접 촬영할 정도로 발달하였다.

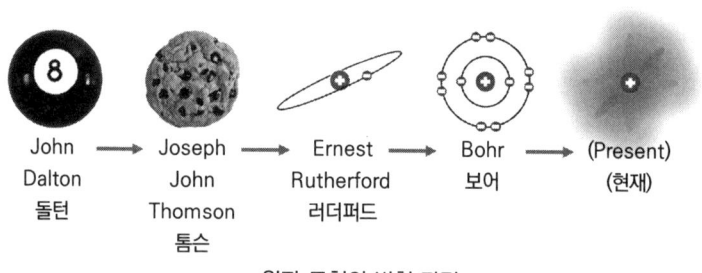

원자 모형의 변천 과정

이제 양자론을 더 깊게 넓게 발전시키는 과학자들이 계속 등장하게 되었다. 독일의 과학자 하이젠베르크(Werner Karl Heisenberg, 1901-1976)는 '행렬역학'을 사용하여 그 유명한 "불확정성의 원리"(principle of uncertainty)라는 이론을 제시하였다. 그는 양자의 위치와 운동량은 본질적인 의미에서 불확정적이라고 주장했다. 인간의 측정 능력의 한계 때문이 아니라 실제로 양자의 위치와 속도는 정해져 있지 않다는 것이다.

하이젠베르크의 가설은 사고실험에 의한 것이었지만 그의 주장을 입증하는 실험이 그 유명한 전자의 '이중 슬릿 실험'(double-slit experiment)이다. 양자는 입자의 성질과 파동의 성질 모두 가지고 있다. 이중 슬릿을 만들고 그 뒤에 형광물질을 바른 스크린을 준비한다. 그리고 전자를 이중 슬릿을 향해 쏘아 보자. 그러면 슬릿을 지난 전자는 슬릿 뒤의 스크린에 흔적을 남길 것이다. 실험 결과에 의하면 전자를 하나씩 쏘았는데 스크린에는 간섭패턴을 보였다. 이것은 전자 한 개가 양쪽 슬릿을 동시에 통과했다는 것을 뜻한다.

그런데 더욱 놀라운 사실은 슬릿에 전자 측정기를 설치하면 스크린 위의 간섭패턴이 사라진다. 전자는 둘 중 어느 한쪽 슬릿만 통과한 것이다. 관측이란 행위가 전자의 성질에 영향을 준 것이다. 이것은 모든 물체의 위치와 속도는 확정되어 있다는 지금까지의 자연관을 송두리째 흔드는 것이다. 미국의 물리학자 리처드 파인만(1918-1988)은 이러한 이중 슬릿 실험을 "양자역학의 심장"이라고 불렀다. 양자역학을 이해하려면 이중 슬릿 실험을 이해해야 한다. 그리고 이중 슬릿 실험에서 나타난 양자 현상을 어떻게 해석할 것인가의 숙제는 관찰자에게 주어지게 되었다.

양자이론을 다음과 같이 정리할 수 있겠다.

1. 양자의 위치와 속도는 확정된 값이 아니므로 '양자 본래의 위치와 속도'를 일반적인 숫자로 나타낼 수 없다.
2. 양자를 관측해서 얻을 수 있는 '측정한 위치와 속도'는 일반적인 숫자로 나타낼 수 있다.
3. 같은 조건으로 측정했다고 해도 그 측정치에는 불확정성에

서 유래하는 오차가 있으며 실제 측정했을 때 어떤 값을 얻을 수 있을지는 어디까지나 확률의 문제다.
4. 양자이론으로 한 번 측정해서 얻을 수 있는 물리량을 예측하는 것은 원리상 불가능하지만, 물리량의 분포에 따른 평균과 분산과 같은 통계량이라면 예측할 수 있다.[20]

하이젠베르크는 양자의 위치와 운동량을 행렬로 표현하려고 했다. 이것이 '행렬역학'이다. 그러나 행렬수학은 많은 물리학자들에게 익숙하지 않았다. 그래서 오스트리아 물리학자 슈뢰딩거(Erwin Schrödinger, 1887-1961)는 '파동함수'(wave function)를 이용한 '슈뢰딩거 방정식'을 만들어 '파동역학'을 제안하였다. 양자역학에 대한 이해가 대충 마무리되던 1948년 미국의 물리학자 리처드 파인만(Richard Feynman, 1918-1988)은 '경로적분법'(path integral method)을 제안하였다. 그는 양자가 가능한 모든 경로를 동시에 통과한다고 말한다. 전자총에서 보내진 전자가 달에 갔다가 내 눈앞에 관찰된 것이라고 주장할 수 있다는 것이다. 이것은 고전역학에서는 상상할 수 없는 발상이다.

행렬역학이냐, 파동역학이냐, 아니면 경로적분이냐 할 때 결국 그 어떤 것도 정답이 아닐 수 있다. 여기서 양자역학은 해석의 문제에 부딪힌다. 베르너 하이젠베르크는 "우리가 보고 있는 자연은 진정한 자연의 모습 그대로가 아니다."라고 했다. 하지만 과연 하늘의 별들

---
20 위의 책 p. 114

이 파동인가? 사실 입자로 보이지 않는가? 빛은 오히려 파동으로 보이고, 물체는 입자로 보이지 않는가? 이러한 해석의 문제는 아직도 양자역학이 넘어야 할 난관이다. 현재는 덴마크 물리학자들의 해석인 이른바 '코펜하겐 해석'을 따르는 것이 일반적인 흐름이다.

그렇다면 과연 관찰이란 무엇일까? 관찰자의 의식이 양자의 세계에 영향을 주는 것인가? 파동과 입자로 동시에 존재하다가 관찰을 통해 입자로 고정되는 현상을 어떻게 해석해야 할 것인가? 양자역학에서 이러한 '해석'의 문제는 아직까지도 논의되고 있다. 이에 따라 양자역학 물리학자들은 여러 해석파로 나뉘게 된다. 대표적인 해석으로는 다음과 같다.

① **코펜하겐 해석**[21]
② **다세계 해석**[22]

---

21   코펜하겐 해석은 양자역학의 여러 해석 중 하나이다. 1925년에서 1929년 덴마크 코펜하겐 대학교에서 닐스 보어와 베르너 하이젠베르크를 중심으로 제안한 양자역학 공식을 따라 해석하는 양자이론이다. 슈뢰딩거의 고양이로 널리 알려진 이 해석은 양자가 입자-파동 중첩된 상태로 존재하며 확률로만 알 수 있다는 것이다. 파동함수, 이중성 원리와 불확정성 원리로 대표된다.

22   양자역학의 해석의 유형으로 휴 에버렛이 1957년 제안하였고 6, 70년대를 거치면서 '다세계'(many worlds)란 이름으로 알려졌다. 이 해석에 의하면 관측에 의해 파동함수는 붕괴되지 않고 대신 여러 실재가 존재한다고 한다. 이 해석에 따라 다중우주론(멀티버스), 평행우주론이 나오게 되었다. 이 해석의 최대 문제는 관측자의 정체성 혼란이 생기는 것과 함께 관측에 의해 우주가 계속 만들어진다고 할 때 분리되는 만큼 물질과 에너지도 증가하게 된다는 말이 되는데 이것은 에너지 보존 법칙이라는 물리학의 기본 법칙을 스스로 위반하는 것이 된다. 따라서 이것은 철학의 영역에 머물고 있는 이론이라 할 수 있다.

③ 서울 해석[23]
④ 데이비드 봄(혹은 드 브로이-봄 해석)[24]

양자현상에 대한 다양한 해석이 있다는 사실은 양자역학을 제대로 이해하는 것이 너무나 어렵다는 것을 의미한다. 그래서 리처드 파인만은 다음과 같이 말했다. "양자역학을 제대로 이해한 사람이 세상에 아무도 없다는 사실만큼은 자신 있게 말할 수 있다." 그럼에도 양자의 특성을 연구하는 과학자들은 연구를 포기하지 않고 있다. 아직까지 해석이라는 난제가 남아 있지만 양자의 특성으로 "중첩"과 "얽힘"에 대해서 모든 양자 물리학자들이 동의한다.

양자중첩(quantum superposition)의 원리란 양자가 모든 가능한 상태로 동시에 존재한다는 것이다. 그런데 관측하는 순간 변화한다는 것이다. 여기서 그 유명한 '슈뢰딩거의 고양이'라는 가상 실험이 등장한다. 원래는 양자역학을 비판하기 위해 고안된 사고실험이지만 양자역학의 특징을 가장 잘 보여 준다. 여기서 다시 한번 '관측

23　장회익 교수를 비롯한 한국의 몇몇 물리학자들이 제안한 해석으로서, 동양철학인 성리학의 인식론을 반영하고 있다. 이에 대해 더 알려면 장회익 저, 『양자역학을 어떻게 이해할까』를 참조하기 바란다.

24　드 브로이와 데이비드 봄 David Bohm에 의해 '파일럿 파' 혹은 '향도파이론'이 제기되었다. 이에 따르면 입자마다 고유한 파장(향도파)을 가지고 있어서 입자의 경로를 안내하고 시간이 지나면서 변화한다는 이른바 '결정론적 양자론'이다. 한 권으로 이해하는 양자물리의 세계, 브라이언 크래그, 박지웅 역, 북스힐, p. 108

이란 무엇인가'에 대한 문제, 즉 해석의 문제가 등장한다.

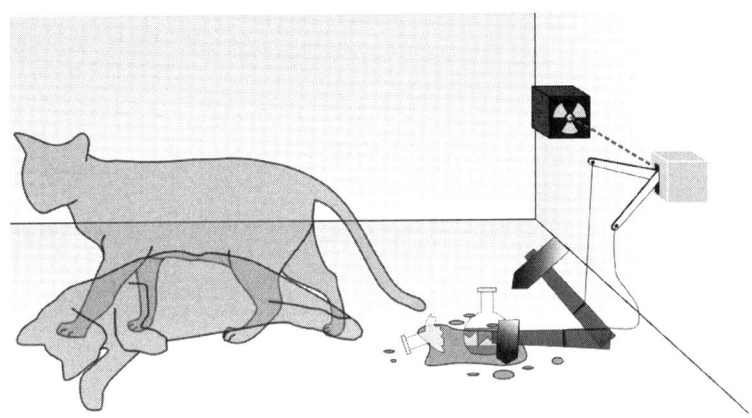

슈뢰딩거의 고양이라는 가상실험은 양자의 중첩상태를 비유한다.[25]

또한 양자얽힘(quantum entanglement)은 양자에서만 발견되는 또 다른 중요한 특징으로서 고전물리학에서는 받아들일 수 없지만 양자의 세계에서는 분명히 관찰되는 현상이다. 이것은 두 개의 입자가 서로 얽힌 (혹은 맞물린) 상태로 만든 다음 각각의 입자를 매우 멀리, 예를 들어 하나는 지구에 하나는 해왕성에 두었을 때 두 입자는 시간과 공간의 힘을 초월하여 상대방의 상태에 영향을 미친다는 것이다. 지구에 있는 전자의 스핀 방향이 위(up)로 관측이 되었다면 해왕성에 있던 전자의 스핀은 아래(down)로 즉시 결정된다.

---

25 출처: 위키미디어
    (https://commons.wikimedia.org/wiki/File:Schrodingers_cat.svg)

위의 이론은 아인슈타인을 포함한 고전물리학자들의 '국소성의 원리' 즉 자연세계는 떨어진 곳의 환경과는 별개로 정해진다는 신념을 대적하는 것처럼 보인다. 아인슈타인은 빛을 뛰어넘는 속도로 정보가 전달되는 것을 인정할 수 없었다. 그래서 1935년 아인슈타인은 포돌스키, 로젠과 함께 국소성과 양립하지 않는 양자역학은 불완전한 것이라고 주장했다. 이것을 과학자들의 이름 머리글자를 따서 **EPR 패러독스**라고 한다.

그러나 약 30여 년이 지난 1964년 물리학자 존 스튜어트 벨은 양자역학의 이론이 맞는지 틀렸는지를 검증할 실험으로 자신의 이름을 딴 '벨 부등식'을 제안하였고 1975년부터 1982년에 걸쳐 프랑스 물리학자 알랭 아스페[26]가 진행한 실험 결과 양자역학이 옳다는 것을 증명하였다. 결과적으로 양자역학이 시사하는 기묘한 특성을 자연계의 본질로 인정해야 한다는 것, 즉 양자의 얽힘은 시공간(time-space)을 초월한다는 것이 밝혀졌다.[27] 그러나 그렇다고 아인슈타인의 상대성 이론이 틀렸다는 말이 아니다. 양자 상태가 확정되는 것과 정보가 전달되는 것은 다른 개념이다.[28]

---

26 알랭 아스페(Alain Aspect)는 1947년 출생한 프랑스 물리학자로서 "양자얽힘"이란 유명한 실험연구로 2022년 노벨물리학상을 받았다. (그러나 이 이론은 1964년 스튜어트 벨이 먼저 제시하였다.)
27 직감하는 양자역학, p. 233
28 위의 책, p. 234

1960년대와 1970년대에 들어서면서 핵을 구성하는 양성자와 중성자에 대한 연구가 더 진행되었다. 양전하를 띄는 양성자와 전하의 성질은 없지만 질량을 주는 중성자가 더 작은 입자들인 쿼크(quark)들로 되어 있다는 것이 밝혀졌다.[29] 각각의 쿼크(quark)는 글루온(gluon)이라는 힘 운반 입자(force-carrying particle)에 의해 결합되어 있다는 것을 밝혀내었다. 지금은 쿼크(quark) 역시 '끈'으로 구성되어 있다는 '초끈이론'(super-string theory)이 제시되어 연구되고 있다. 그리고 화학반응에 결정적인 역할을 하는 전자의 상태에 대해 많은 연구가 이루어져서 현대 디지털 문명에 큰 영향을 주고 있다. 확실히 양자역학은 21세기 문명의 핵심 기술을 제공하고 있다. 그런데 아이러니하게도 양자역학 연구가 아직도 계속되고 있고 제대로 이해한 사람이 하나도 없음에도 불구하고 양자역학을 응용하는 기술들은 속속 등장하고 있으며 강대국들은 양자연구에 천문학적인 예산을 투자하고 있다.

현대 물리학의 3대 이론이 추구하는 것

갈릴레이로부터 시작된 근대물리학은 아이작 뉴턴에 이르러 정점

---

29 양성자(proton)는 두 개의 업 쿼크(up quark)와 한 개의 다운 쿼크(down quark)가 글루온에 의해 연결되어 있으며, 중성자(neutron)는 두 개의 다운 쿼크와 한 개의 업 쿼크가 글루온에 의해 연결되어 있다. 일반적으로 전하를 띠지 않는 중성자는 핵분열 과정에서 생성되며, 양성자들을 서로 끌어당겨서 붕괴되지 않도록 하는 역할을 하는 것으로 알려져 있다.

에 이르게 된다. 그러나 1905년 알베르트 아인슈타인이 발표한 특수 상대성 이론, 그리고 1915년에 발표한 일반 상대성 이론은 고전역학 세계관의 근간을 뒤흔들었다. 각각 절대적인 개념으로 이해되던 시간과 공간이 이제는 더 이상 절대적이지 않게 되었다. 아인슈타인의 상대성 이론은 우주를 이해하는 데 중요한 통찰력을 제공하였다. 간단하게 두 상대성 이론을 정리해 보면 다음과 같다.[30]

특수 상대성 이론

1. 빛의 속도는 초속 30만km로 누가 관찰해도 똑같다는 광속도 불변의 원리
2. 나의 동시와 남의 동시는 다르다는 동시성의 불일치 원리
3. 관측자마다 다른 시간이 있다.
4. 빛의 속도에 가까워질수록 시간이 느려진다.
5. 시간과 공간이 함께 늘어나거나 함께 줄어든다.
6. 어떤 물체도 빛의 속도를 넘어설 수 없다.
7. 빛의 속도에 가까워지면 물체의 질량이 커진다.
8. 질량과 에너지는 사실상 같다.($E=mc^2$)

30　현대 물리학 3대 이론, 뉴턴 하이라이트, 아이뉴턴출판 참조

일반 상대성 이론

1. 중력에 의해 빛이 휘어진다.
2. 뉴턴의 만유인력의 법칙으로는 타원형 궤도로 공전하는 수성의 움직임을 설명할 수 없었다.
3. 낙하하는 상자 안에서는 중력이 사라진다는 것을 발견했다.
4. 아인슈타인에 의하면 관성력과 중력은 사실상 같다. (뉴턴은 관성력을 힘으로 인정하지 않았다.)
5. 질량은 시공간을 휘게 만든다.
6. 낙하하는 것은 휘어진 공간을 따라 나아가는 것이다.
7. 중력은 시공간의 휘어짐이 일으키는 힘이다.
8. 중력이 강할수록 시간의 흐름이 느려진다.

양자역학은 아인슈타인의 광자효과이론으로 본격화되었다고 볼 수 있다. 빛이 파동이면서 동시에 입자라는 주장이 증명되었는데, 빛뿐만 아니라 물질의 세계 역시 빛과 비슷한 성질을 띠고 있다는 것이 관측되었기 때문이다. 아인슈타인의 상대성 이론은 우리가 살고 있는 거시세계와 우주를 이해하는 데 큰 도움을 주었다. 그러나 매우 작은 원자의 세계를 다루는 미시세계에서는 잘 적용되지 않는 것이 드러났다. 그래서 아인슈타인은 자신의 이론으로 설명이 되지 않는 양자역학 이론을 시종 마음에 들지 않아 했다. 덴마크의 물리학자 닐스 보어는 아인슈타인과 열띤 논쟁을 벌였는데 시간이 지날수록 많은 과학자들이 닐스 보어의 편을 들기 시작했다. 1927년 벨기에의 브뤼셀에 열린 5차 솔베이 회의에서 양자역학은 본격적으로 그 모습을 드러내기 시작했다.

앞에서 양자역학의 역사에서 잠시 언급했듯이 원자의 세계를 다루는 것은 모든 과학의 기초라 할 수 있다. 만물이 원자로 되어 있으므로 원자를 이해하는 것이 만물을 이해하는 첫걸음이 되기 때문이다. 양자론(quantum theory)의 핵심은 양자의 움직임이 연속적이지 않다는 것이다. 빛이나 입자 모두 불연속적인 값, 덩어리로 되어 있는, 그래서 셀 수 있는 형태의 모습을 가지고 있다. 1900년 독일의 물리학자 막스 플랑크는 높은 온도를 가진 물체에서 나오는 빛의 법칙을 연구하다가 광자, 즉 빛을 내는 입자의 에너지가 불연속적임을 발견했다. 아인슈타인과 논쟁을 벌였던 닐스 보어는 원자 내 전자는 띄엄띄엄 존재하는 불연속적인 궤도를 따라 '도약'하면서 전자기파를 방출한다고 했다. 1923년 프랑스의 물리학자 루이 드 브로이는 모든 입자가 파동의 성질을 가지고 있다고 주장했다. 그리고 그 유명한 이중 슬릿 실험을 통해 전자의 파동-입자 이중성이 증명되었다. 그리고 오스트리아의 물리학자 에르빈 슈뢰딩거가 1926년 전자의 파동을 수학적으로 나타낸 파동함수를 발표했다. 원자나 분자가 어떻게 움직이는가에 대한 양자이론의 기초방정식인 슈뢰딩거 방정식이다. 그리고 하이젠베르크는 관측하기 전에는 입자의 위치와 속도를 동시에 알 수 없다는 불확정성 원리를 발표했다. 그러나 아인슈타인은 여전히 양자이론을 받아들이지 못했다.

이러한 양자이론은 100년이 지난 지금도 완전히 정립되지 않았다. 여전히 논쟁은 계속 진행 중이다. 특히 양자역학은 관찰 혹은 측정이 무엇인가에 관한 해석의 문제가 아직 해결되지 않았다. 또 다른 문제는 우주의 4가지 근본적인 힘(핵력, 약력, 전자기파, 중력) 중의 하나인 중력을 설명하기 어렵다는 점이었다. 양자이론에 근거해 중력을 설명하려는 '양자 중력 이론'을 체계화하려고 노력했지만 아직도 정립되지 못했다. 여러 가지 이론이 있는데 그중에 가장 유력한 것이 '초끈이론'(super-string theory)이다. 최근에는 우주론에서는 블랙홀과 암흑물질에 관한 연구를 통해, 입자물리학에서는 초끈이론으로 모든 힘을 설명하려는 추세다.[31]

　'초끈이론'(super-string theory)은 모든 물질은 '끈'으로 되어 있다는 이론이다. 원자에는 양성자와 중성자 그리고 전자가 있는데 그것을 구성하는 더 작은 입자들이 있다는 것이 입자가속기와 같은 실험으로 밝혀졌다. 보통 양성자 하나는 세 개의 쿼크(quark)와 쿼크를 연결시켜 주는 글루온으로 되어 있다고 한다. 그리고 쿼크와 글루온 이외에도 밝혀진 소립자가 20여 종이나 된다고 한다. 그리고 발견되지 않은 소립자가 더 있다고 한다. 초끈이론에 의하면 모든 소립자가 '끈'으로 구성되어 있다는 것이다. 마치 기타(guitar)와 같은 현악기에서 현의 진동방식에 따라 다양한 소리가 만들어지는 것과 같아서 끈의 진동에 따라 다양한 에너지와 물질의 형태가 결정된

31　엘러건트 유니버스, 브라이언 그린, 박병철 역, 승산출판 참조

다는 것이다. 초끈이론은 양자이론과 상대성 이론을 연결시켜 주는 통합 이론인 것이다. 초끈이론은 우주는 4차원을 넘어서 9차원, 혹은 10차원으로 되어 있을 것이라고 가정한다.

이와 같이 현대 물리학은 모든 현상, 모든 물질, 모든 힘을 설명하는 단 하나의 이론(TOE: theory of everything)을 갖기 위해 노력하고 있다. 이것은 마치 우주의 끝은 어디인가를 찾는 노력과도 같이 결코 끝나지 않을 것이다. 양자세계를 향한 인류의 탐구결과는 한 가지 공통적인 사실을 보여 주고 있다. 모든 자연 만물은 언뜻 정적으로 보이지만 그 어느 것 하나라도 진동하지 않는 것은 없다. 인간의 의식과 영혼을 포함하여 우주의 모든 것은 떨고 있다.

표준모형

그렇다면 양자세계는 어떤 입자들로 구성되어 있는가? 최근까지 정립된 '표준모형'에 의하면 물질을 계속 쪼개고 쪼개다 보면 12개의 소립자(6개의 쿼크와 6개의 렙톤)가 4개의 소립자(매개입자 혹은 게이지입자)를 통해 서로 상호작용(=힘) 한다고 보고 있는데 2012년 유럽입자가속기(CERN) 실험을 통해 17번째 입자인 힉스(Higgs)가 발견되었다. 힉스 입자의 역할은 질량을 부여함으로써 힘을 주고받을 수 있도록 하는 것이다. 즉, 각각의 입자들이 힉스와 상호작용 하는 정도에 따라 질량이 결정된다. 표준모델에서 아쉬운 것은 '중력을 결정하는 입자'(graviton)가 빠져 있는 것이다.[32] 현대 물리학자들은 아직도 '중력'과 씨름하고 있다.

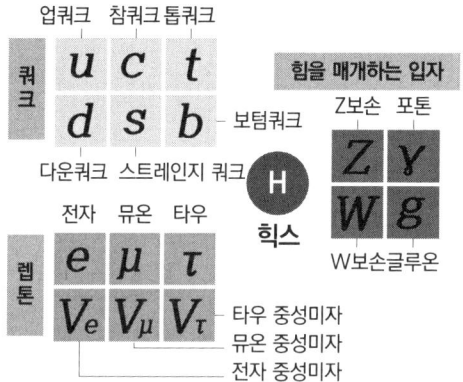

표준모형: 물질입자(쿼크6, 렙톤6)가 장입자 혹은 힘입자(Z보손, 포톤, W보손, 글루온)가 힉스 입자를 중심으로 서로 상호작용하는 것으로 모든 물질을 설명하는 입자물리학의 표준모델, 힘입자는 전자기력, 약한 핵력, 강한 핵력을 담당한다.

양자역학의 특징 10가지

여기서 양자역학을 길게 소개하기보다는 대표적인 특징만을 간략하게 말하고자 한다.

---

32 힉스, 신의 입자 속으로, 짐 배것, 박병철 역, 김영사, p. 172

1. 원자의 크기에서 공간이 차지하는 비중이 어마하게 큼

원자의 크기를 설명하는 이야기가 많다. 원자핵이 농구공 크기라고 한다면 원자핵을 자전하면서 공전하는 전자는 32km 밖에서 돌고 있다. 원자핵을 주먹 크기로 키운다면 주먹은 지구 땅덩어리만큼 커질 것이다. 원자가 축구장 크기라면 원자의 핵은 축구장 한가운데 놓인 작은 구슬과 같다. 휴지 한 칸 안의 원자들을 일렬로 세운다면 지구에서 달에 가고도 남을 것이다. 이런 말들은 원자가 얼마나 작은지 상상하게 해 주기에 충분하다. 중요한 것은 원자에 빈 공간이 너무나 많다는 것이다. 이러한 빈 공간을 제거해 버리고 나면 지구는 실제 사과 한 개의 크기만 될 것이다. 태양이 자신의 에너지를 다 소진해 버리고 중력만 남은 작은 별로 생애를 마감한다면 지름이 몇 킬로미터 되지 않을 것이다. 우주에 실제로 관측된 블랙홀은 태양과 같은 거대한 항성이 붕괴되어 중력만 남은 최후의 모습이다.

2. 입자의 파동/입자 이중성 원리(wave-particle duality)

1921년 아인슈타인은 자신의 광전자이론으로 노벨물리학상을 받았다. 광자라고 불리는 빛의 양자는 전자기력을 실어 나르는 입자인데 이것이 파동으로 여겨졌으나 실험을 통해 빛이 파동만이 아니라 질량이 없는 입자라는 사실이 밝혀진 것이다. 빛이 파동이냐 입자이냐를 두고 오랫동안 벌여 온 논쟁의 종지부를 찍은 것이다. 그러나 프랑스 과학자 드 브로이에 의해 빛 외에 다른 물질 또한 파동일 것이라는 설이 제안되었다. 물질도 광자와 같이 파동처럼 움직인다는 이론을 '물질파이론'이라고 한다. 즉, 전자 같은 입자가 파동처럼 움직이며 파동의 핵심적인 특징인 진동수와 파장을 가지며, 파동에서만 나타나는 회절과 간섭현상이 관측된다는 것이다. 그리고 실제 원자의 움직임은 어떻게 관측하느냐에 따라 파동이 될 수도 있고 입자도 될 수 있다는 것이 밝혀졌다. 이것을 '상보성'이라고 하는데 이것은 입자와 파동 어느 것도 실체가 아닌데 관측방식에 따라 둘 중에 하나의 형태만 탐지된다는 것이다.

3. 양자도약(quantum jump)

아인슈타인과 동시대에 살았던 덴마크의 물리학자 닐스 보어는 원자핵을 중심으로 공전하는 전자는 띄엄띄엄 떨어져 있는 고정된 궤도들 속에서만 존재한다는 원자모델을 제안했다. 전자궤도들이 양자화되어 있다는 것이다. 그리고 전자들은 이 궤도에서 저 궤도로 순간 점프할 수 있다고 말한다. 이러한 전자의 이동 시에 빛이라는 전자기파가 방출된다고 하였다. 빛을 받으면 낮은 궤도의 전자가 높은 궤도로 즉시 도약하고, 반대로 빛을 방출하면서 높은 궤도의 전자가 낮은 궤도로 즉시 도약한다. 원자에서 나오는 빛의 스펙트럼을 분광기로 분석해 보면 원자의 고유한 특성을 알 수 있게 된다. 이러한 양자도약은 순간적인 공간이동의 가능성에 대해 암시한다.

4. 양자중첩(quantum superposition)

양자입자가 두 개의 가능한 값을 동시에 가지고 있는 상태를 말한다. 이것은 공중에 던져진 동전의 앞뒷면과 다르다. 양자입자는 특정 값을 취하지 않고, 단지 어떤 값을 취할 확률만 갖고 있다는 것을 말한다.

5. 양자스핀(quantum spin)

미시세계에서의 양자의 움직임은 거시세계에서 태양계나 은하의 움직임과 유사한 면을 보이고 있다. 전자는 원자핵을 중심으로 궤도운동을 하는 동시에 자체의 축을 중심으로 회전하는 현상을 보이고 있다고 한다. 이것을 양자스핀이라고 하는데 이것은 우리가 일상생활에서 흔히 볼 수 있는 전자기현상을 일으키는 원인이며, 원자 내의 전자의 양자상태를 결정하는 데 필요한 핵심적인 변수가 된다.[33] 그러나 지구가 자전하는 것처럼 상상하는 것은 무리가 있다. 전자는 매우 작은 점과 같으며 구름과 같이 존재하기 때문이다. 따라서 특성을 설명하기 위해서 붙여진 이름이라고 할 수 있겠다.

---

33   개념 잡는 비주얼 양자역학책, 필립 볼, 브라이언 클레그 외 6인, 전영택 역, 궁리출판, p. 41

6. 불확정성 원리(principle of uncertainty)

입자의 한 가지 속성(위치나 운동량)을 알면 다른 속성을 알 수 없게 된다는 것인데, 1927년 독일의 이론물리학자인 베르너 하이젠베르크가 양자세계의 근본적인 특징으로서 불확정성 원리를 제안하였다. 이것에 의하면 원자나 입자의 물리적 성질들은 물리량으로서의 위치와 운동량, 혹은 특정 시점에서의 시간과 에너지 둘 모두 동시에 측정할 수 없다. 하나를 알면 다른 하나는 알 수 없게 되어 버린다.

7. 결어긋남(decoherence)[34]

일상생활세계에서는 뉴턴과 아인슈타인의 법칙 같은 고전물리학이 적용되고 원자를 다루는 미시세계에서는 양자법칙에 의해 지배되는데 미시적인 양자세계가 거시세계의 일상생활로 바뀌는 시점이 언제인가에 대해 많은 물리학자들이 논의하였다. 물리학자들은 파동-입자의 이중성, 불확정성과 같은 양자효과는 양자입자와 주변 환경 사이의 상호작용에 의해 사라진다고 보고 있다. 이 상호작용

---

[34] 많은 물리학자들이 코펜하겐 해석을 받아들이지만 입자가 환경과 상호작용하면서 파동함수가 붕괴되어 구체적이고 측정 가능한 값으로 변한다는 주장을 마음에 들지 않는 사람들은 붕괴 개념을 포함하지 않는 '결잃음' 혹은 '결어긋남'이란 관점을 사용한다. 즉, 양자가 외부세계와 상호작용하게 되면 '결'을 잃을 뿐 파동함수는 존재한다는 것이다. 이러한 관점은 다세계 해석으로 나아가는 기반이 되었다. (한 권으로 이해하는 양자물리의 세계, p. 110)

을 결어긋남 현상이라고 한다. 결어긋남[35] 현상은 입자와 주변 환경이 서로 얽힌 상태가 되어 입자의 성질이 더 이상 입자 자체의 고유한 것이 아니라 주변 환경에 의해 좌우된다는 것을 의미한다. 이렇게 양자적 성질들이 무너지면 다시 되돌릴 수 없게 된다. 즉 결어긋남은 양자세계를 고전세계로 바꾸는 스위치와 같은 것이다.

8. 양자얽힘(quantum entanglement)

서로 얽힌 상태의 둘 이상의 양자입자들이 아무리 떨어져 있어도 한 입자에 생긴 변화가 다른 입자의 상태에 즉각적으로 영향을 준다는 양자역학의 이론이다. 물리적 거리와 상관없이 빛보다 빠른 속도로 서로 '교신'한다는 의미이기 때문에 아인슈타인은 불가능하다고 주장했지만 최근 실험을 통해 양자얽힘이 계속 증명되고 있다.[36] 현재 이 원리를 이용한 양자통신, 큐비트, 양자컴퓨터, 양자전송[37] 등이 연구 또는 개발되고 있다.

9. 비국소성(non-locality)

비국소성은 양자얽힘의 이론이 우주관으로 확대하면서 나온 말이다. 국소성(locality)이란 용어는 한 공간의 영역에서 일어나는 모든

---

35 개념 잡는 비주얼 양자역학책, p. 55
36 위의 책, p. 98
37 양자정보를 얽힘을 통해 다른 곳으로 이동시키고 재구성하는 기술

것은 이것과 분리된 다른 공간의 영역에서 일어난 작용에 전혀 영향을 받지 않는다는 말이다. 비국소성의 원리(principle of non-locality)는 이러한 국소성이 지켜지지 않는 것을 말한다. 양자이론의 대표적인 코펜하겐 해석에 따르면 관측행위는 전 우주에 걸쳐 있는 파동함수를 순간적으로 붕괴시킨다고 한다. 반면 아인슈타인의 특수상대성 이론은 빛보다 빠르게 정보가 전달될 수 없다고 하여 국소성의 위배를 허용하지 않는다. 이러한 비국소성 원리는 현대 우주관에 큰 영향을 주었다고 할 수 있다.

10. 양자터널링(quantum tunnelling)

언덕 위로 공을 굴려 올릴 때 공을 움직일[38] 수 있는 에너지가 부족하다면 공을 언덕 너머로 옮겨 놓을 수 없다. 그러나 양자물리학에서는 그렇지 않을 수 있다. 전자나 광자와 같은 광자입자는 에너지가 충분하지 많은 경우에도 장벽을 통과할 수 있다. 이것을 양자터널링 효과라고 한다. 이것은 천체에서도 관측되며, 일상생활에서도 다이오드와 같은 방식으로 활용되기도 한다. 양자물리의 놀라운 결과 중 하나는 광자들이 빛의 속도보다 빠르게 이동할 수 있다는 것이다. 이러한 '초광속 실험'(superluminal experiments)에서는 광자들을 통과가 불가능한 장벽 방향으로 보낸다. 양자이론에 따르면 광자의 위치는 특정할 수 없으며 광자가 이미 장벽 너머의 반대

---

38 위의 책, p. 83

쪽에 있을 확률이 낮더라도 존재한다. 그래서 소수의 광자들은 이러한 터널링 효과에 의해 순간적으로 장벽 반대편으로 옮겨진다고 한다. 그러나 실제적으로는 '통과'하는 것이 아니라 그냥 반대편에 나타나는 것이라고 보는 것이 맞다.[39] 양자 터널링 효과는 태양의 핵융합이나 광합성과 같은 생물학적 과정에도 영향을 미치며 일부 전자기기에도 응용된다.[40] 이것은 아인슈타인의 특수 상대성 이론을 따르지 않는 빛보다 빠른 양자의 움직임을 가능하게 하며 이를 기반으로 만들어진 리처드 파인만의 다이어그램에 의해 양자 입자가 공간적 경로를 자유롭게 선택할 수 있으며 시간의 제약도 받지 않는다.[41] 시간을 거스르는 듯한 입자의 움직임이 관찰되면서 시간 여행이 가능하지 않겠는가 하는 추측도 낳게 했다.[42]

---

39 한 권으로 이해하는 양자물리의 세계, p. 114
40 위의 책, p. 115
41 위의 책, p. 144
42 리처드 파인만은 시간을 거스르는 전자(반물질 입자)가 양전자만큼이나 확실하다고 주장했다.

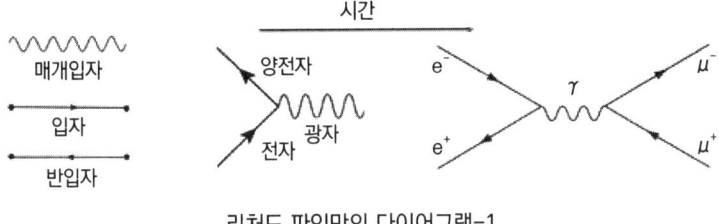

리처드 파인만의 다이어그램-1

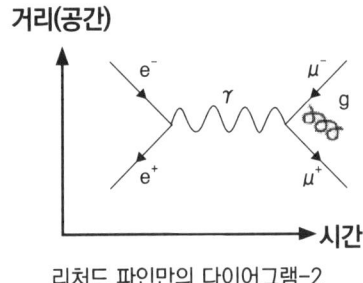

리처드 파인만의 다이어그램-2

2부
해석의 도구

"당신이 이해하지 못하는 것을 가르칠 수 없다."

"누군가 양자역학이 무엇인지 이해했다고 말하는 사람이 있다면 그것은 새빨간 거짓말이다."

"당신이 간단하게 설명할 수 없다면, 이해하지 못한 것입니다."

"가장 중요한 것은 의문을 제기하는 것이다."
- 리처드 파인만

2부
해석의 도구

신학의 재구성을 위한 양자역학 용어들

　이제 양자역학과 신학의 관계를 어떻게 진술할 것인지에 관하여 생각해 볼 차례다. 우선 폴킹혼이 제안한 양자역학과 신학 사이의 유사성을 발견하자는 주장은 매우 흥미롭다. 위에서 언급한 양자세계의 특성이 신학에서 말하는 교리적 특성과 매우 유사한 면이 분명히 있다. 사실 고전물리학과 신학보다는 양자역학과 신학이 훨씬 더 많은 유사성을 공유한다. 양자역학이 그만큼 '영적'인 면이 있다는 뜻이다. 예를 들어 그리스도의 인성과 신성이 중첩되어 있다는 신학적 교리와 빛과 물질이 입자와 파동이 서로 동시에 존재하는 양자의 중첩현상과 매우 유사하다.

　그러나 나는 양자역학과 신학의 유사성을 발견하는 것보다는 양자역학적 원리와 용어로 신학을 재구성하고자 한다. 단지 유사성을 발견하는 것만으로는 조금 아쉽다. 왜냐면 최근에는 주역, 성리학과 같은 동양철학과 양자역학, 불교와 양자역학, 심리학과 양자역학, 정신분석학과 양자역학 등 여러 방면에서 비슷한 방법론으로 서술한 책들이 나오기 때문이다. 그러면 내가 신학을 진술하기 위해 사용하려는 양자역학 용어는 무엇인가? 나는 기독교 신학체계를 기술하는

데 사용되는 열 가지 기본적인 틀을 소개하고자 한다.

첫째, 하나님은 영이시다. 이때 '영'은 히브리어 '루아흐' 즉, 바람(wind)이다. 기압 차이로 생기는 공기의 흐름인 바람은 질량이나 형체가 없다. 이 단어는 다른 피조물과 구별되는 하나님의 존재 방식을 일컫는 말로서 양자역학에서 말하는 '파동'이나 '진동'과는 구별되어야 한다. 그러나 하나님의 '영'을 하나님의 '바람'이라고 직역하여 표현해도 교리적으로 문제될 것이 전혀 없다. 오히려 하나님의 실제를 더 잘 느끼게 해 준다. 원자로 구성되어 있는 모든 만물은 진동하고 있으나 하나님은 '스스로 계신 자'로서 만물과 본질적으로 구별되어 존재하시는 분이시다.

둘째, 하나님의 말씀은 영이신 하나님께서 일으키시는 '파동'(wave)이다.[43] 이러한 파동은 모든 양자세계의 파동을 일으키는 근본적인 힘이다. 하나님의 말씀을 '파동'이라고 할 때 또한 양자세계에서 빛이나 원자 혹은 아원자(sub-atomic particle, 원자 및 원자 내 소립자들)의 파동과 구별되어야 한다. 하나님이 일으키시는 말씀으로서의 파동은 모든 양자세계의 원인자가 된다. 또한 이 '말씀'은 '로고스'로서 인격체이다. 이 '말씀'이 성육신하였는데 그가 예수 그리스도이시다. 예수 그리스도는 "만물을 충만케 하시는 자의 충만" 즉, 모든 만물의 존재 목적이 되신다.

---

43 '파동'(wave)의 동의어로서 '진동'(vibe), '떨림'(tremor), '펄스'(pulse)가 있다.

셋째, 하나님은 말씀이라는 원천적 파동으로 모든 물질의 근본이 되는 양자세계를 창조하셨다. '로고스'가 없이 창조된 것은 하나도 없다(요 1:3 참조). 로고스는 모든 만물의 근본이며 양자의 목적파(pilot-wave)를 만들어 낸다. 양자세계는 그리스도를 섬기기 위해 만들어졌다.

"그는 보이지 아니하시는 하나님의 형상이요 모든 창조물보다 먼저 나신 자니 만물이 그에게 창조되되 하늘과 땅에서 보이는 것들과 보이지 않는 것들과 혹은 보좌들이나 주관들이나 정사들이나 권세들이나 만물이 다 그로 말미암고 그를 위하여 창조되었고 또한 그가 만물보다 먼저 계시고 만물이 그 안에 함께 섰느니라"(골 1:15-17)

넷째, 하나님께서 최초 만드신 빛은 양자세계이며, 양자세계를 존재하게 하는 에너지의 원천이다. 이러한 양자세계는 '파동'으로 존재한다. 그리고 하나님의 말씀은 모든 양자세계에 있는 초끈(super-string)을 진동시키며 파동을 일으키고 유지하는 원천적인 파동이다.

다섯째, 하나님께서 건설하신 양자세계에는 근원적인 에너지가 감추어져 있다. 하나님께서 양자세계인 빛을 만드셨고, 이 빛으로 모든 형태의 물질이 만들어지며, 이 빛으로부터 모든 인간과 피조물들의 에너지가 되기 위하여 다양한 파동의 형태로 나온다. 육신을 가진 인간의 눈은 이 분출되는 빛의 극히 일부 구간만 받아들일 수 있으며, 이 빛으로 생성되는 우주적 소리의 일부분만 들을 수 있다.

여섯째, 하나님의 말씀에 같은 주파수를 맞추는 행위가 믿음이다. 믿음은 그 자체도 또 하나의 진동(vibe)이다. 영혼의 진동을 일으키는 데에 하나님의 영이 개입하시는데 우리는 이것을 '성령의 조명하심'이라고 부른다. 이것은 '공진'(resonance)이라는 물리현상으로 설명된다.

일곱째, 죄는 하나님과 단절시키고, 하나님의 얼굴을 외면케 하는 것이며, 구원이란 하나님과 다시 연결되는 것이며, 하나님의 얼굴을 다시 대면하는 것이다. 그래서 하나님의 얼굴빛을 비추임 받는 것이다. 죄는 하나님의 거룩(=빛 되심)에 도전하고 대항하는 반역이며, 이 죄에 대해 하나님은 얼굴을 돌리신다. 죄인을 외면하시던 하나님께서 다시 죄인을 대면하시는 것이 '은혜'이며 그 혜택을 받는 것을 '구원을 받는다'고 한다. 그러한 은혜는 인간에게서 시작되지 않으며, 하나님께서 마련하신 방법을 인간이 순순히 따라야 한다. 그 방법이란 생명이 있는 '피'로써 죄를 덮고 씻는 것이다. 이것이 속죄의 원리이다. 속죄교리를 파동의 중첩원리(principle of superposition)로 설명할 것이다.

여덟째, 그리스도인의 삶은 하나님의 얼굴빛 아래서 사는 것이다. 하나님의 빛은 모든 생명체의 생육 번성과 깊은 관계가 있으며 활발한 생명력을 가져온다. 하나님께서 자신의 얼굴빛을 비추시는 것을 구약의 제사장들은 '복 주심'으로 이해했다.⁴⁴ 이것은 물리학에서 증폭(amplification), 또는 파동의 보강간섭(constructive interference)으로 이해할 수 있다.

아홉째, 부활체는 첫째 날 창조하신 그 빛으로 만든 초신체(超身體, super-body)이다. 첫 아담의 신체는 부활하신 예수 그리스도의 신체와 동일한 구조였을 것이다. 이 신체의 특성과 기능 또한 양자역학으로 설명할 것이다. 첫 아담은 모든 죄인의 머리가 되었고, 둘째 아담은 모든 의인의 머리가 되셨다. 첫 아담과 둘째 아담이신 예수 그리스도의 대조(contrast)는 기독교 신학에서 매우 중요한 핵심 개념이다.

열째, 마지막 심판이 있다. 모든 생명은 윤회하지 않으며 '탄생-죽음-심판'이란 일직선의 역사를 벗어나지 않는다. 죽은 자가 다른 산 자로 다시 태어나는 일은 결코 없다. 마지막 심판은 생명의 빛으로 모든 인간을 감별하는 하나님의 행위이다. 심판에 결정적인 역할을 하게 될 '생명책'과 '행위의 책들'은 양자얽힘(quantum entanglement)으로만이 제대로 이해될 수 있다.

---

44 민수기 6:23-27절 참조

만물: 하나님께서 창조하신 빛의 세계

초기 양자역학은 빛의 본질을 탐구하는 것에서 출발했다. 성경은 빛이 모든 만물의 기원이라고 말하고 있다. 만물은 첫째 날 하나님께서 말씀으로 빛의 세계를 창조하심으로 시작되었다. 이 빛은 넷째 날 창조하신 '광명체'가 내는 빛보다 더 근원적인 빛이라고 할 수 있겠다. 이 빛은 원자의 세계를 구성하는 힘이다. 즉, 하나님은 양자세계(quantum world)를 창조하셨다. 원자는 핵과 전자로 구성되어 있고 핵은 양성자와 중성자로 되어 있다. 그것들은 모두 쿼크와 힉스 같은 더 작은 소립자들로 구성되어 있다. 첫째 날 하나님이 창조하신 빛은 그 소립자 속에 감추어 놓으신 에너지의 세계이다. 원자 내부의 각 입자(아원자)들이 서로 상호작용 하면서 전자기파라는 형태의 빛을 방출한다. 넷째 날 창조하신 광명체들은 빛 그 자체가 아니라, 이 빛을 실어 나르는 운반체(deliverer)인 것이다.

21세기 현대문명(라디오, 컴퓨터, 반도체, 자동차, 가전, 등)은 모두 양자역학과 함께 발달한 것이다. 양자역학은 앞으로 초현대문명을 만들어 낼 열쇠가 되고 있다. 점점 양자역학은 우리 모두 알아야 하는 상식이 될 것이다. 무엇보다 양자역학은 하나님의 창조원리와 성경에 기록된 모든 기적을 잘 설명하는 원리이므로 크리스천이라면 꼭 공부해야 하는 물리적 상식이기도 하다. 우리에게 보이는 물질세상은 원자로 구성되어 있는데 원자를 구성하는 핵과 전자는 파동(정확히는 파동이면서 동시에 입자)임이 과학자들에 의해서 밝혀졌다. 즉 보이는 이 세상이 입자처럼 보이나 사실은 파동인 셈이다. 그러한 파동의 원천은 첫째 날 하나님께서 만드신 빛이라는 파동인 것이고, 그 빛은 하나님의 말씀, 즉 하나님의 입에서 나온 파동(wave)에서 만들어진 것이다. 결국 하나님의 말씀(original wave)이 모든 만물을 지탱하는 힘인 것이다. 지금도 하나님은 말씀으로 해가 동쪽에서 떠오르게 하시며, 내 육체가 살아가는 데 필요한 에너지인 햇볕을 내려 주신다.

창세기 1장에서 첫째 날 하나님께서 말씀으로 빛을 만드셨다. 그리고 빛과 어둠을 나누셨다. 그리고 빛을 낮이라, 어둠을 밤이라 부르셨다. 그런데 넷째 날 해달별이란 '광명체'를 만들어 낮과 밤을 나누게 하셨다. 그러면 첫째 날의 빛은 무엇이며 첫째 날의 낮과 밤은 넷째 날의 낮과 밤과 어떻게 다를까? 하나님께서 첫째 날의 빛을 만드실 때 빛이 있으라고 말씀하셨는데 공기가 없는 상태에서 어떻게 말씀하는 것이 가능할까? 여기서 본문을 다시 자세히 들여다보자. 해달별은 성경에서 '광명체'(lights)라고 기록되어 있다. 즉, 광명체란 빛을 만들어 내는 원천이 아니라 빛을 전달하는 매개체(intermediary)란 점이다! 따라서 첫째 날 만드신 빛은 해달별이 존재하기 이전에 해달별을 구성하는 원자, 원소, 분자를 구성하는 최소 에너지 파동(energy wave)이란 사실을 알 수 있다. 하나님은 영이시지만 그 음성은 공기를 매개체를 진동시켜 들리는 그런 소리가 아닌 형태의 진동(wave)이라는 사실이다. 하나님께서 발하신 음성(wave)은 세상과 우주의 양자세계와 메커니즘을 만든 원천적인 파동(original wave)이었다. 즉, 양자의 세계, 원자의 세계는 눈에 보이지 않는 하나님의 파동으로 말미암아 만들어진 에너지 파동(=빛)으로 만들어진 것이다.

눈에 보이지 않는 최소 단위의 에너지 파동이 하나님께서 만드신 빛의 본질이다. 첫째 날 하나님께서 바로 양자세계를 만드셨다. 즉, 보이는 물질세계는 보이지 않는 것으로 만들어진 것이다. 양자의 세계에는 우주에서 가장 강력한 힘인 강력(=핵력)과 약력[45], 그리고 전자기력이 감추어져 있다. 온 우주에는 기본적인 네 가지 힘이 작용하는데 강력, 약력, 전자기력, 그리고 중력이다. 이 네 가지 힘 중에 세 가지가 양자에 감추어져 있는 것이다. 그러면 중력은 어디서 나오는가? 양자가 주변 상황과 미세하게 상호작용하면서 입자가 되면서 질량을 갖게 되는데 질량이 점점 커지게 되면서 중력 또한 커지게 된다. 아인슈타인이 말한 일반 상대성의 원리에 따르면 질량을 가진 물체는 시공간을 휘게 만드는데 그 휘어짐의 정도가 중력의 크기를 만들어 내고 중력에 따라 빛과 시공간이 영향을 받게 된다. 우리가 느끼는 '시간'도 중력에 따라 상대적으로 변하는 것이고, '무게감' 혹은 '공간감' 역시 중력에 따라 변하는 것이다. 시간과 공간은 서로 분리되지 않는다.

이와 같이 첫째 날 하나님께서 음성(wave)을 발하심으로써 최초

---

[45] 약력은 방사선 붕괴에 관여하는 힘이다.

의 에너지 파동인 빛이 폭발하게 되었다. 대부분 천체 물리학자들은 138억 년 전에 한 점에서 온 우주가 폭발하게 되었다는 빅뱅이론에 동의하고 있다.[46] 그러나 그 빅뱅의 원인이나 배경에 대해서는 아직도 확립된 이론이 없다. 나는 빅뱅의 원인이 하나님의 음성이었다고 말하고 싶다. 하나님께서 빛이 있으라고 말씀하심으로 빛이 생기게 되었다. 그리고 그 빛이 작용하지 않는 세계를 분리하셔서 밤이라고 하셨다. 그것은 아마도 양자의 세계가 작동하지 않는 암흑물질(dark matter)일 것이다.[47] 보이지 않는 에너지 파동이 양성자, 중성자, 음전하를 각각 구성하고 있고 하나님의 말씀(wave)이 각각의 양자 입자들을 통제(control)하고 있다.

양자역학으로 모든 물질세계의 현상을 설명할 수 있다. 예를 들어 사람의 몸이 의자에 앉아 있을 수 있는 것은 몸과 의자가 서로 음전하끼리 밀어 내고 있기 때문이다. 그런데 만약 하나님께서 말씀하시면 우리 몸이 의자를 순식간에 통과할 수도 있는 것이다. 우리가 서로 악수를 할 때 서로의 음전하가 밀어 내는 작용을 하기 때문에 촉감의 형태로 느끼는 것이지 사실은 몸과 몸이 서로 밀어 내고 있는 것이다. 그리고 어떤 빛은 벽을 통과하기도 한다. 부활하신 예수님

46　어떤 천체 물리학자는 우주의 나이가 270억 년이라고 주장하고 있다.
47　베라 루빈(Vera Cooper Rubin, 1928-2016)은 미국의 여성 천문학자로서 은하 회전과 암흑물질의 증거를 발견하는 등 현대 천문학에 획기적인 기여를 하였다. 그녀는 1960년대부터 20여 년 동안 200개가 넘는 은하를 관측하고 연구했다.

께서 엠마오로 가는 두 제자에게 나타나셔서 그들과 함께 저녁 만찬을 드시고 순간적으로 사라지셨다가 문을 굳게 걸어 잠근 마가의 다락방에 모인 제자들에게 순간적으로 나타나신 것은, 부활하신 예수 그리스도의 몸이 시공간에 제약을 받지 않는 새로운 양자체계를 가진 몸으로 부활하신 것이고, 부활의 첫 열매이신 예수 그리스도를 따라 예수님께서 재림하시는 날에 우리가 입게 될 새로운 신체의 특징이기도 하다.

아인슈타인은 사람이 빛처럼 빨라지면 시간이 느려져서 멈추게 된다고 주장했다. 예수님의 부활하신 몸은 그 빛 자체이므로 시공간에 아무 제약도 받지 않는다. 원자와 전자기력을 마음대로 통제할 수 있다면 기적은 일상이 되며 시공간은 더 이상 장애물이 될 수 없다. 그렇게 모든 제한이 사라진 예수님의 몸을 제자들은 만져 보았고, 도마는 그 옆구리에 손을 넣기도 했다. 예수님은 자유자재로 양자역학을 사용하는 초신체를 가지신 것이다.

또 다른 문제를 양자역학 원리로 풀어 보자. 예수님께서 물 위를 걸으셨을 때 그 발이 물에 젖었을까, 아니면 젖지 않았을까? 우리가 양자세계를 이해하게 되면 저절로 알게 되는데 물 위를 걸으실 때 예수님의 발은 조금도 물에 젖지 않았을 것이다. 왜냐면 물 분자의 음전하와 예수님 발의 음전하가 서로 밀어 내면 물 위를 걷는 것이 가능했을 것이고, 그렇다면 물이 예수님의 발을 적시지도 못했을 것이기 때문이다. 물론 이 모든 것을 양자역학으로 이해하는 것보다 더 중요한 것이 있다. 그것은 내 감정이나 감각에 따라 믿는 것이 아니라, 하나님의 말씀을 따라 믿는 사람이 세상에서 제일 지혜로운 사람이다.

다시 정리해 보자면 하나님께서 첫째 날 만드신 빛은 우리가 태양에서 오는 그런 가시광선이 아니다. 사람의 눈으로 인식하는 그런 가시광선은 하나님께서 만드신 빛의 지극히 일부분에 지나지 않는다. 하나님은 첫째 날에 모든 우주 만물의 기본이 되는 양자세계를 건설하신 것이다. 모든 양자세계를 구성하는 기본 에너지 파동으로 만들어진 원자의 세계를 만드신 것이다. 이 빛은 모든 만물의 근원이다.

빛은 모든 만물의 최소 에너지 파동(wave) 혹은 진동(vibration)이라고 할 수 있다고 했다. 그 파동을 일으키고 유지하는 근본적인 힘에 대해서는 과학자들은 설명하지 못하고 있다. 과학자들은 결코 '왜?'에 관해서는 답을 내리지 못한다. 단지 '어떻게?'에 관해서 수학적으로 혹은 실험적으로 설명하려고 탐구할 뿐이다. 모든 물질은 근본적으로 파동(wave)인데 그 파동을 일으키는 원천적인 파동이 곧 하나님의 입에서 나오는 말씀(wave)이다.

빛에 대해서 좀 더 이야기해 보자. 사람이 천사를 보지 못하는 이유는 사람이 볼 수 있는 빛은 오직 가시광선뿐이기 때문이다. 변화산에서 빛을 내시며 해같이 변화하신 예수님은 세 명의 제자들에게 하나님께서 만드신 태초의 빛을 잠시 보여 주셨다. 세상의 그 어떤 빛보다 더 찬란한 빛이다. 하나님은 그 빛을 만드셨을 뿐만 아니라 그 빛 가운데 거하고 계시며 그에게는 어둠이 조금도 없으시다. 성경은 하나님께서 옷을 입음같이 빛을 입으셨다고 말한다(시 104:2, 4).

 물질세계의 빛은 가장 빠르게 움직이지만 그 빛을 창조하신 하나님은 빛의 속도를 초월하시는 분이시다. 빛이 존재함으로 인해 시간과 공간이 생겼다. 그러나 빛을 만드신 하나님은 시간과 공간에 아무 제약을 받지 않으시는 분이시다. 하나님은 그 의지에 따라 시공간을 자유롭게 넘나드실 수 있는 분이시다. 이것은 성경의 예언이 가능하게 한 비결이기도 하다. 하나님은 우리의 미래를 알고 계신다. 양자의 움직임은 불확정성의 원리에 지배를 받는다. 따라서 우리는 일어날 일을 예측할 수 없지만 하나님 앞에는 모든 것이 확정되어 있다.

 변화산에서 세 명의 제자들에게 보여 주신 예수님의 빛은 햇빛과 같은 가시광선의 빛이라기보다 첫째 날의 빛으로서 모든 만물의 근본을 이루는 빛일 것이다. 즉, 첫째 날의 창조를 양자역학적으로 이해하면 지금 물질세상을 이해할 수 있게 된다. 하나님께서 발하신 소리(wave)가 모든 물질세계를 구성하는 양자의 세계를 만들어 내었는데 잔잔한 호수에 던진 돌로 인해 물결이 사방으로 퍼지는 것처럼 물질세계는 빛의 속도로 팽창하고 있는 중이다. 그리고 빛은 다양한 스펙트럼을 갖고 있는데, 즉 다시 말하면 다양한 진동수를 가지고 있는데 이러한 진동은 소리(sound)를 내고 있는 것이다.

 이것을 현악기 연주로 설명할 수 있다. 예를 들어 기타 줄을 손가락으로 튕기게 되면 진동이 생겨서 파동을 일으켜 특정 주파수대의 소리를 내는 것처럼 원자도 같은 원리로 특정 주파수대의 진동을 가진 빛을 낸다. 사도 바울은 셋째 하늘(즉, 낙원)에 이끌려 가서 말할 수 없는(음악 같은 신비한) 소리를 들었다고 했다(고후 12:4). 또 성경은 하나님의 보좌에 무지개가 둘러싸여 있다고 기록하고 있다(겔 1:18; 계 4:3). 빛은 다양한 파동을 가지고 있고 각각의 파동은 각각의 주파수대의 소리를 내고 있다. 빛을 만드신 하나님께서 옷을 입음같이 빛을 입고 계시고(시 104:2), 빛 가운데 좌정하시고, 천둥소리 같은 음성으로 말씀하고 계신다(욥 37:4, 5; 40:9). 양자역학에서 우레(thunder)란 '뇌성과 번개를 동반하는 방전현상' 즉, 입자와 반입자의 충돌, 또는 양전하와 음전하가 서로 충돌하는 전자소멸 현상이다.

 빛은 파장 수(frequency, 진동수)에 따라서 짧은 진동에서부터 긴 진동수까지 감마선, 엑스선, 자외선, 가시광선, 적외선, 마이크로파, 라디오파 순서로 파장이 다양하다. 각각의 진동수에 따라 색깔도 다르며 소리도 다르다. 낙원에 갔던 바울 사도가 들었던 소리는 양자역학적으로 설명이 된다. 인간의 눈은 가시광선만 볼 수 있고 인간의 귀 또한 특정 주파수의 소리만 들을 수 있다. 사도 바울이 낙원에서 들었던 소리가 얼마나 환상적일지 상상 불가인 것은 지상에서는 인간이 들을 수 있는 소리의 한계가 너무나 제한적이기 때문이다. 그 소리는 빛의 다양한 파동이 만들어 내는 것이다.

  보이는 것은 보이지 않는 원자로 되어 있다. 보이는 이 세상이 입자처럼 보이나 사실은 파동이다. 그러한 파동의 원천은 첫째 날의 하나님께서 만드신 빛이란 파동인 것이고, 그 빛이 모든 우주 만물을 구성하고 팽창시키고 있는 것인데 그 빛은 하나님의 파동, 즉 하나님의 입에서 나온 파동(wave)에서 만들어진 것이다. 결국 하나님의 말씀이 모든 만물을 지탱하고 있는 것이다. 하나님께서 말씀하지 않으시면 내일 아침 태양이 동쪽에서 떠오르지 않을 것이다.

  우리는 양자역학을 공부함으로써 하나님이 만드신 세상 만물을 더 잘 이해할 수 있게 되고 세상 만물을 관찰하면서 그 속에서 하나님의 능력과 영광과 지혜를 발견할 수 있다. 그러면 살아 계신 하나님을 찬양하지 않을 수 없을 것이다. 이것이 예배이다. 하나님께서는 바로 예배를 받으시기 위해 만물과 우리 인간을 창조하신 것이다. 인간의 존재 목적은 하나님이 만드신 만물을 보면서 하나님의 영광과 능력을 발견하고 하나님을 높이는 것이다. 또한 하나님의 이름으로 그 만드신 만물을 선한 청지기가 되어 하나님의 목적에 따라 다스리고 통치하는 것이다.

  또한 우리는 양자역학으로써 성경에 기록된 그 많은 기적들을 이해할 수 있을 것이다. 물로 포도주를 만드신 것이나 홍해가 좌우로 갈라진 것, 반석에서 물이 쏟아져 나온 것, 죽은 자가 살아난 것, 저는 자가 걷게 되고 소경이 앞을 보게 된 것 모두 양자역학적으로 설명이 가능하다. 그뿐만 아니라 양자역학은 우리가 얻게 될 새로운 신체, 부활의 몸에 대해 매우 중요한 단서를 제공해 주고 있다. 신체가 왜 필요한지, 그 신체로 무엇을 할 것인지, 그 신체는 지금의 신체와 어떻게 다른지 양자역학은 통찰력을 제공해 주고 있다.

그러나 우리는 종교다원주의에 빠지지 않도록 해야 한다. 정상으로 가는 길은 여러 개가 있다는 논리는 결코 받아들일 수 없다. 만약 그것이 사실이라면 계시도 필요 없고, 예수님께서도 직접 성육신하여 우리에게 오실 필요가 없었고 "내가 곧 길이요 진리요 생명"이라고 선언하실 필요도 없었다. 우리가 하나님을 아는 지식은 오직 하나님께서 자신에 관하여 드러내 주신 부분에 관해서만 가능하다. 일반계시에 의한 지식은 그 자체로는 완전하지 않으며 기록된 말씀이라는 특별계시를 보조할 따름이다. 그러면 이제 특별계시에 의해서만 알 수 있는 인간과 우주 만물의 기원과 목적에 대해 알아볼 것이다.

3부
창조와 창조주

"과학은 질문의 예술이다."

"지식은 공유되지 않으면 무용지물이다."

"우리는 우리가 속한 우주에 대해 끊임없이 탐구해야 한다. 그것이 우리의 본분이자 우리의 모험이다."

— 칼 세이건

3부
창조와 창조주

　기독교 세계관의 골격은 '창조-타락-구속-완성'이다. 이제 성경이 말하는 창조와 창조주에 관하여 살펴보려고 한다. 먼저 창조의 배경이 되는 '카오스'에 관하여 생각해 보자.

혼돈: 암흑물질과 암흑에너지

　그러면 하나님께서 빛을 창조하시기 이전의 세계는 어떠했는가? 창조 이전에는 무엇이 있었을까? 첫째 날 창조의 배경에 대해서 성경은 이렇게 기록하고 있다. "땅이 혼돈하고 공허하며 흑암이 깊음 위에 있고 하나님의 신은 수면에 운행하시니라"(창 1:2) 여기서 우리는 혼란에 빠지게 된다. 하나님께서 첫째 날 빛을 창조하시기 전에 '땅'이 있었다고? 그리고 '물'이 있었다고? 이게 말이 되는가? 성경은 스스로 모순을 말하고 있는 것인가? 분명 하나님께서 빛을 창조하시기 이전에 상황을 묘사하고 있는 것이 틀림없다. 하나님이 창조하신 땅과 바다는 둘째 날과 셋째 날에 등장한다. 이러한 문제를 어떻게 볼 것인가? 우선 우리는 성경이 철학서도 과학서도 아니라는 점을 잘 알아야 한다. 하나님께서 모세를 통해 광야 이스라엘 백성에게 창세기의 말씀을 주실 때는 이스라엘 백성들의 눈높이에 맞추어서 말씀하고 계신다. 광야 이스라엘 백성은 이집트에 내린 일련의 재앙들로 인해 쫓겨나다시피 탈출하여 홍해를 건너 광야에 와 있다. 그들에게 최대 관심은 '자신들은 누구인가?'에 대한 정체성의 문제였을 것이다. 그들에게 하나님은 모세를 통해 그들이 왜 거기 있게 되었는가를 말씀하신다. 하나님은 먼저 세상의 기원에 대해 말씀하시기 시작했다. 세상의 기원에 대해 설명할 때 오늘날 현대 과학자들의 용어로 설명하지 않으신다. 그럴 수도 없었고 그래서도 안 되었다. 하나님은 광야에 있던 이스라엘 백성들의 눈높이에 맞추어 말씀하신다.

그렇다면 창세기 1장 2절을 비과학적이라고 단정할 이유가 하나도 없다. 그러면 하나님께서 이와 같이 말씀하셨을 때 오늘날의 과학이론과 어떻게 조화될 수 있을 것인가? 나는 양자역학을 스스로 공부하기 전부터 천문학에 대한 관심이 있었다. 아프리카에서 선교활동을 하면서도 틈틈이 천문 관련 서적을 보았다. 내가 이해한 창세기 1장 2절은 다음과 같다. 하나님께서 빛을 창조하시기 이전에 존재하는 것들이 있었다고 가정해야 한다. 무(無)에서 유(有)를 창조하신 것이지만 무(無)를 어떻게 볼 것인가가 중요하다. 물리학적 관점에서는 아무것도 없는 완전한 진공은 존재하지 않는다. 대칭성의 원리에 따라 양자역학이 설명되는 유니버스가 있으면 양자역학으로 설명이 안 되는 암흑물질과 암흑에너지가 존재한다. 빛은 어둠 속에서 창조된 것이다.

"땅이 혼돈하고 공허하며" 여기서 말하는 땅은 지구를 말하는 것이 분명 아닐 것이다. 이것은 질서가 잡히지 않은 상태의 어떤 물질세계를 말함이 틀림없다. "흑암이 깊음 위에 있고 하나님의 신은 수면에 운행하시니라" 여기서 말하는 흑암은 첫째 날 하나님이 빛을 창조하시고 빛과 어둠을 나누신 다음 빛을 낮이라 부르시고 어둠을 밤이라 부르셨을 때 그 밤일 것이다. 즉, 창세기 1장 2절의 '흑암'은 첫째 날 창조하신 빛, 즉 양자세계의 배경이 되는 '암흑물질'과 '암흑에너지'일 것이다. 우주에서 약 26%를 차지하고 있으며 현대 물리학계에서 최대의 화두가 된 암흑물질의 정체에 관하여서는 여전히 연구 중에 있으며 양자역학이 작용하지 않는 소립자 덩어리일 것이라는 견해가 지배적이다.[48] 반면 암흑에너지는 우주의 약 70%를 차지하는 힘으로서 입자와 반입자가 지속적으로 생성 소멸을 반복하는 진공에너지, 혹은 우주팽창을 가속시키는 힘 또는 아인슈타인의 우주상수 등으로 알려져 있다. 반면 우주에서 인간이 관측할 수 있는 양자역학이 작용하는 물질세계(코스모스)는 고작 4%에 지나지 않는다. 즉, 인간은 우주의 96%에 관해서는 어떤 물리적인 특성조차 모르고 있다.

창조의 배경에 관하여 계속 살펴보자. 히브리어 문법의 특성 중

---

[48] 과학자들은 중성미자 혹은 여러 가지 가상 입자를 제안하고 있으며 CERN 같은 입자가속기에서 실험으로 찾거나 암흑물질을 탐지할 수 있는 탐지기를 개발하고 있다. 유클리드 우주망원경은 중력렌즈를 사용하여 암흑물질과 암흑에너지를 관측하기 위해 만들어졌다.

하나가 대구법(對句法)이다. "땅이 혼돈하고 공허하며" '혼돈'과 '공허'는 동전의 앞뒷면처럼 같은 의미로 쓰이고 있다고 봐야 한다. '혼돈'은 '무질서'와 약간 다르다. 무질서(disorder)란 뒤죽박죽 섞여 있는, 무작위성(randomness)이라고 한다면 '혼돈(chaos)'은 얼핏 무질서한 것처럼 보이지만 자세히 들여다보면 나름대로 질서가 있는 그런 상태이다. 앞서 말했듯이 물리학자에게 완전한 무로서의 진공은 존재하지 않는다. 겉으로 보기에는 '텅 빈 공간' '아무것도 없는 상태'로 보이지만 사실은 나름대로 질서가 있다. 천문학자들의 용어를 빌려 설명하자면 '공허'란 아무것도 없는 빈 공간이 아니다. 즉, 원자로 구성된 물질세계로서 존재하지 않지만 나름대로 질량을 가진 입자도 있고 에너지도 있으며 생성과 쌍소멸과 같이 서로 밀고 당기는 일종의 법칙 같은 것도 있어서 2절에 말한 대로 파도가 치는 '수면'과 같이 보인다. 하나님께서 창조하실 빛이라고 하는 만물의 에너지는 사실 어둠이라는 에너지가 먼저 전제되어야 성립되는 것이라 할 수 있다.

무에서 유를 창조하신 것이라면 '무'는 진공을 말하는가? 물리학자들에게 '완전한 무'로서의 진공은 존재할 수 없다. 양자 물리학자들에게 진공은 "에너지 0"(제로)의 상태이다. 다시 말하면 플러스 에너지와 마이너스 에너지의 합으로서 0(제로)이다. 우주에서 별과 별, 은하와 은하 사이에 아무것도 없는 것처럼 보이지만 사실 관측할 수 없는 무엇인가로 가득 채워져 있다. 은하의 가장자리가 흩어지지 않고 있다는 것이 그 증거이다.

진공에서의 양자 요동은 입자/반입자 쌍의 자발적 생성의 형태를 취할 수 있습니다. 따라서 진공은 물질-반물질의 무궁무진한 저장고로 볼 수 있습니다. 불확정성 원리로 인한 불확실성을 이용하여 진공에서 전자를 추출할 수 있죠. 진공은 역동적이고 끊임없이 변화하는 물질이며, 잠재력이 가득하고, 반대되는 것들을 잉태하고 살아 있는 존재입니다. 진공은 무가 아닙니다. 오히려 물질과 반물질이 무제한으로 넘쳐나는 체계입니다. 어떤 면에서 그것은 인도 수학자들이 생각했던 수 '0'(제로)과 정말 닮았습니다. '0'은 수가 아니기는커녕, 양수들과 음수들의 무한집합을 포함하며, 반대 부호의 대칭적인 제로섬 쌍으로 구성되어 있습니다. 더 나아가자면, 위상이 반대인 모든 소리가 중첩할 때 서로 상쇄되어 정적이 생겨나거나, 광파의 파괴적인 간섭으로 인해 어둠이 생겨나는 것으로도 비유할 수 있습니다.[49]

그래서 나는 이것을 '얼핏 텅 빈 공간처럼 보이지만 사실 암흑물질(dark matter)[50]과 암흑에너지(dark energy)로 가득하여 생성과 소멸을 반복하는 우주적 수면'이라고 부르고 싶다. '수면'은 '밀고 당기는 요동'이 반복되는 현상을 말한다. 하나님께서 창조하신 세계를 '양자역학이 작용하는 코스모스'라고 한다면 하나님은 카오스를

---
49 제네시스, 귀도 토넬리, 김정훈 역, 쌤앤파커스, pp. 76, 77
50 최초 암흑물질(비발광물질) 개념은 1933년 스위스 천체 물리학자인 프리츠 츠비키(Fritz Zwichy)에 의해 제시되었는데, 1960년대 미국의 여성 천문학자인 베라 루빈(Vera Rubin)이 캘리포니아 팔로마산 천문대에서 암흑물질을 관측하는 데 성공하였다.

배경으로 코스모스를 창조하신 것이라고 할 수 있다. 이 카오스는 무질서와 다른 것이다. 카오스로서의 '혼돈과 공허로 가득한 땅, 그리고 수면'은 완전한 무로서의 공간, 또는 무질서로서의 공간이 아닌 인간이 관측할 수 없는 에너지의 장(energy field)이다.

> 자, 우리 앞에는 진공이라는 매우 독특한 물리 시스템이 펼쳐져 있습니다. 사실 이 시스템은 오해의 소지가 있는 이름과는 달리, 텅 비어 있지 않습니다. 물리법칙에 따라 엄청난 속도로 나타났다 사라지는 가상 입자로 채워져 있으며, 0을 중심으로 끊임없이 변동하는 에너지 장[51]으로 가득 차 있습니다. 진공이라는 이 거대한 은행에서는 누구나 에너지를 빌릴 수 있으며, 빛이 많을수록 더 짧은 삶을 살게 됩니다. 우리가 말하는 '진공'은 철학적 개념이 아니라 물질과 에너지가 0인 특정한 '물리적' 체계입니다. 그것은 제로 에너지 상태이지만 다른 모든 물리계와 마찬가지로 조사, 측정, 특성화할 수 있는 물리계입니다.[52]

창조 이전에는 무엇이 있었는가? "혼돈과 공허"가 있었다. 이것은 아무것도 없는 '무의 상태'가 아니라 '극도의 무질서로 충만한 상태'이다.

---

51 제네시스, 귀도 토넬리, 김정훈 역, 쌤앤파커스, pp. 47, 48
52 위의 책 p. 74

'유니버스'라는 단어는 '하나'라는 뜻의 라틴어 어근인 '우누스(unus)'와 '회전하다'는 뜻의 '베르테레(vertere)'의 과거분사 '베르수스(versus)'로 이루어져 있습니다. 우리는 이 단어를 '세상만물'의 동의어로 사용하지만, 문자 그대로의 의미는 '모두 같은 방향으로 회전하는 것'입니다. 그래서 이 단어에는 모든 것이 안정적이고 질서 있게 회전하는 물체들의 세계와 관계되어 있다는 고대 신념의 잔재가 남아있습니다.[53]

따라서 우리는 창조의 정의를 다음과 같이 내릴 수 있다. "창조란 무질서에서 질서를 만들어 내는 하나님의 사역"이다. 무작위로 흘러가는 힘을 한 방향으로 흘러가게 하는 힘으로 질서 있는 무엇인가가 만들어졌다. 강성열 교수는 그의 저서 『기독교 신앙과 카오스 이론』에서 하나님께서 역사 가운데 행하신 일들이 혼돈 세력에 대하여 승리하심으로써 그 택하신 백성을 구원하시는 하나님으로 묘사하고 있다. 애굽에서 이스라엘을 구원하시는 것은 혼돈 세력에 대한 승리와 해방으로 해석하고 있으며, 불확정성의 원리가 지배하는 인간의 삶과 역사 가운데 개입하시는 하나님의 역사를 '섭리'로 해석했다. 그리고 '혼돈'의 절정으로서 인간의 죽음을 대비시켜 생명의 결정체인 부활을 이야기하고 있다.[54] 성경은 혼돈에서 질서를 창조하시는 하나님의 이야기라고 할 수 있다. 그렇다면 하나님의 창조는 하나님의 구원하시는 역사와 분리할 수 없을 것이다. 즉, 창조는 곧 구원인

---

53 위의 책 pp. 48, 49
54 기독교 신앙과 카오스 이론, 강성열, 대한기독교서회, 2018. 참조

것이다.

창세기 1장에 기술된 태초의 창조 역시 하나님께서 혼돈을 제압하고 새로운 질서를 구축하는 것으로 이해할 수 있다. 카오스의 위협은 창조 이후에도 계속되지만, 카오스는 하나님이 창조하신 세계의 질서를 무너뜨리지 못한다. 하나님의 창조는 곧 혼돈과 공허로부터의 구원의 시작을 뜻한다.[55]

이제 우리는 창세기 1장에 나오는 창조의 6일을 차근차근 재구성해 보고자 한다.[56]

창조의 첫째 날: 모든 물질의 근원이 되는 빛

1927년 33세의 벨기에 가톨릭 사제인 조르주 르메트르 (Georges Henri Joseph Edouard Lemaitre, 1894-1966)는 영국 케임브리지에서 천문학을 전공하고 미국 매사추세츠 공대에서 박사과정에 있었다. 그는 아인슈타인의 상대성 이론을 따라 우주가 팽창하는 시스템일 것이라고 추측하였지만 아인슈타인은 부정적인

---

55 창조의 신학, 박영식, 동연출판, p. 33
56 양자역학 이후 새로운 과학의 패러다임이 생겼는데, 그것은 무질서를 연구하는 것이었다. 카오스이론이라고 불리는 이 새로운 형태의 과학 방법은 그전의 과학이 질서를 관찰하고 그 속에서 법칙을 찾아내는 것이었다면 무질서를 관찰하면서 그 속에서 나름대로의 법칙을 찾아내려는 시도이다.

반응을 보였다. 그러나 훗날 미국 캘리포니아의 윌슨 천문대에서 일하던 젊은 천문학자인 허블(Edwin Powell Hubble, 1889-1953)에 의해서 사실로 관측이 되었다. 허블은 첨단 망원경을 사용하여 우주의 은하를 관찰하던 중 안드로메다 성운이 놀라운 속도로 멀어지고 있다는 것을 발견하게 되었다[57]. 결국 아인슈타인도 자신의 실수를 인정하지 않을 수 없었다. 놀라운 것은 르메트르에 따르면 우주는 그냥 팽창하는 것이 아니라 급가속을 하며 팽창하고 있다는 것이었다. 우주는 영원히 정적으로 존재해 왔고 앞으로 그렇게 존재할 것이라고 생각해 왔던 당시 우주관이 깨어지고 빅뱅우주론이 생겨나게 된 계기가 되었다.[58]

원래는 혼돈과 공허만이 있었는데 어느 순간 하나님께서 말씀하셨다. "빛이 있으라. 그리고 빛이 있었다." 하나님의 말씀은 암흑물질과 암흑에너지가 서로 물결치며 진동하는 우주적 수면에 던져진 큰 돌멩이 같은 역할을 하였다. 그 말씀이 우주적 수면에 던져지는 순간 빛의 세계가 대폭발하여 우주적 수면 위를 물결치며 퍼져 나가고 있는 것으로 해석하고 있다. 이것이 내가 이해하는 138억 년 전

---

57 허블은 은하로부터 오는 빛의 스펙트럼을 관찰하면서 우주가 급팽창하고 있다는 것을 알게 되었다.
58 원래 빅뱅이란 단어는 르메트르의 이론을 공격하기 위해 영국의 천문학자 프레드 호일이 사용한 단어였다. 그러나 그의 용어는 오히려 대중의 상상력에 깊이 침투하는 계기가 되고 말았다. (제네시스, 귀도 토넬리, p. 59)

에 발생한 빅뱅이다.[59] 그리고 잔잔한 호수에 돌멩이를 던지면 돌이 떨어진 곳을 중심으로 물결이 일어나 호숫가로 점점 번져 나가듯이 하나님이 창조한 빛이라는 양자의 세계는 우주적 수면 위에서 계속 물결을 일으키며 팽창해 나가고 있다. 수면의 가장자리로 갈수록 파장은 길어지듯 우주의 팽창도 마찬가지다. 그러면 만물의 근원을 구성하는 이 빛의 본질은 무엇일까?

1920년대부터 발전하기 시작한 양자역학은 원자의 세계가 어떻게 작동하는지 법칙을 찾아내어 서술하는 것을 목표로 삼고 있었다. 원자 안의 양성자와 전자와 같은 입자들은 무엇으로 구성되어 있을까에 관해 연구하다가 1960년대에 들어서면서 좀 더 구체적인 이론으로 발전하기 시작한다. 본격적인 입자물리학이 발달하기 시작한 것이다.

> "이는 현대 물리학에서 가장 성공적인 이론으로서 제한된 수의 구성 요소, 즉 각각 3개의 다른 계열로 구성된 6개의 쿼크(quark)와 6개의 렙톤(lepton)으로 물질을 설명합니다. 이 12개의 물질 입자는 함께 결합하거나 서로 상호작용하면서, 힘

---

59 빅뱅이론을 지지하는 주요 증거로는 첫째, 우주가 급가속하면서 팽창하고 있다는 사실이 관측되는 것, 둘째, 우주에서 관측되는 흑체복사열이 일정하다는 점, 셋째, 우주에서 발견되는 수소와 헬륨의 3:1 비율 등이 있다. 천문학자 허블 이후 빅뱅이론은 현재 대부분 천체 물리학자들이 받아들이고 있으며 빅뱅 사건으로부터 약 38만 년쯤에 이르러서야 빛과 물질이 본격적으로 분리되어 우주 전역으로 빛이 방출되기 시작했다고 널리 인식되고 있다.

을 전달하는 다른 입자를 교환합니다. 전자기상호작용을 전달하는 광자(photon), 강한 상호작용을 전달하는 글루온(gluon), 약한 상호작용을 전파하는 벡터 보손 W와 Z 등입니다. 물질 입자인 렙톤과 쿼크는 반정수 스핀(1/2)을 가지며 페르미온(fermion) 계열을 형성하는 반면, 상호작용을 전달하는 입자는 정수 스핀(1)을 가지며 보손 계열을 형성합니다. 이 제한된 재료 목록으로, 일상생활을 채우는 안정적인 물질과, 가속기나 별의 중심부의 고에너지 과정에서 생성되는 특이하고 일시적인 물질을 포함하여, 우리에게 알려진 모든 형태의 물질을 구성할 수 있습니다."[60]

그러던 중 1964년 세 명의 과학자들이 '힉스 장'이란 아이디어를 제시하였는데 간단하게 말하면 힉스 장과의 상호작용이 강할수록 입자의 질량이 커진다는 개념이다[61]. 그리고 50년이 지나 2012년 제네바에 위치한 입자가속기(CERN)에서 실제로 힉스 입자가 발견되었다. 그리고 50년 전 아이디어를 처음 제안했던 피터 힉스는 2013년 노벨상을 수상하게 된다. 이러한 입자들의 상호작용 속에는 수소폭탄보다 더욱 강력한 에너지가 숨어 있다. 첫째 날 창조된 빛은 모든 물질을 구성하는 최소 에너지 단위다. 이 빛으로 만들어진 최초의 원자는 양성자 1개와 음전하 1개로 구성된 수소 원자였다.

60 　제네시스, p. 124
61 　힉스 입자는 질량을 부여하는 입자로 알려져 있다.

수소 원자는 넷째 날의 광명체들(lights)을 구성하는 주요한 재료가 된다. 이것은 우주의 거의 모든 물질을 구성하는 기본재료이기도 하다.[62] 수소 원자의 양성자와 다른 수소 원자의 양성자가 압력에 의해 강제로 만나서 서로 합쳐져서 헬륨 원자가 생기게 된다. 그리고 이때 원자 내부의 전자를 포함한 여러 입자들의 상호작용에 의해서 전자기파 형태의 빛(광자, photon)이 나오게 된다. 그리고 수소 원자와 헬륨 원자로 구성된 구름이 중력에 의해서 점점 모여서 커지게 되면 중심부에서는 압력과 온도가 점점 높아져서 1,500만 도가 넘어서게 되면 본격적으로 핵융합 반응이 시작된다. 두 개의 원자가 하나의 원자가 되면서 가벼워지게 되고 그 질량의 차이가 에너지로 변환된다.[63] 그래서 엄청난 양의 빛과 열이 발생하는데 이러한 별을 항성(star)이라고 한다.[64] 우리가 밤하늘에 보는 대부분의 별은 수소 플라즈마 덩어리로 된 항성이다.[65]

---

62 수소 원자 2개가 만나서 중성자를 가진 수소 원자가 되고 2개의 중수소 원자가 만나 1개의 헬륨 원자가 된다. 중성자는 중성 버전의 양성자라고 할 수 있다. 중성자는 쿼크 3개로 만들어지고, 2개의 다운 쿼크(-1/3전하)와 하나의 업 쿼크(+2/3전하)로 이루어져 있다. 그래서 질량은 크고 전하가 없는 입자이다. 중성자의 역할은 핵을 안정화시키는 것이고, 반면 전자의 역할은 화학적 분해 결합에 작용한다.
63 아인슈타인의 공식 $E=mc^2$에 따라 손실되는 질량이 얼마만큼의 에너지를 낼 수 있는지 계산할 수 있다. 이 공식에 의하면 모든 질량과 에너지는 상호 치환될 수 있다.
64 반면 핵융합을 일으키지 않으며 중력으로 인해 자전과 공전궤도를 가지고 있는 암석 혹은 기체 덩어리를 행성(planet)이라 한다.
65 태양은 주계열성(main sequence star)으로서 내부압력과 외부압력이 균형을 이루어 안정적으로 핵융합을 하며 수소를 연료로 소모하는 항성을 가리킨다.

태양은 우주의 여러 항성 중에 하나이다. 지금의 태양은 모든 연료를 다 태우려면 약 50억 년이 더 걸릴 것이라고 한다. 시간이 지날수록 태양은 점점 더 커지게 되고 언젠가 지구상의 모든 것을 다 불태워 버릴 것이다. 태양은 모든 연료를 다 소모하게 되면 백색왜성으로 남아 수백억 년 동안 서서히 식어 갈 것이다. 만일 태양보다 10-30배 정도 크다면 중성자별이 될 것이다. 30배 이상으로 크면 블랙홀이 될 것이다. 우리 태양보다 몇백 배나 더 큰 항성도 존재하는데 중력으로 인해 연료 소모는 더 빨리 되고 수명이 다하게 되면 폭발하여(초신성 폭발), 중심부에서 만들었던 새로운 형태의 원자(예를 들어, 산소, 질소, 탄소, 철 등등)와 물질을 우주 사방에 뿌리게 된다. 그렇게 흩어진 무거운 원자들은 또 다른 중력의 힘에 의해 모이게 되고 지구나 화성과 같은 행성이 되기도 한다. 이 모든 것이 우연처럼 보이지만 사실은 하나님의 미세한 조정에 의해 질서정연하게 움직이고 있다.

나는 하나님의 말씀을 '잔잔한 호수에 던져진 돌멩이'로 비유했지만 양자역학적으로 보자면 모든 양자의 세계를 가능하게 한 근원적인 파동(original wave)이었다. 하나님의 말씀, 즉 하나님의 입에서 나온 파동이 모든 양자세계의 진동을 만들어 내고 있고 그 파동은 점점 팽창하여 우주적 수면 끝까지 퍼져 나가면서 수많은 항성과 행성 그리고 은하들을 만들어 내고 있다. 잔잔한 호수 한가운데 돌을 던지면 물결이 일어나 가장자리로 퍼져 나가는데 물결이 일어날수록 파장은 점점 길어지게 된다. 천체과학자들은 지금도 우주가 팽창하고 있으며, 그 속도는 점점 더 빨라지고 있다는 것을 관찰하여 알아내었다.[66] 그러한 양자의 세계가 우주적 수면으로 물결치며 퍼져 나가면서 무수한 별들이 생성 죽음을 반복하고 있고 항성의 죽음으로 생겨난 블랙홀을 중심으로 별들이 공전하는 은하들과 은하단들이 생겨나고 있다.

첫째 날 하나님께서 빛이 있으라고 선언하심으로 우주적 수면에 빅뱅이 일어난 것이라고 보는 것은 내가 볼 때 가장 합리적인 설명이라고 믿는다. 첫째 날 창조하신 빛은 모든 우주 만물의 물질을 구성하는 양자세계이며, 양자세계가 거시세계의 운동 방식으로 나타나는 힘이 된다. 이렇게 첫째 날 빛을 창조하시고 하나님께서 빛과 어둠을 나누시고 빛을 낮이라, 어둠을 밤이라 칭하셨다. 어둠은 양자의 세계가 적용되지 않는 영역이다. 이 영역이 바로 암흑물질과 암흑에너지이다. 빛나는 것은 빛을 빛답게 만드는 어둠이 존재하기 때문이다. 빛은 어둠을 몰아내는 힘이기도 하다.

그러면 어둠은 어떤 역할은 하는가? 실제 천문학자들은 우주에서 인간이 관측할 수 있는 물질세계는 오직 4%에 불과하고 나머지

---

66   모든 사람을 위한 빅뱅 우주론 강의, 이석영, 사이언스북스, p. 49.
    1929년 우주 팽창 이론에 결정적인 공헌을 한 에드윈 허블(Edwin Hubble)은 우주론에 있어서 뉴턴이나 아인슈타인에 버금가는 인물로 평가되고 있다. 사실은 허블보다 2년 먼저인 1927년 벨기에의 가톨릭 신부이자 천문학자인 조르주 로메트르가 먼저 이와 관련한 논문을 발표했다.

는 물질세계가 아닌 암흑물질(dark matter)과 암흑에너지(dark energy)라고 말한다. 이러한 암흑물질과 암흑에너지가 있기 때문에 은하의 가장자리가 흩어지지 않는 것이다. 아주 가끔 은하와 다른 은하가 서로 충돌하기도 하지만 대체적으로 은하와 은하 사이를 탄력성 있게 유지해 주기도 한다. 비록 빛이 어둠을 물리치면서 확장하고 있지만 어둠이 있기 때문에 빛을 더욱 빛나게 해 주고 있다.

암흑물질과 암흑에너지는 양자역학이 작용되지 않고 오직 중력만이 작용하는 어떤 비물질세계이다.[67] 하나님은 이것을 밤이라고 부르셨다. 그리고 "저녁이 되며 아침이 되니 이는 첫째 날이니라"(창 1:5) 이것은 분명 넷째 날 광명체(lights)를 창조하신 날에 시작된 날짜 개념과 다르다.

> "하나님이 가라사대 하늘의 궁창에 광명이 있어 주야를 나뉘게 하라 또 그 광명으로 하여 징조와 사시와 일자와 연한이 이루라 또 그 광명이 하늘의 궁창에 있어 땅에 비취라 하시고 (그대로 되니라) 하나님이 두 큰 광명을 만드사 큰 광명으로 낮을 주관하게 하시고 작은 광명으로 밤을 주관하게 하시며 또 별들을 만드시고 하나님이 그것들을 하늘의 궁창에 두어 땅에 비취게 하시며 주야를 주관하게 하시며 빛과 어두움을 나뉘게 하시

---

67 미국의 여성 천문학자 베라 루빈(Vera Cooper Rubin, 1928-2016)은 암흑물질의 관측에 성공한 인물이다. 은하의 회전을 관찰하던 중 암흑물질의 존재를 발견하였고 이후 암흑물질과 암흑에너지에 관한 연구는 현대 천문학계의 최대 화두가 되었다.

니라 하나님의 보시기에 좋았더라"(창 1:14-18)

첫째 날 하나님께서 빛(양자세계에서 작용하는 근원적인 에너지)을 창조하시고 빛과 어둠(암흑물질과 암흑에너지)을 구별하셨다. 그리고 빛이 작용하는 세계를 낮이라 칭하시고, 어둠이 작용하는 세계를 밤이라 칭하셨다. 그리고 저녁이 되고 아침이 되었는데 이것이 첫째 날이었다. 이때 '저녁과 아침' 그리고 '첫째 날'은 어떤 의미의 시간일까? 우리가 아침저녁, 그리고 첫째 날 둘째 날이라고 할 때는 넷째 날 창조와 관련 있다. 그러면 첫째 날의 아침저녁, 그리고 첫째 날은 어떤 의미의 시간일까? 이것은 24시간의 하루라기보다 특정한 주기가 시작된 기간을 말하는 것으로 보인다.[68] 어떤 학자는 우주배경복사의 온도와 주파수를 역으로 계산하여 창조의 첫날로서의 24시간이 오늘날의 80억 년에 해당한다고 주장하기도 한다.[69] 어떻게 보더라도 창조의 하루를 문자적인 24시간으로 보기에는 무리가 있다. 이보다 더 중요한 것은 '시간'이 첫째 날 시작되었다는 점이다. 시간은 넷째 날 시작된 것이 아니다. 마치 첫째 날 빛을 만드시고 넷째 날 그 빛을 운반하는 광명체(lights)들을 만드신 것처럼 첫째 날 '시간'이 탄생했고, 넷째 날 그 시간을 느낄 수 있고 측정할 수 있게

---

[68] 제랄드 슈뢰더 같은 학자는 빅뱅 초기의 시간과 오늘날의 시간이 다르게 흐르고 있다고 주장한다. 우주배경복사의 에너지를 역추적하게 되면 최초 빅뱅의 순간 쿼크 감금의 시점에서 1분은 현재 시간으로 1조 분이 된다는 것이다. 이에 따라 슈뢰더는 창세기 6일은 약 157억 년이라고 주장한다.(신의 존재를 과학으로 입증하다, 김송호, 물병자리, 2016, p. 111. 참조)

[69] 과학, 창세기의 우주를 만나다, 제원호, 패스오버, 2021, pp. 46, 47

만드는 무언가가 발생했다는 것이다.

  그러면 첫째 날 '시간'이 생겼다는 것은 어떤 의미일까? 26살의 아인슈타인은 스위스 특허청에서 일하던 1905년에 특수 상대성 이론, 1915년 일반 상대성 이론을 발표하면서 그의 시간개념을 설명하여 온 세상을 놀라게 하였다. 그의 특수 상대성 원리에 의하면 빛보다 빠른 물질은 없으며 빛의 속도에 가까워질수록 시간은 느려진다. 그리고 그의 일반 상대성 원리에 의하면 시간은 공간과 서로 불가분의 관계이며 중력과 질량의 크기와 밀접하게 연관되어 있다. 그의 이론은 오랫동안 이어져 내려오던 뉴턴의 만유인력 법칙을 깨뜨리고 시간과 공간에 대한 새로운 시각을 갖게 해 주었다. 아인슈타인의 상대성 이론을 첫째 날 하나님의 창조사역에 대입해 보면 시간은 하나님이 빛을 창조하신 날부터 시작되었다는 것을 알 수 있다. 빛과 시간은 깊은 연관이 있다. 수학자들은 아인슈타인의 상대성 이론에서 제시된 방정식에서 시간이 시작된 시점을 '특이점'(singularity)이라고 말한다.[70]

  인간이 느끼는 공간 역시 첫째 날 창조하신 빛의 세계 때문에 생겨난 것이다. 원자가 서로 결합하여 분자와 원소를 이루고 다양한 형태의 물질세계가 구성되고, 물질과 물질이 모여 어떤 것은 가벼운 질량을, 어떤 것은 무거운 별과 같은 질량을 갖게 되면서 다양한 시

---

70 우주로 가는 물리학, 마이클 다인, 이한음 역, 은행나무, 2022. p. 68

공간의 현상이 생겨나게 되었다. 그렇기 때문에 창조된 물질세계 중에 그 어떤 것도 빛보다 빠를 수 없게 된다. 모든 만물은 빛보다 느리게 움직이고 있으며 빛은 물질세계에서 절대적 속도를 차지하며 시공간을 지배한다.

"저녁이 되며 아침이 되니 이는 첫째 날이니라"(창 1:5) 하나님께서 빛을 만드시는 순간부터 우주 삼라만상이 시작되어 온 우주적 수면 위로 물결치며 퍼져 나가기 시작하는데 하나님의 창조세계는 빛의 에너지와 암흑에너지가 서로 반복되는 어떤 주기가 있었다. 물리학자들의 언어로 표현하자면 '대칭성'(symmetry)이 생겨난 것이다. 이것은 인간이 느끼는 24시간의 하루라기보다는 하나님이 만들어 내신 시간의 변화를 당시 이스라엘의 관점에서 서술한 것이라고 본다. 이것을 이집트를 탈출하여 광야의 시내산에 서 있던 이스라엘 백성들에게 그들의 눈높이에 맞추어서 그들의 시각에서 세상 만물과 그들의 존재가 어떻게 시작하게 되었는가를 보여 주는 것이기 때문에 인간의 경험적 언어로 말씀해 주신 것이다.

우리는 이제 둘째 날 창조사건으로 넘어가기 전에 하나님의 창조 행위의 시제(tense)에 관하여 한 가지 짚고 넘어가야 한다. 문법에는 과거를 묘사하는 여러 가지 표현이 있다. 과거의 어느 시점에 행위가 완료된 것을 가리킬 때 '과거완료'라고 말하고, 과거의 어느 시점의 행위가 현재까지 지속되고 있는 상태를 말할 때는 '현재완료'라고 하고, 그 중간의 상태를 묘사할 때는 '과거'라고 한다. 하나님께서 첫째 날 "빛이 있으라"라고 하셨고 "빛이 있었다"라고 하셨고 "보시기에 좋았다"라고 하셨을 때 과거, 과거완료, 현재완료 세 가지 동사의 시제가 있는데 각각 어떻게 서술해야 할까? 우리가 창세기의 창조 이야기를 잘 이해하려면 이 시제(tense)를 잘 이해하여야 한다. 하나님께서 빛을 창조하신 행위가 과거에 단회적으로 끝나 버린 것인가, 아니면 그 행위가 지금까지 계속되고 있는 과거인가를 구분하는 것은 큰 차이가 있다. 요한복음에서 예수께서는 다음과 같이 말씀하셨다.

> "예수께서 저희에게 이르시되 내 아버지께서 이제까지 일하시니 나도 일한다 하시매"(요 5:17)

하나님께서 빛을 창조하신 행위, 빛이 창조된 사건, 그리고 보기에 좋다고 선언하신 이 모든 사건이 과거에 끝나 버린 것이 아니라 현재까지 계속되고 있는 과거라고 보는 것이 옳다. 그렇다면 하나님의 우주 창조는 끝나지 않았고 지금도 계속되고 있다.[71]

창조의 둘째 날: 물과 하늘

창조의 둘째 날은 이렇게 시작하고 있다.

---

71 케노시스 창조이론, 존 폴킹혼 엮음, 박동식 역, 새물결플러스, pp. 172, 173 참조

"하나님이 가라사대 물 가운데 궁창이 있어 물과 물로 나뉘게 하리라 하시고 하나님이 궁창을 만드사 궁창 아래의 물과 궁창 위의 물로 나뉘게 하시매 그대로 되니라 하나님이 궁창을 하늘이라 칭하시니라 저녁이 되며 아침이 되니 이는 둘째 날이니라"(창 1:6-8)

우주에서 가장 많지만 가장 작은 원자는 바로 원자번호 1번 수소 원자이다. 양성자 1개와 전자 1개를 가지고 있는 수소 원자는 원자 중심에 있는 핵 주위에 1개의 원자가 자전하면서 공전하고 있다. 중수소 원자 두 개가 결합하면서 에너지를 방출하고 헬륨 원자가 된다. 이런 방식으로 원자들이 서로 융합하여 분자를 만들어 내고 분자가 모여서 물질을 만들어 낸다. 둘째 날 하나님께서 창조하신 것은 물이었다. 물은 H_2O로서 수소 원자 2개와 산소 원자 1개가 서로 결합하여 있다. 그리고 물과 물 사이를 나누어 그 빈 공간을 하늘이라 부르셨다. 그런데 사실 물과 물 사이는 빈 공간이 아니다. 사실 이 공간은 산소 분자, 질소 분자, 이산화탄소 분자 등으로 가득 채워진 공간이다. 여기서 우리가 계속 반복적으로 볼 수 있는 특징이 있다. 하나님은 무언가를 창조하시고 그리고 구분하신다는 점이다. 즉 대칭성의 원리가 계속 만들어지고 있다[72]. 첫째 날 빛을 창조하시고

---

72 '대칭성'(symmetry)은 물리학의 개념들 중에서 가장 중요한 개념이라고 말할 수 있다. 'sym'은 '같이,' 'metry'는 '측정'의 뜻을 가지고 있다. 즉 어떤 것이 변하면 같게 측정되는 것이 따로 있다는 것이다. 양자역학에서 대칭성은 원자나 분자와 같은 입자들이 어떤 축을 중심으로 변화를 주어도 전체적으로 그 성질이 변하지 않는다는 개념으로 사용된다.

빛과 어둠을 분리하셨다. 둘째 날 물을 창조하시고 물과 물 사이를 나누셨다.

하나님은 물과 물 사이의 빈 공간을 가리켜 '하늘'이라고 칭하셨다. 사람이 보기에 공기는 아무것도 없는 것 같지만 사실은 원자로 가득 차 있다. 대기를 구성하는 대표적인 원자는 78%의 질소(Nitrogen)와 21%의 산소(Oxygen)이다. 지구 밖 대기는 사람이 숨 쉴 수 없는 공간이지만 지구 안쪽 대기는 우주에서 매우 찾아 보기 힘든 두 원소인 질소와 산소로 가득 차 있다. 질소는 매우 큰 에너지를 품고 있는 원자이지만 산소를 안정화시켜 주는 역할을 한다. 질소와 산소는 사람의 호흡기를 통해 신체에 에너지를 공급하는 주된 성분이다. 우주에서 이런 대기를 가지고 있는 행성을 찾기 위해 과학자들은 노력하고 있지만 아직도 발견되지 못하였다. 지구는 전 우주에서 매우 독특한 곳이다.

하나님의 창조에 있어 두드러진 특징 중의 하나가 '나누는 일'이었다. 첫째 날에 빛을 창조하시고 빛과 어둠을 나누셨다(창 1:4). 둘째 날에 물을 창조하시고 물과 물로 나뉘게 하셨다(창 1:6-7). 셋째 날에 땅을 물로부터 창조하시고 땅과 바다의 경계를 나누셨다. 넷째 날에 하늘의 궁창에 광명체들을 창조하시고 낮과 밤, 빛과 어둠을 나누게 하셨다(창 1:18). 이러한 '대칭성'은 중요한 창조원리 중 하나이며 모든 물질세계의 원리이기도 하다. 하나님의 창조세계를 보면 이러한 '대칭'이 두드러지게 나타남을 볼 수 있다. 현대 물리학자들에게 이러한 대칭원리는 사물을 이해하는 중요한 원리로 자리 잡았다.

  그러면 궁창 위의 물은 어떻게 이해해야 할까? 이것을 노아 홍수 때 땅에 쏟아진 것으로 보는 창조과학자들이 있다. 노아 홍수 이전에 이것은 태양으로부터 오는 해로운 광선을 차단해 주고 지구를 따뜻하게 감싸 주는 보호막의 역할을 했고 따라서 노아 홍수 이전과 이후 사람들의 육체적 수명이 급격하게 차이를 보이는 이유라고 설명한다. 그런데 창세기 1장 14절을 보면 하나님께서 창조의 넷째 날 궁창에 해와 달과 별들을 창조하시는 장면이 나온다. 그렇다면 궁창 위의 물은 지구의 대기권을 감싸는 보호막이 아니게 된다. 궁창 밖의 물이 해와 달과 별들을 통과해서 지구 위에 쏟아졌다는 말이 되기 때문이다.

  우리가 성경을 읽고 해석할 때 주의해야 할 것은 성경을 철학서나 혹은 과학책으로 간주하고 읽지 말아야 한다는 점이다. 철학의 관점에서 보면 성경은 모순된 개념들이 많다는 것을 발견하게 될 것이다. 또한 과학 전문가의 관점에서 성경을 읽으면 성경은 또 다른 '비과학적 요소들'이 많다는 것을 발견하게 될 것이다. 성경은 과학적 지식을 알려 주기 위해 기록된 책이 아니다. 성경은 우리의 '구원'을 위해 필요충분한 모든 지식을 전해 주고 있는 책이기 때문이다. 그럼에도 과학적으로 문제가 많으니까 성경은 비과학적이며 신뢰할 수 없다고 할 수 없다. 하나님께서 현대 과학의 최신 이론을 하나도 모르는 어린아이와 같은 고대인들의 눈높이에 맞추어서 하나님 자신을 드러내시는 이른바 매우 '어리석은 방식'을 선택하셨기 때문이다. 이것은 어쩔 수 없는 선택이 아니라 매우 고의적인 선택이다. 성경은 가장 단순하게[73] 보이는 우주관을 가지고 있다.

그렇다면 '궁창 위의 물'을 어떻게 이해하여야 할까? 창조과학자들의 주장대로 노아 홍수 이후에 다 쏟아진 것으로 볼 것인가? 아니면 이것은 어떤가? 팽창하고 있는 우주의 경계에 물의 존재가 있다고 이해하는 것은 어떨까? 해와 달과 별들이 존재하는 '궁창'의 크기를 천체 물리학자들이 인정하는 크기대로 100억 광년이 넘는다고 가정해 보자. 많은 사람들이 우주의 끝에는 무엇이 있는가 하고 묻는다. 굳이 추측하자면 '물'이 있을 것이다. 인류는 우주에 물이 존재하는 곳을 찾기 위해 천문학적인 예산을 투입하여 조사하고 있다. 어쩌면 우주의 끝에서야 발견할 수 있을지 모른다. 물론 물이 있을 것이라고 추측되는 행성에 대한 후보들이 제시되고 있는 것이 사실이다. 그러나 아직까지는 증명된 행성이 없다. 단언하건대 물은 하나님께서 창조하신 것 중에 가장 놀라운 것이다.

하나님께서 첫째 날 창조하신 빛은 모든 만물의 근본을 구성하는 양자세계라고 한다면 둘째 날 창조하신 물과 하늘은 양자세계가 본격적으로 활약하는 무대다. 하늘의 무수한 천체들이 생겨날 공간이

---

73 '단순하다'는 단어는 '어리석게 보이다'는 말과 같다.

기도 하고, 생명체들이 나타날 배경이기도 하다. 둘째 날 창조는 다섯째 날 창조를 위한 준비 작업이다. 그리고 하나님의 창조의 꽃이자 마지막 걸작에 해당하는 인간에게 하나님의 영광을 극적으로 선포하는 무대이기도 하다.

> "하늘이 하나님의 영광을 선포하고 궁창이 그 손으로 하신 일을 나타내는도다 날은 날에게 말하고 밤은 밤에게 지식을 전하니 언어가 없고 들리는 소리도 없으나 그 소리가 온 땅에 통하고 그 말씀이 세계 끝까지 이르도다 하나님이 해를 위하여 하늘에 장막을 베푸셨도다"(시 19:1-4)

하늘은 하나님의 영광을 선포하는 무대이다. 사람의 귀로 들을 수 있는 소리의 한계는 분명하다. 그러나 분명한 소리가 있다고 말한다. 첫째 날 창조하신 빛의 스펙트럼을 인간이 다 보지 못하고 각기 다양한 빛의 파장이 만들어 내는 모든 소리를 다 듣지 못한다. 하늘은 마치 하나님께서 우주라고 하는 거대한 파이프오르간을 연주하는 무대와 같다. 빛이 보이지 않는다고 존재하지 않는다고 말할 수 없는 것처럼 소리가 들리지 않는다고 없다고 말할 수 없다. 우주는 하나님의 아름다움과 능력이 선포되는 공간이다. 인간의 신체는 그 모든 빛과 소리를 다 받아들이지 못하는 한계가 있다. 그러나 마음먹기에 달려 있다. 들으려고 결심하면 들을 수 있다. 보려고 하면 볼 수 있다. 인간은 그러한 도구를 만들 수 있는 능력이 있다. 하나님께서 인간을 그렇게 유한한 존재로 만드신 이유가 있다. 그것은 하나님을 더듬어 찾아볼 수 있는 여지를 남겨 두신 것이다. 모든 것을 다 볼 수 있고, 다 들을 수 있는 존재가 아닌 유한한 존재로 창조하신 것은 하나님의 절제하심의 성품에 의한 것이다.

"우주와 그 가운데 있는 만유를 지으신 신께서는 천지의 주재시니 손으로 지은 전에 계시지 아니하시고 또 무엇이 부족한 것처럼 사람의 손으로 섬김을 받으시는 것이 아니니 이는 만민에게 생명과 호흡과 만물을 친히 주시는 자이심이라 인류의 모든 족속을 한 혈통으로 만드사 온 땅에 거하게 하시고 저희의 년대를 정하시며 거주의 경계를 한하셨으니 이는 사람으로 하나님을 혹 더듬어 찾아 발견케 하려 하심이로되 그는 우리 각 사람에게서 멀리 떠나 계시지 아니하도다"(행 17:24-27)

창조의 셋째 날: 땅과 식물

셋째 날 창조는 이렇게 시작한다.

"하나님이 가라사대 천하의 물이 한곳으로 모이고 뭍이 드러나라 하시매 그대로 되니라 하나님이 뭍을 땅이라 칭하시고 모인 물을 바다라 칭하시니라 하나님의 보시기에 좋았더라 하나님이 가라사대 땅은 풀과 씨 맺는 채소와 각기 종류대로 씨 가진 열매 맺는 과목을 내라 하시매 그대로 되어 땅이 풀과 각기 종류대로 씨 맺는 채소와 각기 종류대로 씨 가진 열매 맺는 나

무를 내니 하나님의 보시기에 좋았더라 저녁이 되며 아침이 되니 이는 세째 날이니라"(창 1:9-13)

땅이 물에서 올라오고 있다. 이것은 원자의 세계에서 당연한 순서인데 원자의 성질로 볼 때 땅에서 물이 생길 수 없다. 물에서 땅이 생기는 것이 논리적인 순서다. 그런데 우주 진화론자들은 이것을 설명하기 위해 물을 품은 운석이 외계로부터 지상에 쏟아졌기 때문에 지구에 물이 풍부해졌다고 이해하려 한다. 그렇다면 물을 품은 운석을 발견해야 할 것이다. 창조론보다 물은 품은 운석이 오늘날 바다를 이루었다는 것을 믿기가 훨씬 어렵다. 물을 구성하는 원자에 비해 땅은 훨씬 더 복잡한 형태의 원자가 서로 결합하여 분자를 이룬 여러 가지 물질들로 구성되어 있다. 이것이 물의 창조가 땅의 창조보다 앞선 이유다. 이제 땅과 바다가 창조되었다. 그리고 땅과 바다는 서로 경계선을 이루고 있다. 바다가 땅의 경계를 침범하지 못하도록 말씀이 경계선을 만들어 내고 있다. 그리고 땅에는 각종 채소와 과실수가 자라기 시작한다. 최초의 움직이고 자라는 생명은 동물이 아니라 식물이었다.

우주 진화론자들은 지구라는 행성이 어느 초신성의 폭발로 인해 생긴 잔해가 중력에 의해 뭉쳐서 생긴 것으로 이해하려고 한다. 태양도 그런 식으로 이해하는 과학자들이 많다. 그런 주장이 얼핏 논리적인 것처럼 보이나 그러한 가설이 성립하기 위해서 우주 먼지들을 끌어 모으는 힘인 중력(gravity)이 어디서부터 나오는지 먼저 설명해야 한다. 지구가 초신성 폭발의 잔해로부터 생겼다는 이론을 검토해 보자. 태양보다 훨씬 더 큰 항성이 수소 연료를 다 소진하게 되면서 내부에는 핵이 융합된 찌꺼기인 여러 종류의 원소들이 생겨났고 이유를 알지 못하는 어떤 힘에 이끌려 뭉치게 되었는데 그것이 지구라는 행성이 되었다는 것이다.

그러면 연료가 다 타 버리고 남은 찌꺼기들이 다시 새로 헤쳐 모여서 태양이 되고 지구가 되고 인간이란 지적 존재가 된 것이 저절로 된 것이라면 물질이 스스로 움직여서 높은 질서의 물질체계로 진화했다는 것인데 이것은 과학자들이 굳게 믿는 열역학 법칙을 스스로 위반하는 것처럼 보인다. 연료를 다 써 버리고 남은 재와 찌꺼기들이 스스로 모여서 또다시 빛을 내는 항성이 되고 저절로 높은 수준의 지적 생명체가 될 수 있다고 굳게 믿는 이 신념은 어디서 나왔을까? 여러 무거운 원자번호를 가진 원소들과 분자들로 구성된 물질 덩어리인 땅에서 '바다'가 생기려면 어떤 과정을 거쳐야 할까? 이것이 설명이 안 되니까 우주에서 물이 지구로 와서 바다를 이루었다고 말하는 것처럼 보인다. 단순한 구조(물)에서 복잡한 구조(땅)로 나아가는 것과 복잡한 원자구조(땅)에서 단순한 원자구조(물)로 나아가는 것 둘 중에 어느 것이 더 합리적일까? 나는 물에서 땅이 나와 성립되었다는 창세기의 논리가 훨씬 더 설득력 있게 들린다.

"가로되 주의 강림하신다는 약속이 어디 있느뇨 조상들이 잔
후로부터 만물이 처음 창조할 때와 같이 그냥 있다 하니 이는

하늘이 옛적부터 있는 것과 땅이 물에서 나와 물로 성립한 것도 하나님의 말씀으로 된 것을 저희가 부러 잊으려 함이로다 이로 말미암아 그때 세상은 물의 넘침으로 멸망하였으되 이제 하늘과 땅은 그 동일한 말씀으로 불사르기 위하여 간수하신바 되어 경건치 아니한 사람들의 심판과 멸망의 날까지 보존하여 두신 것이니라"(벧후 3:4-7)

창조의 셋째 날 하나님은 땅과 바다의 경계를 만드시고 땅에서 각종 채소들과 과목들이 자라게 하셨다. 이것은 분명 여섯째 날 창조될 각종 동식물과 사람을 위한 먹을거리로서 준비하기 위한 것임을 알 수 있다. 그런데 창세기 2장 4절부터 보면 다음과 같이 기록되어 있다.

"여호와 하나님이 천지를 창조하신 때에 천지의 창조된 대략이 이러하니라 여호와 하나님이 땅에 비를 내리지 아니하셨고 경작할 사람도 없었으므로 들에는 초목이 아직 없었고 밭에는 채소가 나지 아니하였으며 안개만 땅에서 올라와 온 지면을 적셨더라"(창 2:4-6)

창세기 1장 12절에는 "땅이 풀과 각기 종류대로 씨 맺는 채소와 각기 종류대로 씨 가진 열매 맺는 나무를 내니 하나님의 보시기에 좋았더라"라고 했으나 창세기 2장 5절에는 "들에는 초목이 아직 없었고 밭에는 채소가 나지 아니하였으며"라고 기록하고 있다. 이것을 어떻게 이해해야 할 것인가? 하나님이 보시기에 좋았다고 하신 것은 사람이 보는 것과 다름을 인정해야 한다. 하나님께서 보신 것은 현재와 미래를 포함한 전체적인 그림이다. 반면 사람이 보기에는 아직 그 모습을 제대로 드러낸 것이 아니다.

땅은 온갖 채소들과 과목들을 품고 있었으나 그것들은 하나님께서 비를 내려 주시는 때와 그것들을 경작할 사람이 나타날 때를 기다리고 있는 것이다. 여기서 또 한 번 인간 창조의 위대한 목적을 발견하게 된다. 자연은 스스로 존재하는 것이 아니다. 자연은 그것을 경작할 인간의 손길을 기다리고 있다. 경작할 사람이 등장하기까지 식물들은 가능성의 존재로만 창조되었다. 아마도 성경에서 가장 잘못 해석되고 이해되는 구절이 "정복하고 다스리라"라는 말씀일 것이다. '정복하고 다스리는 것'은 자연을 파괴하고 유린하는 것이 결코 아니다. 그것은 무질서를 질서로 바꾸는 '경작행위'를 말한다.

창조의 넷째 날: 하늘의 광명체

넷째 날 창조는 다음과 같이 기록하고 있다.

"하나님이 가라사대 하늘의 궁창에 광명이 있어 주야를 나뉘게 하라 또 그 광명으로 하여 징조와 사시와 일자와 연한이 이루라 또 그 광명이 하늘의 궁창에 있어 땅에 비취라 하시고 (그대로 되니라) 하나님이 두 큰 광명을 만드사 큰 광명으로 낮을 주관하게 하시고 작은 광명으로 밤을 주관하게 하시며 또 별들을 만드시고 하나님이 그것들을 하늘의 궁창에 두어 땅에 비취게 하시며 주야를 주관하게 하시며 빛과 어두움을 나뉘게 하시니라 하나님의 보시기에 좋았더라 저녁이 되며 아침이 되니 이는 네째 날이니라"(창 1:14-19)

해와 달과 별들과 같은 천체들이 창조되고 있다. 우리는 성경 본문에서 주기율표의 원자번호를 따라 낮은 순서에서 점점 높은 순서를 향해 물질이 창조되고 있음을 볼 수 있다. 작은 원자들이 융합되면서 단순한 질서에서 복잡한 질서로, 가벼운 질량에서 점점 무거운 물질 덩어리를 만들어 내고 있다. 특히 태양은 지구의 모든 생명체에 빛 에너지를 불어넣는다. 태양은 수소 원자의 플라즈마(전자와 양성자가 고온으로 인해 분리된 상태) 덩어리이다. 태양의 중심부에는 엄청난 중력으로 수소 원자의 양성자들이 서로 모이게 되고 서로 융합되면서 헬륨 원자로 바뀌는 과정에서 질량 차이가 열과 빛 에너지로 바뀌게 된다.[74] 매초마다 중심부에서는 약 6.5억 톤의 수소 원자가 핵융합을 일으킨다. 그때 발생하는 열과 빛이 태양의 표면까지 올라오기까지는 17만 년이 걸린다고 주장하는 학자들이 있다. 태양

---

[74] 수소 원자 2개가 중수소 원자핵이 될 때 양성자가 약력에 의한 베타붕괴로 중성자로 바뀌면서 양전자가 방출된다. 중수소 원자핵이 양성자와 융합하여 He-3원자핵이 된다. He-3원자핵 2개가 핵융합하여 He-4원자핵이 만들어지고 양성자 2개가 남게 된다. 결국 양성자 6개가 헬륨-4원자핵이 되는 과정에서 양전자와 중성미자의 방출로 인해 질량이 약간 줄어들게 되는데 그 차이가 아인슈타인의 $E=mc^2$에 따라서 질량이 에너지로 변환되고, 반물질인 양전자와 음전자가 충돌하여 소멸하면서 감마선 형태의 에너지를 낸다.

중심부에서 발생한 에너지가 오랜 세월을 거쳐서 태양의 표면까지 올라온 후 다시 태양 표면에서 출발한 빛 에너지는 8분 19초를 달려서 지구에 도착하게 되고 지구의 모든 생명체에 에너지를 공급하게 된다. 태양으로부터 온 빛 에너지를 받기 전까지 식물들은 씨앗의 형태로 땅속에 있었을 것이다.

태양의 수명은 약 109억 년으로 계산이 되는데 현재의 나이는 46억 년이다. 태양은 수소 원자라는 연료를 다 태우고 나면 다른 별들과 같은 최후를 맞이하게 될 것이다. 앞으로 약 7억 년이 되면 태양이 지금보다 더욱 뜨거워지게 되는데 그러면 지구의 생명체는 그 열기에 사라질 것이다. 태양이 122억 년이 되면 점점 팽창하게 되어 지구를 삼킬 정도의 적색 거성이 될 것이다. 그리고 결국 행성상 성운을 지나 백색왜성으로 남는 최후를 맞이하게 될 것이다.[75]

성경의 창조기록에 의하면 태양의 존재보다 땅이 먼저 존재하고 있던 것으로 기록하고 있다. 땅은 셋째 날 창조에서 등장하고 태양과 달과 별들은 넷째 날 창조의 기록에 등장한다. 우리는 하나님의 창조가 과거에 끝난 완료형이 아니라 과거에 창조하신 일이 지금까지 영향을 주고 있는 현재분사형으로 이해할 때 어느 정도 오해를 풀 수 있을 것이다. 즉, 태양과 같이 스스로 빛을 내는 항성의 창조는 첫째 날부터 지금 이 시간까지 계속되고 있는 것이다.

---

[75] 모든 사람을 위한 빅뱅 우주론 강의, 이석영, 사이언스북스, pp. 284-287

여기서 우리는 다시 한번 상기해야 하는 사실이 있다. 하나님은 과학책을 서술하게 하신 것이 아니다. 광야 이스라엘 백성에게 그들이 어디서 온 백성인지 그들의 기원에 관하여 말씀하고 계시는 것이다. 이스라엘 백성에게 천지창조의 이야기는 과학적 사실을 나열하는 것이 그 목적이 아니라 그들을 광야로 인도해 내신 하나님이 어떤 분인가를 보여 주고자 하는 의도인 것이다. 하나님께서 창조기사를 통해 시내산에 서 있던 광야 이스라엘 백성에게 하고자 하시는 말씀은 이것이다. 하나님은 그들을 위해 필요한 모든 것을 이미 오래전부터 준비하고 있었다. 그리고 그들을 위해 모든 준비가 완료된 상태에서 하나님은 그들을 구원하셨다. 이처럼 하나님은 그들을 위해 필요한 것이 무엇인지 이미 알고 계시며 미리 준비하신 분이심을 이스라엘 백성이 알고 신뢰할 수 있기를 기대하고 계신다.

우리가 창세기 1장의 천지창조 이야기를 관찰할 때 하나님은 결코 무작위로(at random) 만물을 창조하신 것이 아니라는 점을 강조하고 있다는 것을 발견할 수 있다. 첫째 날 창조하신 빛은 넷째 날 창조하신 해달별과 같은 천체들과 연결되고 있고, 둘째 날 창조하신 물과 물 사이의 궁창은 다섯째 날 창조하신 새와 물고기 창조와 연결되고 있으며, 셋째 날 창조하신 땅과 땅 위의 초목들은 여섯째 날 동물들과 인간을 창조하신 것과 연결되고 있다. 즉, 처음 세 번의 창조는 후반 세 번의 창조를 위한 준비 작업이었던 것이다. 이러한 창조기사의 기록 목적은 하나님께서 얼마나 세심하게 피조물들을 배려하고 계시며 준비하고 계시는가에 대하여 강조하는 것이 틀림없다. 따라서 이러한 목적으로 진술한 창조 이야기를 과학적으로 따지고 들면서 "비과학적이므로 진리가 아니다."라고 단정한다면 오만과 독선의 함정에 빠진 것이다.

이야기는 원래 목적대로 이해하면 된다. 하지만 굳이 비판하는 과학자들의 눈높이에 맞추어서 이야기를 하자면, 첫째 날 빛을 창조하실 때 이미 물질세계는 폭발하듯이 전 우주 가장자리를 향하여 거센 파도와 쓰나미처럼 요동치며 퍼져 나가면서 온갖 천체들, 즉 별들과 은하들, 은하들이 모인 은하단들이 만들어지고 있었다고 봐야 한다. 이미 별들의 생성과 죽음이 반복되면서 블랙홀도 생기고 강력한 중력을 내뿜는 블랙홀을 중심으로 우리가 살고 있는 태양계를 비롯한 크고 작은 여러 태양계들이 공전하기 시작하고 은하들이 더 큰 질량을 지닌 블랙홀을 중심으로 공전하는 은하단으로서 이미 생겨나기 시작했다고 보아야 한다.[76] 천문학자들은 우리 태양계가 속한 은하단에 약 2,500억에서 4,000억 개의 별들이 있을 것이라고 한다. 그러한 은하가 또한 우주 전체에서 1천억 개가 넘을 것이라고 한다.

---

[76] 우리 태양계가 속한 은하(Galaxy)는 바람개비 모양의 나선 은하로 분류되는데 지름이 약 100,000광년으로 계산된다. 이 은하의 중심에는 은하의 회전을 일으키는 거대한 블랙홀이 있을 것이라고 추측하고 있다. 천문학자들은 공통적으로 궁수자리(사지타리우스) A*의 자리에 은하 중심의 블랙홀이 있을 것이라고 생각한다. 이 블랙홀은 태양계로부터 약 2만 6,000광년 떨어져 있으며 그 질량은 현재 태양의 400만 배에 이를 것이라고 본다. 이 블랙홀에 대해 촬영한 이미지는 전 세계의 대형 전파 망원경 여러 개가 협력하여 촬영한 것으로 2022년 5월 공개되었다.

하나님의 창조는 지금도 계속되고 있다고 봐야 한다.[77]

넷째 날 창조에 해달별과 같은 천체(celestial stars)가 처음 등장하는 것처럼 보이지만 사실 첫째 날 창조하신 빛은 계속 원자와 분자 그리고 물질 덩어리를 계속 만들고 있고 은하들과 은하단들이 계속 창조되고 있는 것으로 봐야 한다. 천체에서 나오는 빛은 수십억 광년을 여행해서 이제야 본격적으로 지구에 비추기 시작한 것이다. 태양으로부터 오는 빛이 지구에 중요한 에너지를 공급하고 달은 그 태양 빛을 반사하여 밤을 밝히고 있으며, 수십억 광년을 거쳐 지구에 도달한 빛은 그 찬란함과 화려함을 뽐내기 시작했다. 이 모든 것은 마지막에 창조될 인간을 위해 섬세하게 준비된 것이다. 훗날 하나님께서 아브람을 부르시고 그와 언약을 맺으실 때 그를 텐트 밖으로 불러내시고 그에게 밤하늘의 무수한 별들을 보여 주시면서 아브람에게 다음과 같은 말씀을 하셨다.

"그를 이끌고 밖으로 나가 가라사대 하늘을 우러러 뭇별을 셀 수 있나 보라 또 그에게 이르시되 네 자손이 이와 같으리라 아

---

[77] 우리 은하와 가까운 소마젤란 은하, 대마젤란 은하와 안드로메다 은하(NGC 224, M31) 등이 있는데 일반에게 널리 알려진 안드로메다는 약 250만 광년 떨어져 있다. 소마젤란 은하는 지구에서 197,000광년 떨어졌으며 30억 개의 별을 가지고 있으며, 대마젤란 은하는 약 157,000광년 떨어져 있으며 약 300억 개의 별을 가지고 있다. 안드로메다 은하는 우리 은하보다 2배 큰 편이며 별들도 약 1조 개가 있을 것으로 추산되며 그 중심에는 두 개의 거대한 블랙홀이 있는 것으로 알려져 있다.

브람이 여호와를 믿으니 여호와께서 이를 그의 의로 여기시고"(창 15:5-6)

그러면 우주 전역에 무수한 별들과 은하들의 존재는 인간에게 어떤 의미가 있을까?[78] 천문학자들에게는 단지 그 천체가 어떻게 존재하고 어떻게 움직이는지 그 현상을 관찰하고 그 속에서 법칙을 찾아내는 것이 목적이겠지만 성경은 천문학자들의 호기심을 충족시켜주기 위해 기록된 책이 아니다. 성경은 하나님의 백성들에게 하나님이 어떤 분인가를 알려 주기 위해 기록된 책이다. 성경은 하나님의 백성들에게 그들의 존재 목적과 함께 만물이 존재하는 목적에 관해 말하고 있는 계시의 책이다. 우주에 떠 있어 찬란한 빛을 내뿜고 있는 천체는 자신의 아들을 닮은 무수한 하나님의 아들들에 대한 하나님의 비전을 나타낸 것이다. 하나님의 아들들의 출현에 대한 하나님의 꿈이 형상화된 것이다. 천체(celestial beings)는 하나님의 자녀에 대한 하나님의 꿈이다. 성경은 때로 하나님의 천사들을 '하나님의 아들들'이라고 표현하기도 한다.

"하루는 하나님의 아들들이 와서 여호와 앞에 섰고 사단도 그들 가운데 왔는지라"(욥 1:6; 2:1)

---

[78] 호주 국립대학 천문학자들의 연구에 따르면 우주에는 약 700해(7×1022), 즉 7조 곱하기 100억 개의 초대형 은하가 존재할 것으로 추산된다.

"내가 땅의 기초를 놓을 때에 네가 어디 있었느냐 네가 깨달아 알았거든 말할찌니라 누가 그 도량을 정하였었는지, 누가 그 준승을 그 위에 띄웠었는지 네가 아느냐 그 주초는 무엇 위에 세웠으며 그 모퉁이 돌은 누가 놓았었느냐 그 때에 새벽 별들이 함께 노래하며 하나님의 아들들이 다 기쁘게 소리하였었느니라"(욥 38:4-7)

구약의 예언자들은 부활하게 될 하나님의 백성들이 하늘의 별과 같이 영원히 빛나게 될 것이라고 말한다.

"지혜 있는 자는 궁창의 빛과 같이 빛날 것이요 많은 사람을 옳은데로 돌아오게 한 자는 별과 같이 영원토록 비취리라"(단 12:3)

하나님께서는 자신의 형상대로 사람을 만드시기 전에 그 만드시는 목적을 알리는 존재들을 우주 전체에 가득 뿌려 놓으셨다. 밤하늘을 비추는 수많은 별들은 하나님의 백성에 대한 하나님의 비전을 나타낸다. 하나님의 궁극적인 목적은 하나님의 아들들을 얻는 것이다. 그 아들들을 향한 아비의 사랑과 기쁨을 우주에 가득 찬 천체들이 노래하고 있는 것이다.

창조의 다섯째 날: 새와 물고기

다섯째 날 창조의 기록은 다음과 같다.

"하나님이 가라사대 물들은 생물로 번성케 하라 땅위 하늘의 궁창에는 새가 날으라 하시고 하나님이 큰 물고기와 물에서 번성하여 움직이는 모든 생물을 그 종류대로, 날개 있는 모든 새를 그 종류대로 창조하시니 하나님의 보시기에 좋았더라 하나님이 그들에게 복을 주어 가라사대 생육하고 번성하여 여러 바다 물에 충만하라 새들도 땅에 번성하라 하시니라 저녁이 되며 아침이 되니 이는 다섯째 날이니라"(창 1:20-23)

둘째 날 물을 만드시고 물과 물을 나누시고 그 가운데 하늘을 만드신 하나님께서 다섯째 날에 물에는 물고기들이 하늘에는 새들이 날도록 창조하신다. 이제 처음으로 하나님은 그 만드신 피조물에게 복을 내리신다. "그들에게 복을 주시며 이르시되" 하나님이 주시는 복은 생육하고 번성하는 것과 관련이 있다는 것을 알 수 있다. 하나님이 주시는 복은 어떤 것일까? 이스라엘 제사장들은 그 백성을 위하여 복을 빌 때에 다음과 같은 축복문을 사용했다.

"여호와는 네게 복을 주시고 너를 지키시기를 원하며 여호와는 그 얼굴로 네게 비취사 은혜 베푸시기를 원하며 여호와는 그 얼굴을 네게로 향하여 드사 평강 주시기를 원하노라 할찌니라 하라"(민 6:24-26)

여기서 우리는 이스라엘 제사장들이 하나님께서 주시는 '복'이 하나님의 '얼굴빛'과 관련이 있다고 이해하고 있음을 알 수 있다. 하나님께서 우주 만물을 창조하셨는데 하나님께서 자신의 '빛'을 비추심으로 생명력이 더욱 왕성해지게 하셨다. 생명력은 하나님의 빛과 매우 밀접한 관련이 있다. 하나님께서 자신의 빛을 피조물에게 비추어 주실 때 피조물은 더욱 활발하게 재생산의 속도가 빨라지게 되는 것이다. 이것은 파동에 동일한 주파수의 파동을 더하면 증폭되는 간섭현상과 같다.

조류와 어류는 가장 먼저 창조된 생명체이다. 여섯째 날 창조하신 동물들과 인간보다 먼저 창조되었다. 이들은 하나님의 공급하심에 전적으로 의존하여 살아가는 최저생계형 피조물로서 마지막 날 창조될 인간의 유한함과 연약함을 가르치기 위해 창조되었다. 조류와 어류를 관찰하는 사람은 자신의 유한한 인생을 느끼게 될 것이다. 실제로 가난한 이스라엘 백성은 집비둘기나 산비둘기로 제물을 삼아서 제사를 드릴 수 있었다. 새는 가난한 자들의 몫이었고 가난한 인생들을 상징하는 피조물이기도 하다. 예수님께서는 공중의 새를 언급하실 때 가난한 자들을 먹이시고 기르시는 하나님의 자비로운 손길에 관하여 가르치셨다.

> "공중의 새를 보라 심지도 않고 거두지도 않고 창고에 모아 들이지도 아니하되 너희 천부께서 기르시나니 너희는 이것들보다 귀하지 아니하냐"(마 6:26)

하나님께서 만드신 것 중에 사람에게 '배우는 기쁨'을 주지 않는 것이 하나도 없다. 인생에 대해 많은 것을 배우고 느끼고 싶다면 조류와 어류를 관찰해 보라. 새들은 하늘을 떠나 살 수 없고, 물고기들은 물을 떠나 살 수 없으며, 그들은 모두 유한하며 연약하며 모든 피조물 중에서 하나님의 공급으로 하루하루 살아가는 생명체이다. 그들을 통해 우리는 하나님의 공급하심에 대해 배울 수 있다.

창조의 여섯째 날: 동물과 사람

여섯째 날 창조의 기록은 이렇다.

"하나님이 가라사대 땅은 생물을 그 종류대로 내되 육축과 기는 것과 땅의 짐승을 종류대로 내라 하시고 (그대로 되니라) 하나님이 땅의 짐승을 그 종류대로, 육축을 그 종류대로, 땅에 기는 모든 것을 그 종류대로 만드시니 하나님의 보시기에 좋았더라 하나님이 가라사대 우리의 형상을 따라 우리의 모양대로 우리가 사람을 만들고 그로 바다의 고기와 공중의 새와 육축과 온 땅과 땅에 기는 모든 것을 다스리게 하자 하시고 하나님이 자기 형상 곧 하나님의 형상대로 사람을 창조하시되 남자와 여자를 창조하시고 하나님이 그들에게 복을 주시며 그들에게 이르시되 생육하고 번성하여 땅에 충만하라, 땅을 정복하라, 바다의 고기와 공중의 새와 땅에 움직이는 모든 생물을 다스리라 하시니라 하나님이 가라사대 내가 온 지면의 씨 맺는 모든 채소와 씨 가진 열매 맺는 모든 나무를 너희에게 주노니 너희 식물이 되리라 또 땅의 모든 짐승과 공중의 모든 새와 생명이 있어 땅에 기는 모든 것에게는 내가 모든 푸른 풀을 식물로 주노라 하시니 그대로 되니라 하나님이 그 지으신 모든 것을 보시니 보시기에 심히 좋았더라 저녁이 되며 아침이 되니 이는 여섯째 날이니라"(창 1:24-31)

하나님의 창조 이야기가 현대 천체과학자나 양자 물리학자의 눈높이에 맞춘 '과학책'은 아니므로 현대 과학자들의 흥미를 만족시켜 주지 못할 것이다. 그러나 하나님을 찾으려고 하는 모든 사람들에게 길을 제시하여 줄 것이다. 하나님을 알고 구원받기에 충분한 지식을 줄 것이다. 성경은 얼떨결에 출애굽하여 시내산 앞에 서 있던 이스라엘 백성들의 눈높이에 맞추어서 그들이 왜 그 자리에 있는가를 말씀해 주신 내용을 기록한 것이다. 만물의 원리를 알려 주기 위함이 아니라 만물의 목적에 관하여 알려 주기 위해 기록된 것이다. 만물은 왜 존재하는가? 그리고 나는 왜 이 세상에 존재하는가?

하나님께서 창조 이야기를 모세를 통해 그들에게 들려주시는 의도는 이것이다. 모든 것은 그것을 만드신 하나님의 영광을 위해 창조된 것이며, 또한 하나님의 형상으로 창조될 사람을 위해 창조되었고 준비되었던 것이라고. 그러나 하나님께서 3,500년 전 이스라엘의 눈높이 맞추어서 이야기를 해 주셨다고 오늘날의 가장 뛰어난 두뇌를 가진 과학자들이 비웃거나 무시하여도 된다는 것이 결코 아니다. 과학자들은 아무리 눈을 씻고 보아도 물질이나 별들 속에서 하나님을 만날 수 없을 것이다. 그들이 자랑하는 과학지식 속에서 인생의 참된 목적을 알 수는 없을 것이다. 성경은 과학책이 아니지만 다른 방식으로 과학자들에게 도전하고 있다.

그러나 최근 100여 년 동안 발전해 온 천체 물리학과 양자 물리학의 최신 이론들은 어떤 점에서는 창세기의 이야기에서 통찰력을 얻은 것이 아닌가 싶을 정도이다. 예를 들어 빅뱅이론이 그렇다. 첫째 날 빛이 있으라 하셨는데 그 빛이 있었다고 단순하게 기술하고 있지만 이것이 현대 빅뱅이론과 너무나 닮아 있다. 심지어 요즘 뛰어난 두뇌를 가진 천문학자들조차 암흑물질과 암흑에너지, 그리고 블랙홀에 관한 이야기로 열띤 논쟁을 벌이고 있다. 창세기 1장 2절을 보라. 빛을 창조하시기 이전의 상황을 "땅이 혼돈하고 공허하며 흑암이 깊음 위에 있고 하나님의 신(바람, רוח 루아흐[79])은 수면에 운행하시니라"는 기록과 어떤 모순도 없다.

창조론 vs. 진화론

여기서 창조론과 진화론의 논쟁에 관하여 짚고 넘어가려고 한다.

---

[79] רוח는 '루아흐'라고 발음되는 히브리어로서 하나님의 성령을 가리키며 문자적인 뜻은 '바람'이다. 의성어라고 할 수 있는 이 단어는 구약성경에서 389회 나온다. 그리스어로 기록된 신약성경에서는 '프뉴마'라는 단어로 기록되고 있다.

진화론은 1859년 찰스 다윈의 『종의 기원』에서 처음 제시된 세계관으로서 인류의 조상은 아담이 아니라 유인원이라는 주장이다. 이 이론은 무기화합물에서 유기화합물로 진화할 수 있다는 밀러의 실험(1952년)에 의해 검증된 것으로 널리 알려져 있다[80]. 진화론에 의하면 오늘날의 인류는 우연히 무기물에서 단세포로, 단세포에서 점점 복잡한 생명체로, 결국 원숭이로부터 환경에 적응하기 위하여 진화하였다고 말한다. 양자역학이 본격적으로 태동하던 시기인 1925년 미국에서는 진화론 논쟁이 불붙었다. 학교에서 진화론 교육을 금지하는 법안(버틀러 법)이 통과되자 24살의 생물교사인 존 스콥스가 이 법에 도전하여 법정까지 끌고 갔다. 오랜 갈등 끝에 1968년 버틀러 법은 결국 폐지되었다. 그래서 학교에서는 창조론은 금지되고 진화론을 교육하고 있다. 그러나 진화론 안에서도 다양한 이론이 있으며 최근에는 인류와 우주 만물이 고도의 지성을 가진 '지적 존재'에 의해 창조되었다는 지적설계론[81]이 진화론의 대항마로 제시되고 있다.

---

[80] 1952년 시카고 대학의 스탠리 밀러가 원시 대기를 만든 실험실에서 무기화합물에서 유기화합물을 만드는 데 성공했다고 알려져 있다. 이 실험의 난제는 원시 대기와 얼마나 일치하는지 입증하기 어렵다는 것이며, 인간이 인공적인 실험에 의해 의도한 결과물을 도출했다는 점이다. 또한 화학적 진화가 생명의 탄생과 직접적인 연관이 있다고 주장할 수 없다. 실제로 자연세계에서 단순한 무기물질이 복잡한 유기물질로 변하는 단계는 한 번도 관찰된 적이 없다.

[81] 지적설계론은 영국 성공회 신부인 윌리엄 페일리(William Paley, 1743-1805)에 의해 제시되었다. 그는 시계와 시계공이란 비유를 가지고 지적설계론을 설명하였다.

진화론에 대해 언급하고자 하는 것은 세 가지이다. 첫째, 진화론이란 세계관은 인류의 공동체성과 도덕주의가 붕괴되는 결과를 가져온 것에 대한 책임을 져야 한다. 인간을 열등과 우등의 개념으로 구분함으로써 아파르트헤이트나 인종차별 혹은 히틀러의 홀로코스트 같은 인류 범죄를 정당화시켜 주는 데 진화론의 우생학이 적극 사용되었다. 즉, 진화론은 인류 공동체성을 무너뜨린다. 둘째, 진화론에서 제시된 것은 '가설'이며 이 가설을 뒷받침하는 몇몇 실험 — 예를 들어 무기화합물에서 유기화합물을 실험실에서 만들었던 밀러의 실험 — 의 조건이 '공정성'이 부족하다는 점이다. '실험'이 존재하기에 과학적이므로 학교에서 가르쳐야 한다고 하는 주장에 동의할 수 없다. 그 어떤 실험도 현실에서 입증된 것은 없기 때문이다. 셋째, 원숭이에서 인류로 진화하는 것이 환경에 적응하기 위한 적자생존의 본능이라고 설명하게 되면 물리 법칙에 모순이 생긴다. 열역학 제2법칙인 엔트로피 법칙에 의하면 모든 만물은 질서에서 무질서로 진화하며 따라서 무질서도(degree of disorder)는 항상 증가하는 방향으로 나아간다. 그러나 그 반대 방향인 무질서에서 질서로의 진화는 자연세계에서 결코 저절로 발생하지 않는다. 무기화합물에서 유기화합물이 된다든지, 혹은 원숭이가 오랜 세월을 거쳐 인류가 되었다고 하는 것은 명백히 엔트로피의 법칙에 정면으로 위배된다. 물리학적 사고방식에 따르면 단순한 구조의 물질이 고도의 복잡한 물질로 스스로 진화하는 것은 수억 년의 세월이 흘러도 불가능하다. 오히려 자연만물은 그 반대로 '진화'하는 것이 정상이다. 원숭이가 수만 년의 세월을 지나 복잡한 악보의 악기를 능수능란하게 연주하는 인류로 진화하는 것은 자연계에서는 결코 저절로 일어나지 않는다. 또한 연료가 다 타 버리고 남은 재와 먼지들이 스스로 뭉쳐서 빛과 열을 내는 순도 높은 에너지가 되는 일도 수억 년의 세월이 흘러도 저절로 일어나지 않는다.

그러면 왜 창조론과 진화론이 충돌하는가? 그것은 과학의 문제가 아니라 세계관의 문제이기 때문이다. 진화론의 세계관은 무신론(atheism)이다. 반면 창조론의 세계관은 유신론(theism)이다. 무엇이 실재인가(what is reality)에 대한 대답으로서 무신론과 유신론으로 나뉜다. 따라서 유신론과 무신론의 관점 차이는 결코 해소될 수 없다. 하나님의 존재를 인정하느냐 그렇지 않느냐는 세계관의 문제이므로 창조론과 진화론은 영원히 갈등 관계에 놓일 수밖에 없다. 여기서 나는 이 갈등을 해결하려는 것이 아니다. 유신론과 무신론은 서로 건너지 못할 강을 사이에 두고 있다. 문제는 유신론 내부에 있다. 하나님의 존재를 인정하면서 진화론을 어떻게 바라볼 것인가에 대한 해석의 차이가 있다. 핵심은 자연세계에서 관찰되는 "변화"의 현상을 어떻게 바라보느냐이다. 여기서 근본주의적 유신론과 유신론적 진화론으로 나누어진다. 변화를 어떻게 해석하고 받아들일 것인가? 이것은 신앙의 문제가 아니라 학문의 문제이다. 왜냐면 신앙은 실재를 다루고, 학문은 해석을 다루기 때문이다. 같은 세계관 아래 있는 학문의 영역에서는 서로 다양한 관점이 존재할 수 있다는 것을 인정해야 한다.

나는 성경의 무오성(Biblical inerrancy)을 믿는다. 하지만 성경을 해석하는 인간이나 교회는 무오하지 않다고 믿는다. 그래서 개인이나 교회가 성경을 해석하고 체계화한 신학 자체는 무오한 것이 아니며, 그래서 언제나 새롭게 진술되어야 하고 개혁되어야 한다. 만약 어떤 '신학의 체계'가 무오하다고 믿는다면 이것은 오만이요, 독선이다. 특히 역사적 해석을 무시하고 문자주의에 빠지는 것을 가장 주의해야 한다. 그것은 과학도 마찬가지다. 성경이 무오하나 성경을 해석하는 사람이 무오하지 않듯이 과학자가 실험을 통해 어떤 가설을 입증하여 세운 이론이라 할지라도 무오할 수 없다. 반증(disproof)될 여지는 항상 있다.

그렇다면 하나님의 존재를 인정하고 믿는 가운데 다양한 언어와 다양한 논리로 신념체계를 진술하는 '신학'에 대해서는 당연히 열린 마음을 가지고 있어야 한다. 교회의 문제는 이러한 '학문적 자유' 혹은 '학문적 관용'을 잃어버릴 때 발생한다. 즉, 자신이 가진 신념체계가 마치 성경 그 자체인 것처럼 확신하기 시작할 때 갈릴레오를 정죄하고 비난했던 루터처럼 행동하게 된다. 신학자들은 독선에 빠져서는 안 된다. 물론 과학자들도 마찬가지이다. 관찰이나 실험은 언제나 오류가 있을 수 있고 반증될 수 있다.

동일한 실재를 인정하는데 다른 해석을 내리는 경우, 즉 세계관 내 갈등은 1차적으로 그 개념을 다시 정의하는 데서 해결책을 찾을 수 있다고 본다. 전통적인 의미에서 창조를 '무에서 유로의 급진적인 도약'(creatio ex nihilo)으로 말한다면 진화는 '유에서 유로의 점진적 변화'를 뜻한다. 그러나 '무'와 '유'의 상태를 어떻게 정의하느냐를 잘 생각해 보아야 한다. 어떤 사람들은 '창조'를 '무에서 유로의 급진적인 변화'라고 정의한다. 그런데 그렇게 말하는 사람들은 어떤 근거로 그러한 정의를 내리는지 말하지 못한다. 성경 어디에도 '완전한 무'에서 유로의 변화를 암시하는 구절은 없다.

오히려 성경은 '혼돈과 공허로부터의 변화'를 말하고 있다. 이것은 열역학 제2 법칙(엔트로피)과도 상통한다. 우주의 질서는 낮은 엔트로피에서 시작되었다는 것을 과학자들이 인정하고 있다. 성경 전체의 맥락도 마찬가지다. 창세기뿐만 아니라 성경 전반에 걸쳐 하나님의 구원을 창조와 연결하여 말하고 있는데[82] 구원은 무에서의 구원이 아니지 않는가? '완전한 무'에서의 창조라고 주장하는 근거가 도대체 무엇인가? 그것은 어떤 본문(text)에서 지원을 받고 있는가?

하나님께서 빛을 창조하셨을 때 그것은 완전히 '새로운 형태의 출현'으로서의 창조임이 틀림이 없다. 왜냐면 '혼돈'은 빛이란 형태를 스스로 만들 수 없기 때문이다. 그런데 만약 그 빛이 모든 물질들을 만들어 내는 변화를 이끌어 낸다면 그것은 창조인가 진화인가? 원자가 서로 결합하여 분자가 되고 그것이 물질이 되고 점점 변화하여

---

82 시 74:12-17; 89:11, 12;93; 104; 24f.; 136:4-24; 사 40:12f.; 33:21f.; 45:7-19; 사 51:9, 10; 욥 26:12, 13; 마 6:25-32; 골 1:12-20; 엡 1:3-14; 고전 8:6; 히 1:1-4; 고후 5:17; 계 21:1-6 참조

별이 되고 별이 빛을 내고 다시 별의 내부에서 각종 무거운 원소들이 만들어지고 초신성의 형태로 폭발하여 여러 행성들이 출현하고 여러 원소들의 먼지구름이 나타나고 그중에서 생명체에 필요한 물과 탄소화합물이 만들어진다면 이것은 창조인가 아니면 진화인가? 변화라는 과정만을 강조한다면 '진화'라고 하고, 그러한 변화가 저절로 된다고 믿는다면 '진화론'이라고 할 수 있다. 그러나 과연 생명과 의식과 같은 높은 수준의 질서가 저절로 만들어질 수 있을까? 진화론자들도 이러한 '변화'는 일상적인 세계에서는 절대 불가능하다는 것을 잘 알고 있다.

그래서 진화론자들은 모든 변화의 배후에 '신'은 없으며 '자연법칙'만이 있다고 믿는다. 철저한 무신론자였던 아인슈타인이나 스티븐 호킹이 '신'이란 단어를 사용했을 때는 그 의미는 인격적인 신이 아니라 단지 '자연법칙'을 의미했다. 진화론자들은 '그냥 저절로 그렇게 되는 것' 혹은 '자연법칙'을 논리적으로 설명하기 위해 '중력'이나 '중력파'라는 단어를 즐겨 사용한다. 예를 들어 수소 원자로 구성된 가스층이 모여서 핵융합(nuclear fusion)하여 빛을 내는 항성이 될 수 있는 것은 중력 때문이라고 말한다. 생명 진화론자들은 중력파(gravitational wave)가 생명현상의 원인이라고 설명한다. 그들은 이해할 수 없는 어떤 현상을 그럴듯하게 설명하기 위해 어떤 미지의 힘이 있다고 말한다. 그리고 가장 설명하기 어려운 힘을 가지고 설명하려고 한다. 그것이 원래 그렇게 되는 것이 당연한 '자연법칙'이고, 자연법칙이 그들에게 '신'이다.

그러나 그들은 그들이 신봉하는 '자연법칙'인 중력이나 중력파를 명확하게 설명하지 못한다. 양자역학의 최첨단 분야인 입자 물리학에서는 아직도 '중력'의 실체와 씨름하고 있다. 그래서 그들은 설명하지 못하는 그것을 그냥 원래 그렇게 작용하는 법칙이라고 에둘러 말한다. 반면 유신 창조론자들이나 유신진화론자들은 그 변화의 배후에 '인격적인 신'이 있다고 믿는다. 중력이나 중력파는 관찰 검증될 수 있지만 '신'은 관찰되지도 실험대상이 되지도 못한다. 그래서 '과학자'들은 유신 창조론이나 유신진화론을 '과학'의 범주에 넣지 않고 '종교'의 영역에 둔다.

여기서 자연법칙에 대한 정의를 어떻게 내려야 하는지에 대해 문제가 생긴다. 엔트로피 법칙으로 설명하자면, 낮은 엔트로피에서 높은 엔트로피로 변화하는 것을 '자연법칙'이라고 다들 이해한다.[83] 그러나 높은 엔트로피에서 낮은 엔트로피로 변화할 때 사람들은 그것을 '기적'이라고 부른다. 그런데 진화론자들은 그것도 '자연법칙'이라고 부른다. 수소가스가 모여 핵융합을 일으키는 항성이 되는 것은 내버려두면 결코 저절로 되는 것이 아님에도 진화론자들은 그렇게 되는 '자연법칙'이 있다고 주장한다. 결국은 과학자들이나 신학자들은 '신념'의 문제로 귀결된다.

---

[83] 열역학, 스티븐 베리, 신석민 역, 김영사, 2022, p. 53
엔트로피는 무질서도(degree of disorder)로서 열역학 제2 법칙이라고도 하며, 모든 에너지는 반드시 질서에서 무질서로 흐르게 된다는 것이다.

반면 유신진화론자들은 그러한 변화가 '저절로' 일어나는 것이라고 하면서 그렇게 변화하도록 최초의 특이점(singularity)에 변화의 능력이 전지전능한 신으로부터 부여되었다고 믿는다. 문제는 특이점이 아니라 변화의 시점에 '신의 존재'를 인정하느냐의 여부이다. 대체로 유신진화론은 신의 존재를 인정하되 변화의 배후에서 '계속적으로 창조하는 신'의 존재는 인정하지 않는다.[84] 만일 자연세계 혹은 우주 만물에서 관찰되는 어떤 '변화'가 자연적인 상태에서는 가능하지 않은 ― 즉 높은 엔트로피에서 낮은 엔트로피로 변화하는 ― 방식이라면 나는 그것을 '진화' 혹은 '변화'라는 단어를 사용하는 것이 과연 적절한가 묻고 싶다. 낮은 엔트로피에서 높은 엔트로피로의 변화는 '자연법칙'이나 '변화' 혹은 '진화'라는 단어를 사용할 수 있으나 그 반대로 변화가 일어나는 것이라면, 그러한 변화가 이전에 없던 전혀 새로운 변화라면 이것은 '창조'라고 해야 하지 않겠는가? 그리고 나는 하나님께서 모든 창조의 배후에 계신다고 믿는다.

거듭 말하지만 쟁점은 자연세계에 관찰되는 '변화'를 어떻게 볼 것인가에 달려 있다. 예를 들어 물을 담은 유리잔에 잉크 한 방울을 떨어뜨리면 어떻게 되는가? 한 방울의 잉크는 무질서한 형태를 그리며 점점 퍼져 나가는 것을 볼 수 있을 것이다. 이러한 '변화'는 자연스러운 것이라고 우리는 이해한다. 그러나 반대로 흩어져 가는 무질

---

84 일반적으로 유신진화론은 인류의 조상으로서 아담을 인정하지 않으며, 따라서 원죄의 교리도 인정하지 않는다.

서한 움직임이 마치 영화 필름을 거꾸로 되돌리듯이 하나의 잉크 방울로 모이는 것이 현실에서 일어날 수 있다고 상상할 수 있는가? 무질서에서 질서로 나아가는 과정은 상상할 수 없기 때문이다.

무질서 그 자체로는 질서로 나아가는 힘을 가지고 있지 않다. 만약 자연계에서 그러한 이상한 현상을 보게 된다면 누군가 '초능력'을 발휘하고 있을 것이라고 생각할 것이다. 혹은 '기적'이 일어나고 있다고 할 것이다. 왜냐면 그러한 현상은 '자연계에서 자연스럽게 일어나는 것'이 아니기 때문이다. 이와 같이 하나님의 창조도 마찬가지다. 자연계에서 관찰되는 모든 변화를 창조로 말하는 것이 아니라 높은 엔트로피에서 낮은 엔트로피로의 변화, 무질서에서 질서로의 변화는 '창조'라 할 수 있는 것이다. 그런 의미에서 죄와 저주에서부터 구원하시는 하나님의 큰일을 '창조'라고 성경 전체가 말하고 있다는 것이 이해가 될 것이다.

일반적으로 유신진화론(Theistic Evolution)은 전통적인 유신론자들이 보기에는 창조론을 진화론에 맞게 수정한 타협한 사상이라고 여겨진다. 과학자들은 이것을 '과학적'이라기보다는 종교적 신념으로 바라본다. 반면 유신진화론에 의하면 하나님은 물질을 창조하셨을 때 진화능력을 부여했고 그에 따라 창조 후에 모든 생명체가 자연적인 과정을 통해 진화했다고 말한다. 즉, 하나님은 물질의 변화나 생물의 진화에 어떤 직접적인 개입을 하지 않는다는 입장이다. 또한 유신진화론은 대체적으로 아담의 인류대표성과 인간의 원죄를 인정하지 않는다. 그런 의미에서의 유신진화론을 나는 받아들이지 않는다. 나는 하나님의 '현재적인 창조'를 믿는다. 그리고 모든 인간이 원죄를 가지고 태어나는 것을 믿는다. 하나님은 태초에 창조하시고 뒷짐 지고 계시는 그런 분이 아니다. 만물의 모든 '의미 있는 변화'에 주원인으로 개입하시고 다스리시는 인격적인 분이시다. 그런 의미에서 하나님을 물질의 창조자로 인정하면서도 인간과 생명체의 창조에는 개입하지 않고 진화과정에 맡겨 두신다는 '유신진화론'을 나는 받아들이지 않는다. 굳이 표현하자면 나는 '유신진화론'이 아니라 '지속 창조론'을 믿는다.

나는 하나님의 존재를 굳게 믿으며 지금도 창조사역에 깊이 관여하신다고 믿는다. 내가 받아들이지 않는 진화론은 만물이 스스로 변화한다는 그런 진화론이다. 참된 변화를 일으키시는 하나님을 인정하지 않는 진화론을 나는 받아들이지 않는다. 나는 하나님의 존재를 믿지만 만물이 스스로 변화한다는 유신진화론보다는 지금도 계속 창조하고 계신다는 것을 굳게 믿는다. 창조의 의미를 다시 생각해 보자. 만약에 이전에 없던 전혀 새로운 변화가 출현했다면 그것은 진화인가 아니면 창조인가? 두 개의 수소 원자가 결합하여 수소 분자가 되었다면, 이것이 저절로 된 것이라고 한다면 진화론적 설명이 될 것이다. 그러나 이것이 저절로 일어나는 현상인가? 우주에 넓게 퍼져 있는 수소 원자와 헬륨 원자가 스스로 모여서 스스로 뭉쳐서 스스로 융합하여 빛을 내는 것인가? 수십억 년의 세월이 지나 모든 에너지를 소진하고 초신성이 되어 폭발하여 우주에 잔해를 퍼뜨리고 그 잔해는 다시 저절로 모여서 또 다른 별이 되고 행성이 되고 단순 생명체가 되고 그 생명체가 스스로 진화하여 문명을 건설하는 지적 생명체가 되는 것인가? 과연 그 모든 '새로운 질서의 출현'이 저절로 된다고 믿는 것인가? 그러한 신념을 과학적이고 이성적이라고 생각하는 사람들이 있다. 그러나 사실은 종교적 신념을 갖고 있는 것이다.

천체 물리학자들은 중력이 작용해서 그렇게 된다고 설명한다. 그러나 놀랍게도 그들은 중력이 어디서 오는지 중력이 도대체 무엇인지 아직도 설명하지 못한다. 그들은 그것이 자연스럽다고 "믿는다." 결국 '신념'의 문제이다. 그러나 나는 자연계에서 저절로 일어나는 변화 중에 의미 있는 변화로서 이전에 없던 것이라면 창조라고 믿는다. 나는 모든 의미 있는 변화의 힘은 오직 하나님께로부터 나온다고 믿는다. 그래서 나는 저절로 빅뱅이 일어났다고 믿지 않는다. 무질서한 세계는 결코 스스로 질서를 만들어 내지 못한다. 그리고 저절로 항성이 생기고, 저절로 초신성이 생기고 행성이 생기고, 저절로 높은 수준의 지적 생명체가 생겨났다고 믿지 않는다. 하나님을 부정한 채 물질이 스스로 의미 있는 (즉, 이전에 없던 질서를 만들어 내는) 변화를 일으킬 수 있다고 믿는 그런 진화론을 나는 거부한다.

나는 하나님의 창조를 완전한 무에서 유로의 변화로 국한하지 않는다. 유에서 유로의 변화라 할지라도 그것이 전혀 새로운 국면의 변화라면 그것은 창조인 것이다. 하나님께서는 "땅이 혼돈하며 공허한 가운데" 빛을 창조하셨다고 성경이 말하고 있는 것을 주목해야 한다. 혼돈과 공허는 그 자체로 빛을 결코 만들어 내지 못한다. 암흑물질과 암흑에너지가 스스로 그리고 우연히 양자세계, 즉 빛의 세계를 만들어 내었다고 믿지 않는다. 물질은 스스로 의미 있는 변화를 만들어 내는 힘을 가지고 있지 않다. 물리적으로 볼 때 무질서에서 질서를 만드는 힘은 반드시 외부에서 와야만 한다. 내버려두면 작용-반작용이 영원히 반복될 뿐이다. 오직 창조주 하나님만이 모든 의미 있는 변화를 만들어 내신다.

창조과학에 대해서는 어떻게 생각하는가? '창조과학주의자들'은 성경의 무오성을 믿으며 창세기 1장의 하루를 문자적인 의미의 24시간으로 보고 있고, 창세기의 창조기사를 '과학적 사실'로 받아들이는 입장이다. 즉 창조론을 과학적으로 입증할 수 있다고 보는 것이다. 그러나 나는 성경을 '과학책'으로 보는 견해나 창세기의 문자주의적 해석에 관하여 다소 부정적이다. 어느 정도 '과학적으로' 설명할 수는 있으나 과학적 지식을 전달하기 위한 것은 성경이 의도한 바가 아니다. 성경은 계시의 책이므로 계시된 때의 역사적 문법적 상황을 고려해야 한다. 내가 볼 때 창조과학의 최대 문제는 진화론에 대한 배격과 전투에 너무 심취하여 우주 만물에 다양하게 나타나는 '변화'에 대해 소홀하다는 것이다. 과학자들이 생물의 현상과 우주 만물의 현상을 관찰하면서 찾아낸 '변화'에 대한 관측 결과에 대해 침묵하면 안 된다. 적극적으로 변화를 수용해야 한다. 하나님의 전능하심에 대한 강조에 있어서 더 나아가야 한다. 하나님의 현재적 창조에 대해 더욱 강조할 필요가 있다. 또 한 가지 창조과학자들은 지구의 나이에 관해 '젊은 지구설'을 지지하는 경향이 있다. 그래서 지구의 나이는 6,000년 정도라고 믿는다. 그러나 창세기 1장을 다시 보라. 하늘의 광명체가 있기 전에 땅이 먼저 있었다. 그래서 나는 '오래된 지구설'을 믿는다.

여기서 내가 말하는 '의미 있는 변화'는 물리학적인 용어로 말하자면 '높은 엔트로피'(무질서 단계)에서 '낮은 엔트로피'(질서)로 나아가는 변화이다. 하나님은 혼돈과 공허에서부터 빛을 창조하셨다. 혼돈(카오스)은 극도의 무질서라면, 빛은 극도의 질서이다. 우주(코스모스)는 혼돈(카오스)으로부터 창조되었다. 혼돈은 그 자체로 질서를 만들어 내지 못한다. 그런 의미에서 '창조'이다. 물리학자에게 있어서 완전한 '무'는 존재하지 않는다. 마치 대기가 비어 있고, 우주가 진공인 것처럼 보이지만 사실 그 공간은 '질서 정연한 힘의 원칙으로 가득 찬 공간'이다. 자연 만물은 낮은 엔트로피에서 높은 엔트로피로 점진적으로 변화하려고 한다. 아무리 오랜 세월이 흘러도 그 역순으로는 변화할 수 없다. 참된 변화, 무질서에서부터 질서로의 변화, 혼돈에서 빛으로의 변화는 하나님의 창조 솜씨이다.

그런 의미에서 화이트헤드의 과정철학과 제임스 콥의 과정신학에서 말하는 그런 개념에 나는 그리 깊은 감명을 받지 못한다. 왜냐면 하나님의 전능하심을 느낄 수 없기 때문이다. 오늘날 기독교 신학은 하나님의 전능성을 강조하느라 변화를 무시하거나 혹은 변화를 너무 강조하여 하나님의 전능성을 포기하려는 것처럼 보인다. 변화에 대해 경직된 반응을 보이는 까닭은 지나치게 '완전한 진공'에서 유로 나아가는 변화만을 '창조'라고 여기는 고정관념 때문이다. 기독교 신학은 '변화'에 대해 유연한 생각을 할 필요가 있고 창조에 대해서도 마찬가지다. 나는 모든 '의미 있는 변화'가 창조에 포함되어야 한다고 믿는다. 그리고 물질은 스스로 의미 있는 변화를 만들어 낼 힘이 없다고 믿는다. 그 모든 변화의 주체는 바로 전지전능한 하나님이심을 믿는다.

내가 믿는 하나님은 과거에 창조하시고 지금은 뒷짐 지고 서 있는 하나님이 아니시다. 하나님은 지금도 창조의 일을 하고 계시는 분이시다. 하나님은 지금도 수많은 항성과 행성을 창조하시며 은하들을 창조하고 계신다고 믿는다. 그리고 하나님은 인생들도 창조하고 계시며 인생들의 삶 가운데서도 중생과 거듭남, 그리고 성화와 견인이라는 참되고 의미 있는 변화, 즉 창조의 일을 하고 계신다. 하나님은 지금도 살아 계시며 전지전능하신 창조주이시다.

하나님은 빛이시라

하나님은 어떤 분이신가? 이에 대한 대답은 두 가지로 요약할 수 있다. 첫째, 하나님은 모든 만물을 지으신 창조주이시다. 하나님의 창조는 완료가 아니며 계속되고 있는 것이라고 했다. 그리고 둘째,

하나님은 빛이시다. 하나님이 어떤 분인가에 대해 신학에서는 "공유적 속성"과 "비공유적 속성"이란 개념으로 설명한다. 예를 들어, 거룩성, 선함, 사랑, 신실하심 등은 인간과 공유할 수 있는 부분이 있다고 해서 공유적 속성이라고 한다. 반면, 자존하심, 불변하심, 전지하심, 전능하심, 편재하심, 영원하심 등은 인간과 공유할 수 없는 "비공유적 속성"이라고 부른다. 이 모든 것을 하나씩 다 살펴보는 것은 여기서는 힘들고 가장 중요한 속성 하나만 꼽으라고 한다면 당연히 "하나님은 빛이시다"라는 진술이다.

> "우리가 저에게서 듣고 너희에게 전하는 소식이 이것이니 곧 하나님은 빛이시라 그에게는 어두움이 조금도 없으시니라 만일 우리가 하나님과 사귐이 있다 하고 어두운 가운데 행하면 거짓말을 하고 진리를 행치 아니함이거니와 저가 빛 가운데 계신것 같이 우리도 빛 가운데 행하면 우리가 서로 사귐이 있고 그 아들 예수의 피가 우리를 모든 죄에서 깨끗하게 하실 것이요"(요일 1:5-7)

창조의 첫째 날 하나님께서 말씀으로 빛을 창조하셨다. 그러므로 하나님이 빛이시라고 한 것은 하나님이 친히 만드신 그 빛으로 되어 있다는 뜻이 아니다. 하나님께서 빛을 창조하시고 그 빛 가운데 계신다는 뜻이고 누구든지 하나님을 본다면 빛을 보게 될 것이란 뜻이다. 하나님은 빛 가운데 계신다는 말이다. 그래서 사도 요한도 부연 설명하기를 "그에게는 어둠이 조금도 없으시다."라고 했다. 하나님에게는 어둠이 조금이라도 없다는 것이 무엇을 의미하는가?

　예수님께서는 하나님 아버지께 기도하실 때 "거룩하신 아버지"라 부르시면서 기도하셨다(요 17:11). 하나님은 빛이시라는 말씀은 하나님의 거룩에 대하여 그림 언어로 표현한 것이라 할 수 있다. 히브리어 '거룩'을 뜻하는 '카도쉬'란 단어는 '구별되다'는 뜻이다. 하나님은 그 만드신 피조물과 스스로 구별되신 분이시다. 또한 하나님은 인간세계에서 발견되는 그 어떤 어둠, 즉 죄의 요소를 발견할 수 없으시다.

　거룩하신 하나님이 피조물로부터 구별되신 분이시므로 하나님의 창조 또한 구별하시는 일이 되었다. 빛을 창조하시고 빛과 어둠을 나누셨고, 물 가운데 궁창을 두어 물과 물을 분리하셨고, 밤과 낮을 나누셨다. 과학자들이 발견하는 '대칭원리'는 완벽하게 거룩하신 하나님의 창조원리를 잘 보여 준다. 인간은 그 어떤 방법으로도 하나님께 가까이 갈 수 없다. 왜냐면 하나님은 빛이시기 때문이다. 인간이 하나님에 대해서 불평하고 원망하는 이유는 스스로 눈이 멀어서 하나님을 보지 못하기 때문이다. 또한 인간이 죄를 짓는 것도 어둠에 눈이 멀었기 때문이다.

　"빛 가운데 있다 하며 그 형제를 미워하는 자는 지금까지 어두운 가운데 있는 자요 그의 형제를 사랑하는 자는 빛 가운데 거하여 자기 속에 거리낌이 없으나 그의 형제를 미워하는 자는 어두운 가운데 있고 또 어두운 가운데 행하며 갈 곳을 알지 못하나니 이는 어두움이 그의 눈을 멀게 하였음이니라"(요일 2:9-11)

하나님은 자신을 피조물과 구별하셨으며 또한 모든 어둠과 자신을 구별시키셨다. 이 어둠은 죄를 가리킨다. 그래서 하나님을 보는 순간 자신의 어둠을 즉시 보게 될 것이고, 하나님의 거룩을 경험하는 순간 자신이 너무나도 추한 죄인임을 깨닫게 되는 것이다. 하나님을 만난 증거는 나의 변화로 증명된다. 즉, 내가 죄인임을 깨닫는 것이 거룩하신 하나님을 만난 증거가 되는 것이다. 그리고 어둠 가운데 행하지 않는 것으로 빛 되신 하나님과 동행하는 것이 증명이 된다.

하나님은 빛이시다. 하나님은 빛을 만드셨고, 빛 가운데 계신다. 하나님은 그 빛으로 가장 뛰어나고 가장 거룩한 천사들을 창조하셨고, 그들은 가장 가까이서 하나님을 모시고 있다. 성경은 하나님의 존재하는 모습을 묘사할 때 빛으로 묘사하고 있다.

"…보라 하늘에 보좌를 베풀었고 그 보좌 위에 앉으신 이가 있는데 앉으신 이의 모양이 벽옥과 홍보석 같고 또 무지개가 있어 보좌에 둘렸는데 그 모양이 녹보석 같더라 또 보좌에 둘려 이십 사 보좌들이 있고 그 보좌들 위에 이십 사 장로들이 흰 옷을 입고 머리에 금 면류관을 쓰고 앉았더라 보좌로부터 번개와 음성과 뇌성이 나고 보좌 앞에 일곱 등불 켠것이 있으니 이는 하나님의 일곱 영이라 보좌 앞에 수정과 같은 유리 바다가 있고 보좌 가운데와 보좌 주위에 네 생물이 있는데 앞뒤에 눈이 가득하더라"(계 4:2-6)[85]

구약의 에스겔 선지자가 묘사한 하나님의 모습은 좀 더 자세하고 역동적이다. 에스겔 선지자가 묘사한 것 중에 일부만 보자.

"그 머리 위에 있는 궁창 위에 보좌의 형상이 있는데 그 모양이 남보석 같고 그 보좌의 형상 위에 한 형상이 있어 사람의 모양 같더라 내가 본즉 그 허리 이상의 모양은 단 쇠 같아서 그 속과 주위가 불 같고 그 허리 이하의 모양도 불 같아서 사면으로 광채가 나며 그 사면 광채의 모양은 비 오는날 구름에 있는 무지개 같으니 이는 여호와의 영광의 형상의 모양이라 내가 보고 곧 엎드리어 그 말씀하시는 자의 음성을 들으니라"(겔 1:26-28)

하나님은 어떤 분인가? 하나님을 본 사람에게 묻는다면 이렇게 공통적으로 대답할 것이다. "하나님은 빛이시다." 하나님은 그 만드신 빛 가운데 계신다. 그래서 하나님을 본다는 것은 빛을 본다는 것이다. 빛은 여러 가지 스펙트럼이 있다. 파장이 짧을수록 푸른 빛을, 파장이 길수록 붉은 빛을 보인다. 빛의 스펙트럼에 가운데 부분만 보면 무지갯빛을 볼 수 있다. 또한 다양한 빛의 스펙트럼은 또한 다

---

85 에스겔서 1장에 묘사된 하나님의 모습을 참조해 보길 바란다.

양한 음을 만들어 낼 것이다. 하나님이 창조하신 피조물 중에 가장 거룩한 존재들이 하나님 주변에 있고 가장 뛰어난 빛으로 창조된 천사들이 하나님을 섬긴다. 그들의 앞뒤에 눈들이 가득하다는 것은 의미심장하다. 사람이 눈으로 인식할 수 있는 빛의 범위는 전체 빛의 스펙트럼 중에서 매우 좁은 구간만 가능하다. 그러나 하나님께서 만드신 빛의 생명체인 천사들은 모든 빛의 영역을 다 볼 수 있다. 하나님을 그렇게 바라볼 뿐만 아니라 하나님이 만드신 모든 피조물을 볼 때에도 그렇게 바라보는 능력을 가지고 있다.

따라서 하나님을 만나는 것은 두려운 일이다. 하나님을 본 사람들은 누구나 그 빛에 압도당하여 혼절할 수밖에 없었다. 이사야, 에스겔, 다니엘, 사도 요한 등등. 피조물인 인간의 입장에서 하나님을 경험하는 것은 정말 무서운 경험이다. 그래서 하나님께서 시내산에 강림하셨을 때 줄을 쳐서 백성들이 하나님을 보려고 올라오지 말 것을 엄히 명령하셨다(출 19:21, 24). 누구든지 하나님을 본 자는 죽음을 피할 수 없기 때문이었다. 사실 물리적으로 빛의 일부분인 감마선을 잠시라도 쬐면 사람은 죽을 수밖에 없다. 하나님의 빛을 직접 보기를 원했던 모세에게조차 하나님은 이렇게 답하셨다.

> "네가 내 얼굴을 보지 못하리니 나를 보고 살 자가 없음이니라"(출 33:20)

하나님께서 아브라함을 불러서 그와 언약을 맺으시고 그를 통해

한 민족을 만드셨을 때 그 민족을 하나님을 가까이 섬기는 거룩한 백성으로, 세상에 하나님의 빛을 비추는 제사장 나라로 삼고자 하시는 계획을 구체적으로 나타내셨을 때 이스라엘 백성에게 요구하신 것은 '거룩함'이었다. 하나님께서 거룩하시므로 이스라엘 백성도 거룩하게 되어야 한다는 것이 모세를 통해 율법을 주신 이유이다. 율법을 통해 이스라엘은 죄를 인식하게 되고 죄를 해결하게 되는 하나님의 원리를 알게 되었다. 즉, 어둠을 몰아내는 법을 배우게 하신 것이다.

로고스

하나님의 창조는 '로고스'를 통해 이루어진다. 로고스는 하나님의 아들이시며 곧 하나님이시다. 로고스는 '지혜'라 불리기도 하시며 또한 '진리'라고 불리기도 하신다. 로고스는 만물이 창조되기 이전부터 계셨고 그 시작을 알 수 없다. 로고스는 하나님이시며 또한 하나님과 함께 계셨다. 로고스가 육신을 입고 인간들 가운데 들어오셔서 인간들과 함께하기로 하셨다는 것이 기독교 신학의 핵심 중의 핵심이다. 그리고 육신을 입은 그 로고스가 인간들을 위하여, 인간들을 대신하여 고난을 겪으셨다. 그래서 고통받는 인간들에게 구원의 다리가 되셨다는 것이 기독교의 복음이다. 육신을 입은 로고스가 어떻게 고통받는 인간들을 도울 수 있는가? 인간들을 괴롭히는 것은 다름 아니라 죄와 죄의 결과인 사망이다. 인간은 스스로의 힘으로

이 근원적인 고통에서 벗어날 수 없다. 그러나 사람의 모양으로 오신 로고스는 스스로 즉 자발적으로 피를 흘림으로 죗값을 지불하시고 죄를 덮으시고 죄를 씻으셨다. 그 결과 사망은 정복되었고 새로운 생명의 길이 활짝 열리게 하셨다. 이것이 복음이다. 그런데 이것은 인간에게 자동으로 적용되지 않는다. 파동으로 존재하는 입자가 관측하는 행위에 의해서 입자로 나타나는 양자역학 원리처럼 인간이 이 사실을 보고 믿음으로 반응하느냐의 여부에 따라 적용된다.

삼위일체

지금까지 우리는 만물의 기원에 대해 이야기했다. 하나님이 만드신 빛은 모든 물질세계의 근본이 되어 모든 우주의 물질세계가 시작되었다. 그렇다면 이제 우리는 기독교 신학에서 가장 이해하기 어려운 주제인 삼위일체 교리에 대해 생각해 보자. 하나님의 존재 양식에 대해 초대교회부터 격렬한 논쟁이 있어 왔다. 1세기에는 그리스도의 인성과 신성이 어떻게 조화를 이룰 수 있는가에 대해 논쟁이 있었다. 그리스도의 인성을 부정하고 오직 그리스도의 신성만을 강조하는 무리들이 있었다는 것을 신약의 바울서신에서 찾아볼 수 있다. 초대교회 시대에 인간 예수가 하나님의 아들로 인정(입양)되었다고 주장한 아리우스파는 이단으로 정죄되었다(양자론). 그리고 삼위일체 교리를 부정하고 하나님이 때로는 성부의 모습으로 때로는 아들의 모습으로 때로는 성령의 모습으로 모양만 바꾸어 나타난 것이라고 주장한 몬타누스파 역시 이단으로 정죄되었다(양태론). 이러한 논쟁들은 당시 교회들을 혼란에 빠뜨리고 분열시키기도 했는데 결국 참 하나님이면서도 동시에 참 인간이신 예수 그리스도와 한 분 하나님이 세 인격(혹은 위격)으로 존재한다는 삼위일체 교리가 정통 교리로 확정되었다.

삼위일체의 제2위이신 예수 그리스도 안에 참 신성과 참 인성이 동시에 존재한다는 것이 인간의 이성으로 이해되기 어려운 측면이 분명히 있다. 그러나 이해되지 않는다는 것이 믿음을 부정하거나 불가능하게 만들지 못한다. 우리는 세상을 살면서 이해되지 않지만 진리로 믿고 살아가는 것이 얼마나 많은가! 원자의 세계와 법칙을 기술하는 양자역학도 마찬가지다. 과학자들은 원자와 아원자의 세계를 들여다보면 볼수록 인간의 이성으로 이해할 수 없는 신비의 영역에 부딪히고 만다. 대표적으로 원자 내 입자들은 입자의 성질과 파동의 성질을 동시에 가지고 있다고 하는 입자-파동 이중성의 원리에 대해 모든 과학자들이 동의하고 있다. 상식으로는 입자와 파동이 서로 같이 있을 수가 없지만 과학자들은 그렇게 믿고 있다. 또한 2022년 노벨물리학상을 수상한 이론은 양자얽힘(quantum entanglement)과 양자중첩(quantum superposition)에 관한 이론이다[86]. 하나의 입자에 두 가지 서로 상반되는 성질이 동시에 중

---

86 2022년 노벨물리학상은 양자얽힘을 실험으로 진행하여 양자정보 기술인 양자 컴퓨터를 실현시킬 수 있도록 하는 이론을 검증해 낸 3명의 물리학자(프랑스 알랭 아스페, 미국 존 F. 클라우저, 오스트리아 안톤 자일링거)에게 돌아갔다.

첩(superpose)되어 있다는 것이다. 예수 그리스도의 신성과 인성 논쟁과 같은 것이 물질세계에도 있었다는 것이 놀랍지 않은가! 심지어 삼위일체 교리와 최첨단 입자 물리학에서 밝혀낸 양자역학 또한 매우 유사한 그림을 보여 준다는 것이 놀랍기만 하다. (양성자나 중성자는 세 개의 쿼크가 글루온에 의해 강력하게 결합되어 있다.) 그러나 양자역학이 삼위일체를 설명하는 데 가장 강력한 논거를 제공하지만 세상의 그 어떤 것으로 삼위일체를 완벽하게 설명하는 것은 없으므로 비유를 사용하는 데 있어 각별히 주의해야 한다.[87]

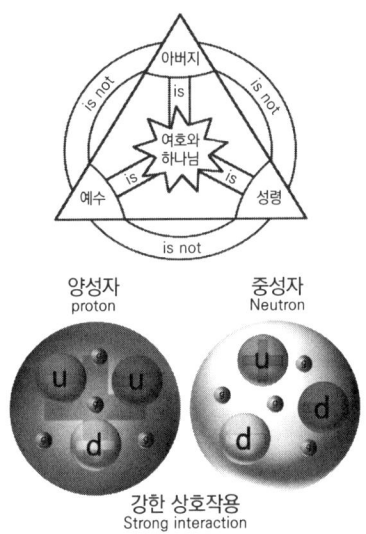

---

87 어떤 이들은 물 분자 H_2O 심지어 블랙홀을 가지고 삼위일체 교리를 설명하기도 한다. 그러나 어떤 경우에도 양자론과 양태론의 함정에 빠지지 않도록 주의해야 한다.

양자의 원리에서 중요한 중첩의 원리는 실험을 통해 관측이 가능하지만 삼위일체로 존재하시는 하나님을 어떻게 실험하여 증명해낼 수 있는가? 양자의 중첩원리를 모든 현대 물리학자들이 이해되지 않아도 믿고 있는 것처럼 삼위일체 하나님도 마찬가지로 그 존재양식에 대해 이해할 수 없지만 그리스도인들은 믿고 있는 것이다. 이러한 교리가 격렬한 논쟁을 거쳐서 3세기경에 확립하게 된 과정은 간단하다. 양자역학이 태동되기 전 고전물리학에서 빛 혹은 물질의 입자성과 파동성이 서로 격렬한 논쟁을 거쳐서 입자-파동 이중성이란 결론을 내린 것처럼 삼위일체 교리 역시 그리스도의 단일신론, 양자론, 양태론이란 극단을 겪으면서 현재의 교리로 확립된 것이다. 그래서 어떤 교리적인 주장을 할 때에는 그것이 다른 교리적 주장을 해치고 결국 전체 교리적 체계를 파괴하는지 아니면 서로를 보완하고 완성하는 방식으로 발전하는지 여부를 세심히 주목해야 한다.

그러면 하나님의 존재하시는 방식에 관해서는 양자역학으로 어떻게 설명할 수 있을까? 성경은 하나님께서 영이시라고 말한다. 그리고 하나님께서 말씀으로 빛과 온 우주 만물을 창조하셨다고 말한다. 그래서 힌두교나 불교 혹은 동양철학에서 말하는 만물이 신이라는 범신론(pantheism)을 기독교는 받아들이지 않는다. 하나님은 모든 물질세계, 우주 만물의 존재와 같을 수 없고 오히려 초월하여 계신다. 하나님을 시간 공간에 제약을 받는 우주 만물과 같이 이해하려고 하면 안 된다. 초월하여 계신 하나님이 스스로 자신을 낮추어 만물을 창조하시고 만물 안에 들어와 계신다. 즉, 하나님은 초월자이면서 동시에 내재자이시다. 초월성과 내재성이 하나님 안에 함께 존재한다.

그렇다면 초월자이신 하나님이 어떻게 만물 안에 계시는가? 그것이 바로 "말씀"이다. 하나님은 말씀으로 온 우주 만물을 창조하셨다. 말씀으로 빛을 만드셨고 말씀으로 동식물과 인간을 창조하셨다. 성경은 다음과 같이 말하고 있다. "태초에 말씀이 계시니라 이 말씀이 하나님과 함께 계셨으니 이 말씀은 곧 하나님이시니라 그가 태초에 하나님과 함께 계셨고 만물이 그로 말미암아 지은바 되었으니 지은 것이 하나도 그가 없이는 된 것이 없느니라 그 안에 생명이 있었으니 이 생명은 사람들의 빛이라"(요 1:1-4) 영이신 하나님께서 만물과 관계하는 통로는 '말씀'이다. 그 말씀이 육신이 되어 사람들 가운데 오셨다. 그 말씀이 사람들 가운데 거하기로 작정하셨다.

양자역학에서는 원자의 세계가 관측하기 전에는 파동(wave)으로 존재하다가 관측하는 순간 입자(particle)로 존재한다고 한다. 즉, 원자는 진동하고 있다. 원자를 구성하는 원자 안의 입자들(양성자 중성자, 그리고 전자)도 진동하고 있다. 파동(wave)으로 존재하고 있다. 파동은 어떤 형체도, 질량도 없지만 분명히 존재하고 있는 것이다. 마치 공기라는 매질을 통해 전달되는 소리처럼 말이다. 모든 만물이 사실은 떨고 있는 어떤 것들로 만들어진 것이다. 그러한 만물의 진동은 왜 그렇게 진동하고 있는가에 대해서 양자 물리학자들은 답하지 못하고 있다. 단지 그렇게 관찰할 뿐 그것이 그렇게 움직이게 하는 원인에 대해서는 말할 수 없다. 그러나 성경은 그러한 진동을 가능하게 하는 원천적인 진동이 있다고 말한다. 그것이 바로 말씀이다. 하나님의 입에서 발하여진 말씀이 원천적인 진동(original wave)이다. 성부 하나님께서 만물을 초월해 계시지만 그 말씀으로 그 만드신 만물과 관계하여 계신다. 그 말씀이 육신을 입고 사람들에게 오셨고 사람들 가운데 거하기로 작정하셨다.

그러면 삼위일체의 제3위이신 성령은 어떤 분인가? 정통 기독교 교리에 의하면 성령은 성부로부터 나오시고 또한 성자로부터 나온다고 고백하고 있다. 성령은 성부의 깊은 것(마음, 의도, 계획, 등)을 알게 하시는 분이시며. 성자를 증거하는 증인 역할을 수행하기도 하신다. 성령을 단지 에너지로 부르는 것을 조심해야 한다. 성령은 스스로 판단하고 결정을 내리며 느끼기도 하며 말씀하기도 하는 인격을 가지신 분이시다. 성령이 성부와 성자에게서 영원히 나온다는 전통적인 고백은 성부와 성자와 불가분의 관계에 있다는 것을 표현한 것이다. 창세기 1장 2절에 보면 "성령이 수면 위를 운행하고 있었다"라고 기록되어 있다. 하나님께서 빛을 창조하시기 전에 어떤 "우주적 수면"이란 장(field)이 펼쳐져 있었는데 그 위를 성령이 운행하고 계셨다고 한다. 하나님께서 말씀으로 우주 만물을 창조하셨을 때 성령께서 그 창조에 깊이 관여하고 계셨음을 말한다. 우리는 성령의 일하심과 '그 말씀'(로고스)이 매우 밀접하게 관련이 있다는 것을 알 수 있는 것이다.

하나님의 성령은 '혼돈과 공허의 수면' 위를 '바람'같이 운행하셨을 뿐 아니라 에덴동산에 '바람'으로 임하기도 하셨다. 구약시대에 선지자들에게도 '세미한 소리'로 임하셨고, 신약의 오순절 '하늘로부터 급하고 강한 바람 같은 소리'로서 기도하던 예루살렘 교회의 120명의 제자들에게 임하셨다. 하나님의 성령은 창조의 때에도 적극적으로 일하셨을 뿐만 아니라 예언자들의 사역에도 관여하셨고 오늘날 복음을 듣고 순종하는 신자들의 구원에도 임하시는 분이다.

성령은 진리의 영, 증거의 영으로서 언제나 '로고스'와 함께 일하신다. 우리는 사도행전에서 사도들이 복음의 말씀을 전할 때 성령께서 듣는 자들에게 내려오셨다는 표현을 여러 번 찾아볼 수 있다. 만물을 창조하시고, 사람을 거듭나게 하시는 일에 하나님의 성령과 말씀이 함께 역사하고 있다. 신구약 성경 전체에서 성령의 움직임을 '바람' 혹은 '소리'로 묘사하고 있는 점이 놀랍다.

양자 물리학자들은 원자 세계를 들여다보면서 점점 그 신비한 세계를 발견하고 있으나 그 신비가 어디서 나오는지는 결코 알 수 없을 것이다. 최근의 양자 물리학자들은 원자 내부의 더 작은 입자들을 발견하기 시작했다. 그들은 힉스, 쿼크, 초끈, 글루온 등의 존재가 있다고 주장하고 있다. 어떻게 이름을 붙이든 간에 그 모든 아원자들(subatomic particles)은 파동으로 존재하고 파동으로 움직이고 있는데 그러한 파동을 일으키는 근원적인 힘은 하나님의 성령과 말씀이다.

양자역학으로 이해한 삼위일체 하나님의 존재 방식을 정리해 보자.

- 하나님은 빛을 창조하신 영(루아흐)이시다.
- 하나님은 로고스를 통해 빛을 창조하셨다.
- 하나님은 빛을 창조하셨으며 빛 가운데 계신다.
- 하나님은 한 분이시나 삼위로 존재하신다.
- 성자는 성부에게서 나오셨고, 성령은 성부와 성자로부터 나오시며, 삼위 하나님은 각각의 인격을 지니고 계시나 동일한 신성과 영광과 능력을 갖고 계신다.

양자역학으로 하나님의 존재를 증명할 수 있을까?

양자역학의 아버지라 할 수 있는 덴마크의 물리학자 닐스 보어는 "양자론에 충격을 받지 않은 사람이 있다면 그는 아직도 양자론을 제대로 이해하지 못한 사람이다."라는 유명한 말을 남겼다. 미국의 유명한 양자 물리학자 리처드 파인만은 "양자역학을 이해하고 있다고 말한다면 새빨간 거짓말이다."라고 했다. 원자가 어떻게 작동하는지 들여다보면 볼수록 신기한 것들이 많다. 고전역학에서 다뤄 왔던 익숙한 물리법칙으로는 설명이 안 되는 부분이 너무나 많다. 원자의 세계는 100년이 넘게 연구와 실험을 거듭했음에도 불구하고 여전히 명확하게 정리되지 않았다. 하이젠베르크의 불확정성의 원리가 그 대표적이다. 양자도약현상이나 양자중첩 그리고 양자얽힘의 현상이 고전 물리체계에 익숙한 사람들에겐 너무나 신비하고 신기할 따름이다. 입자가 파동으로 존재하다가 관찰하는 순간 입자로 행동하다니…. 모든 입자는 마치 의식을 갖고 있는 듯이 행동하니까 말이다. 게다가 양자세계는 그 유명한 아인슈타인의 상대성 이론으로 설명이 될 수 없는 공간이다. 시간과 공간의 제약이 없는 공간이다.

물리학자들이 지금까지 밝혀낸 사실은 이것이다. 양자의 세계는 다 이해할 수 없지만 분명 아름다운 질서로 움직이고 있다는 것이다. 원자의 세계만이 아니다. 분자, 생명체, 혹성들, 은하들이 무질서하게 움직이는 것이 아니라 체계적으로 움직이고 있다는 것이다. 물리학자들이 중요하게 생각하는 '대칭원리'를 미시세계와 거시세계 모두에서 발견할 수 있다. 원자를 생각해 보자. 원자의 핵에는 양성자가 있고 멀리 떨어진 곳에서 음전하를 띠고 있는 전자가 있다. 양성자 내부의 세 개의 쿼크들이 글루온에 의해서 서로 결합되어 있는데 서로의 공간을 유지하는 힘이 왜 그런 방식으로 존재하고 있는지 과학자들은 단지 현상을 설명할 뿐 그 원인을 설명하지 못한다. 물리학자들은 "닥치고 계산이나 하라."라고 말한다. 단지 우연이라고 설명할 것인가, 아니면 하나님이 통제하고 있다고 할 것인가, 어느 쪽을 주장해도 증명할 길은 없다.

열역학 제2 법칙으로 설명하면 현재 우주는 전체적으로 무질서도가 점점 증가하고 있다. 그것은 애초에 고도의 질서 있는 상태에서 시작되었다는 증거이다. 원숭이가 피아노 건반을 두드릴 때 모차

르트의 교향곡을 능가하는 곡을 연주하는 것을 우리가 도무지 상상할 수 없듯이 무질서 속에서 저절로 질서가 창조될 가능성은 전혀 없다. 물리학자들이 만물을 관찰하면서 우주 전역에 똑같은 법칙이 작용하는 것을 발견하였는데 그것을 '근본상수'라고 불렀다[88]. 약간의 변화에도 매우 민감하게 반응할 수밖에 없는 매우 정밀하게 만들어졌다는 뜻이다. 과연 이 모든 것이 정말 저절로 만들어진 것일까? 최신 물리학이나 신학 모두 하나님의 존재를 증명할 수는 없다. 하나님은 증명되는 분이 아니다. 수학에서 무한(∞)을 증명할 수 없듯이 신학에서도 하나님은 증명의 대상이 아니다. 물리학적으로도 낮은 차원의 존재가 높은 차원의 존재를 인식할 수는 있어도 증명할 수는 없다.

과학은 관찰되지 않는 대상은 일단 제외한다. 이론을 만들고 관찰과 실험을 통해 이론을 검증하려고 할 뿐이다. 관찰의 범위를 넘어선 문제는 결국 '철학'이나 '신념'의 영역으로 넘겨 버린다. 과학은 스스로 차원의 한계를 가지고 있음을 인정하고 있다. 그러면 신학은 하나님의 존재를 '증명'할 수 있는가? 기독교 신학에서 하나님의 존재를 증명하려는 시도는 있긴 하다. 대표적인 것이 우주론적 증명, 존재론적 증명, 목적론적 증명, 도덕론적 증명 등이다.

나는 여기에 한 가지 추가해야 한다고 주장하고 싶다. 바로 신의

---

88 현대물리학이 발견한 창조주, 폴 데이비스, 류시화 역, 정신세계사, p. 245

존재에 대한 수학론적 증명이다. 현대 들어와서 제시된 신의 존재 증명 이론에 관하여 매우 강력한 이론이 등장했는데 아인슈타인과 동시대의 학자이자 미국 프린스턴 고등과학원에서 수학을 가르쳤던 쿠르트 프리드리히 괴델(Kurt Friedrich Gödel, 1906-1978)의 수학적 증명이다.[89] 괴델은 모든 긍정성을 가진 존재를 신으로 정의했는데 안셀무스, 데카르트, 라이프니츠 등의 존재론적 증명과 비슷하지만 존재론적 증명은 논리적 전제로서 신의 존재를 증명한 것과 달리 괴델은 신의 존재가능성을 수학적으로 증명했다는 점에서 다르다.[90] 괴델의 불완전성 정리는 수학계에 있어서 하이젠베르크의 불확정성 원리에 버금가는 획기적인 이론이다.[91] 모순을 허용하지 않는 형식 시스템은 그 자체의 무소순성을 증명할 수 없다는 것이다.[92]

그러나 양자역학과 천체 물리학에서 볼 때 원자와 우주의 세계에서 관찰되는 "미세조정"(fine tuning)을 통해 신의 존재를 증명하려는 우주론적 증명이 가장 영향력이 있을 것 같다. 미시세계와 거시세계를 자세히 관찰해 보면 마치 정교한 태엽 시계를 보는 것과 같

---

89 신의 존재에 대한 괴델의 수학적 증명, 현우식, 경문사, pp. 137-152 참조. 신의 본질과 존재 증명에 관한 괴델의 공식은 각각 다음과 같다. $G(x) \to G\ Ess\ (x),\ G(x) \to N\ (\exists y)\ G(y)$
90 위의 책, p. 163
91 신을 제외하면 나는 합리적일 수 있을까, 김재권, 연세대학교 출판문화원, 2022, pp. 51-77 참조
92 신의 존재에 대한 괴델의 수학적 증명, 현우식, 경문사, p. 193

이 더욱 뛰어난 지적 설계자가 있음을 느끼게 해 주는 현상이 많이 나타난다. 연료를 다 소진하고 결국 초신성 폭발에 의해 우주에 흩뿌려진 원자와 원소들이 저절로 모여서 또 다른 항성이 되고 스스로 진화하여 지적 생명체가 된다는 것은 열역학적으로도 말이 안 된다.

그러나 그럼에도 불구하고 그것이 하나님의 존재를 증명하는 강력한 증거로 널리 받아들여질 것 같지는 않다. 반증은 증거가 되기 어렵다. 그래서 스티븐 호킹 같은 물리학자는 단지 물리학 법칙에 불과하다고 신의 존재를 일축해 버리지 않았는가. 보이지 않는 하나님을 증명한다고 해서 하나님을 믿는 믿음을 가지는 것이 아니다. 오히려 그 반대로, 하나님을 믿기 때문에 증거를 찾아내는 것이지, 증거를 찾았기 때문에 하나님을 믿는 것이 아니다. 단도직입적으로 말하자면 이렇다. 하나님은 증명이나 실험의 대상이 아니다. 과학은 제아무리 발달하더라도, 그래서 아무리 뛰어난 이론과 관측 장비를 만들어도 결코 하나님을 알 수 없을 것이고 또한 만날 수도 없을 것이다. 하나님을 아는 축복은 과학의 영역에 주어지지 않았다. 오히려 하나님은 세상에서 가장 어리석은 방법으로 자신을 드러내기를 기뻐하셨다.

4부
인간, 죄, 타락

"전문가란 아주 작은 영역에서 할 수 있는 모든 실수를 한 사람이다."

"과학은 불확실성에 대한 고백이다."

- 닐스 보어

4부
인간, 죄, 타락

최초 인간의 생명과 신체의 본질

전통적인 신학체계에서는 인간에 관하여 다룰 때, 원인(original man), 죄인(man as sinner), 언약인(man under covenant), 보통 이렇게 세 부분으로 나누어 다룬다. 인간에 관해 이해하려고 한다면 당연히 하나님께서 사람을 어떻게 창조하셨는가에 대한 기록을 들여다보는 것에서부터 시작해야 한다.

> "태초에 말씀이 계시니라 이 말씀이 하나님과 함께 계셨으니 이 말씀은 곧 하나님이시니라 그가 태초에 하나님과 함께 계셨고 만물이 그로 말미암아 지은바 되었으니 지은 것이 하나도 그가 없이는 된 것이 없느니라 그 안에 생명이 있었으니 이 생명은 사람들의 빛이라 빛이 어두움에 비취되 어두움이 깨닫지 못하더라"(요 1:1-5)

하나님께서 온 우주 만물을 창조하실 때 가장 나중에 창조하신 존재가 바로 사람이다. 그것은 사람이 창조의 최종 목표란 뜻이다. 하나님께서 왜 빛을 만드시고, 땅과 하늘과 물과 수많은 별들과 천체, 그리고 각종 동식물들을 만드셨는가? 그것은 사람 때문이다. 그 모든 것들은 사람을 창조하시기 위해 필요한 것들이다. 그리고 사람에게 보여 주시기 위해 만드신 것이기도 하다. 성경에 의하면 모든 만물의 창조는 하나님의 영광을 드러내는데 그 영광을 마지막 날 마지막으로 창조하신 사람에게 보여 주시고자 함이었다. 그렇기 때문에 인간 창조는 하나님의 창조의 정점이자 최종 목적지였다.

하나님께서 사람을 만드실 때의 장면에 대해 성경은 다음과 같이 묘사하고 있다.

"하나님이 가라사대 **우리의 형상**을 따라 **우리의 모양**대로 우리가 사람을 만들고 그로 바다의 고기와 공중의 새와 육축과 온 땅과 땅에 기는 모든 것을 다스리게 하자 하시고 하나님이 자기 형상 곧 하나님의 형상대로 사람을 창조하시되 남자와 여자를 창조하시고 하나님이 그들에게 복을 주시며 그들에게 이르시되 생육하고 번성하여 땅에 충만하라, 땅을 정복하라, 바다의 고기와 공중의 새와 땅에 움직이는 모든 생물을 다스리라 하시니라."(창 1:26-28)

창세기 1장에 나오는 인간 창조의 기록은 두 가지 중요한 사실을 말하고 있다. 첫째, 인간은 다른 동물이나 다른 존재들과 달리 하나님의 형상으로 창조되었다. 이것은 쉽게 말하면 하나님을 닮을 수 있는 가능성의 존재로 지으셨다는 말이다. 인간은 피조물이면서 동시에 창조자가 될 수 있는 가능성을 가진 존재이다. 인간의 입에서 나오는 소리는 창조와 파괴의 힘이 있는 파동(wave)이다. 인간이 어떻게 만물을 정복하고 다스릴 수 있는가? 그것은 언어의 힘이다. 사람에게 언어는 단지 소통하기 위한 것이 아니라 건설과 파괴의 힘이 있다. 둘째, 인간은 여러 창조들 중에 단지 하나의 존재가 아니다. 인간은 다른 모든 피조물 위에 뛰어난 존재이다. 특히 인간은 모든 피조물을 다스리고 지배하는 권세를 부여받았다. 모든 피조물은 인간을 섬기고 하나님을 섬기기 위해 지음받은 존재이다. 따라서 인간이 다스려야 할 어떤 피조물을 자신을 위해 형상화하거나 혹은 신격화하여 그 앞에 엎드려 절하지 말아야 한다. 다스리는 자가 섬기는 자 앞에 엎드려 절하다니! 그것은 하나님의 형상으로 사람을 만드신 하나님의 진노를 불러일으키는 행위이다.

 하나님께서 사람을 이처럼 매우 특별하게 창조하신 목적이 무엇일까? '하나님의 형상대로' 만드셨다는 것은 문자 그대로 하나님을 닮을 수 있는 가능성의 존재로 만드셨다는 뜻이기도 하다. 하나님은 사람에게 그 만드신 모든 피조물을 '정복하고 다스리는 일'을 맡기고자 하셨다. 그것은 만물에 내재된 잠재력을 끌어내어 하나님의 영광이 최대치로 드러나는 방식으로 '개발'하고 '경작'하는 일이다. 또한 하나님은 사람을 만물을 축복하는 영적 대리자로, 즉 '거룩한 제사장'으로 삼기를 원하셨다. 만물을 경작하며, 모든 생명체를 위해 하나님의 빛을 전달해 주는 '빛 전달자'(light deliverer)로 삼고자 하셨다. 마치 태양이 지구의 모든 생명체를 향해 빛을 전달하는 운반체인 것처럼 말이다. 창세기 2장에서는 하나님의 인간 창조가 특별하게 묘사되고 있다.

"여호와 하나님이 흙으로 사람을 지으시고 생기를 그 코에 불어 넣으시니 사람이 생령이 된지라 여호와 하나님이 동방의 에덴에 동산을 창설하시고 그 지으신 사람을 거기 두시고"(창 2:7, 8)

하나님은 인간을 땅의 흙으로 만드셨다. 사람의 몸은 흙으로 되어 있다. 즉, 사람이 몸 역시 다른 만물이나 별과 같은 우주 천체들과 같이 원자로 되어 있다. 인간의 몸을 구성하는 주된 원자는 산소, 탄소, 수소, 질소, 칼슘, 인 이렇게 6가지가 신체의 98% 이상을 차지하고 있으며 이외에 약 30여 종의 미량의 금속 및 비금속 원소들로 구성되어 있다. 인간의 몸을 구성하고 있는 원자 내부의 모든 공간을 제거해 버리면 실제적으로 먼지 한 톨보다 작다. 아브라함의 자손임을 자랑하는 유대인들을 향해 예수님은 "하나님이 능히 이 돌들로도 아브라함의 자손이 되게 하시리라"라고 하셨다(마 3:9). 이 말씀은 매우 놀라운데, 원자가 모여 분자를 이루고 분자가 모여 사람의 세포를 구성하는데 모든 세포에는 하나씩 인간의 정보를 담은 DNA를 가지고 있다. 원자는 사라지지 않는 불멸의 입자이며 인간의 정보들은 양자정보의 형태로 남아 있게 되고 결코 사라지지 않는다. 심지어 블랙홀 안에서도 양자정보는 사라지지 않을 것이다.[93]

그런데 인간 창조에는 매우 특이한 점이 또 하나 있다. 하나님께

93　블랙홀 전쟁, 레너드 서스킨드, 이종필 역, 사이언스북스, 참조

서 그 생기를 사람의 코에 불어넣으셨고,[94] 그 결과 사람이 '생령'이 되었다. 이것은 인간 창조와 동물 창조를 구분 짓는 결정적인 것 중 하나이다. 양자역학적인 용어로 말하자면 영(루아흐=바람)이신 하나님께서 원자로 구성된 사람의 신체에 입김, 즉 진동을 불어넣으셨고 그 결과 사람은 살아 있는 영이 되었다. 이것을 또다시 이렇게 직역해 볼 수 있겠다. "바람(wave)이신 하나님께서 원자로 구성된 사람의 신체에 바람(wave)을 불어넣으셨는데 그 결과 사람은 살아 있는 바람(wave)이 되었다." 최초 창조된 사람의 신체는 매우 특별한 신체가 되었는데 입자(particle)와 파동(wave)의 성격을 동시에 갖고 있으며, 시간과 공간에 제약을 받지 않는 하나님의 존재 양식과 같은 방식으로 존재하게 된 것이다.

사람의 몸은 다른 동식물과 만물과 같은 원자로 구성되었지만 본질적으로 시공간에 영향을 받지 않는 파동 그 자체로서의 신체가 되었다. 즉, 원래의 사람의 몸은 자유자재로 입자와 파동의 성질을 오갈 수 있는 매우 특별한 신체가 되었다. 범죄하기 이전의 사람의 신체는 초신체(super-body)로서 생식기능을 제외하고 미래에 부활하게 될 그리스도인의 몸과 거의 동일할 것이다. 사도 바울이 예수 그리스도를 둘째 아담이라고 하였을 때 그것은 실제로 첫 아담의 신체와 부활하신 예수 그리스도의 신체는 같은 성질이었다는 것을 암

---

94 The Lord God formed the man from the dust of the ground and breathed into his nostrils the breath of life, and the man became a living being. Gen.2:7.NIV

시한다. 그럴 때만이 하나님께서 아담에게 "땅을 정복하고 다스리라."라는 복된 명령을 수행할 수 있었을 것이다. 그러나 타락한 천사가 이를 질투하게 되어 자기 자리를 떠나[95] 인간에게 접근하였으며 인간을 거짓말로 속여서 범죄하게 만들어 그 능력을 상실하게 하였다. 실제 인간은 범죄하는 순간 자신이 벌거벗었음을 깨닫게 되었다. 자신에게 있는 무엇인가가 사라져 버린 것을 즉시 안 것이다.

이것은 마치 부활하신 예수 그리스도께서 시공간에 아무 제약도 받지 않듯이 엠마오에 나타났다가 문을 굳게 걸어 잠근 예루살렘 마가 다락방에 다시 나타나시고, 의심 많은 도마에게 부활한 자신의 몸과 손을 만져 보라고 하셨듯이, 최초 인간의 신체는 어떨 때는 입자로, 어떨 때는 파동으로 존재하는 양자(quantum)의 독특한 방식처럼 작동하였던 것이다. 그러한 특별한 신체가 가능했던 것은 하나님의 바람(wave) 때문이었다. 인간의 신체는 동물의 신체와 근본적으로 달랐다. 최초의 인간은 하나님의 숨결(영)과 인간의 의식(혼)이 결합된 '살아 있는 바람(wave)'이었다. 입자와 파동이 동시에 존재하는 양자의 특성처럼 자유자재로 신체의 특성을 입자에서 파동으로, 파동에서 입자로 변환할 수 있는 그런 초물질(transcendental matter)이었다. 그런데 범죄하는 순간 하나님의 바람(wave)으로부터 인간은 단절되고 말았고, 인간의 신체는 그 특수성을 잃어버리고 다른 동식물과 같이 시공간에 제약을 받으며 스스로 돌고 있는 팽이

---

[95] 천사의 타락에 관하여는 벧후 2:4, 유 1:6 참조하길 바란다.

와 같이 당분간은 회전력을 유지한 채 돌아가지만 필연적으로 멈추어 버리게 되는 즉, 육체적 죽음을 앞두고 살아가는 존재가 되어 버린 것이다.

구원은 하나님의 빛에 다시 연결되는 것이며 하나님의 생명을 다시 받아들이는 것을 말한다. 하나님의 구원은 어떻게 오는가? 그것은 창조의 때와 마찬가지로 하나님의 말씀으로 온다(시 107:20). 예수께서 이렇게 말씀하셨다.

> "진실로 진실로 너희에게 이르노니 죽은 자들이 하나님의 아들의 음성을 들을 때가 오나니 곧 이 때라 듣는 자는 살아나리라"(요 5:25)

영이신 하나님의 말씀 또한 영(wave)이다. 하나님의 말씀은 바람이다. 하나님의 말씀이 들릴 때 죽었던 우리의 영이 되살아나게 된다. 하나님의 바람이 죽은 영에 불어야 한다. 바람, 즉 생기(breath of life)는 사람의 영을 부활시킨다. 이것이 구원의 시작이다. 아직 구원의 완성은 아니다. 비록 영이 살아나는 첫째 부활이지만, 죄악 가운데 형성된 인간의 육체는 원자로 분해되어 다시 우주의 먼지로 되돌아가야 한다. 그러나 하나님 앞에 보관되어 있던 영혼에 대한 양자정보는 하나님께서 그 뜻대로 주시는 새로운 육체의 옷을 입게 될 것이다. 이것이 둘째 부활이다. 이로써 하나님의 구원은 비로소 완성된다.

그렇다면 동물의 신체와 사람의 신체가 어떻게 다를까? 동물에는 혼이 있으나 영은 없다. 그러나 사람은 영과 혼을 모두 동시에 가지고 있다. 사람과 동물 모두 신체는 원자로 구성되어 있고 뇌세포가 작용하는 정신세계가 양자정보의 형태로 남아 있다. 동물은 죽으면 그 혼이 땅으로 내려간다. 동물의 육신과 의식은 원자의 세계로 돌아간다. 그러나 사람의 경우는 다르다. 사람의 영혼은 영과 혼이 서로 분리되지 않는다. 동물의 죽음과 사람의 죽음이 어떤 차이가 있는지에 대해서 전도서에서는 다음과 같이 말하고 있다.

> "인생에게 임하는 일이 짐승에게도 임하나니 이 둘에게 임하는 일이 일반이라 다 동일한 호흡이 있어서 이의 죽음 같이 저도 죽으니 사람이 짐승보다 뛰어남이 없음은 모든것이 헛됨이로다 다 흙으로 말미암았으므로 다 흙으로 돌아가나니 다 한 곳으로 가거니와 인생의 혼은 위로 올라가고 짐승의 혼은 아래 곧 땅으로 내려가는 줄을 누가 알랴"(전 3:19-21)

인간의 몸이나 동물의 몸이나 모두 원자로 구성되어 있다. 그런 점에서 인간의 결국이나 동물의 결국이 같다. 그러나 양자정보로 되어 있는 짐승의 의식은 땅, 즉 원래 원자의 세계로 되돌아가지만 사람의 경우는 다르다. 사람의 의식은 사라지지 않는다. 히브리 성경에서 '위'로 간다는 말은 '하나님'께로 간다는 뜻이다. 하나님 앞에서 보관될 것이다. 인간의 의식은 동물과 달리 결코 소멸되지 않으며 양자정보의 형태로 보관되어 최후 심판의 때를 기다리는 중간상태에서 지내게 될 것이다.

성경에서는 인간을 묘사하는 여러 가지 단어들이 있다. 하나님의 영을 가리킬 때는 '루아흐'란 단어를 사용하고 있고, 인간의 혼을 가리킬 때는 히브리어 '네페쉬'(그리스어로는 '프쉬케')란 단어가 쓰인다. 한글로 번역할 때에는 인간을 '영혼'이라고도 했다가 어떤 경우에는 '혼'이라고도 한다. 이에 대해서 전통적으로 인간에게는 영과 혼과 육이라는 세 가지 기능적 요소들이 있다고 설명한다. 영은 하나님을 인식하는 인간에게만 있는 기관이며, 혼은 육체를 통해 세상을 인식하는 기관이며, 육신은 영혼을 담는 그릇과 같은 기관으로 하나님이 창조하신 물질세계와 접촉하는 도구이다. 기능적으로는 3분설을, 존재론적으로는 2분설이 전통적인 입장이다. 즉, 인간의 영혼은 서로 기능적으로는 구분될 수 있으나 존재적으로 분리될 수 없다. 그리고 영혼과 신체는 존재적으로 분리될 수 있으나(육체적 죽음) 그러한 분리는 일시적인 기간만 허락된다.

1세기 교회들을 괴롭혔던 이단들 중에 영지주의자들이 있었다. 이들은 이원론자들로서 영혼은 거룩하고 물질인 육신은 사악하다고 보았다. 이러한 사상은 정신세계만 중요하고 실제적인 삶은 중요하지 않다는 인식을 갖게 하므로 도덕적인 타락을 용인하게 되는 결과를 가져왔다. 심지어 이들은 예수 그리스도께서 육신으로 오신 것조차 인정하지 않으려 했다. 사도들은 이들을 '적그리스도'로 정죄하였다. 하나님의 창조원리에 의하면 육신은 하나님이 창조하신 피조세계를 경작하고 관리하는 데 꼭 필요한 것이었고, 그래서 하나님은 그 일을 수행하기 적합하도록 최초 사람의 신체를 다른 피조물과 다르게 매우 특별하게 창조하셨던 것이다. 그리스도께서 부활하신 것도 그를 믿는 모든 자들이 부활하게 되어야 하는 이유도 신체도 영혼과 더불어 거룩하기 때문이고 더 정확히 말하면 하나님의 목적을 수행하기 위해 반드시 필요하기 때문이다.

그렇다면 최초 인간에게 있어 생명은 무엇이었을까? 그것은 인간의 영혼과 신체가 하나님의 빛에 연결된 것이다. 하나님의 빛이 인간의 영혼과 신체를 비추고 있었다. 하나님의 얼굴에서 나오는 빛이 사람에게는 생명 그 자체였다. 모든 생명체에는 피(blood)가 있다. 피가 온몸을 휘감고 순환하면서 노폐물을 제거하고 에너지를 실어 나른다. 모든 육체의 생명은 피에 있듯이 인간의 생명은 하나님의 빛에 전적으로 의존하고 있었다. 피가 육체의 생명을 유지하는 장치이듯 마찬가지로 하나님으로부터 오는 빛이 인간의 생명을 유지하는 '끈'이었다. 하나님의 빛이 신체의 피가 하는 역할을 수행하고 있었다. 피가 신체의 곳곳을 순환하며 생명을 유지하듯 빛이 영혼을 휘감으며 사람의 신체를 매우 특별한 신체, 즉 '살아 있는 영'으로 계속 살게 해 주었다.

하나님께서 사람을 만드시고 그를 에덴동산에 두셨다. 에덴동산은 피조물이 창조주를 만나는 최초의 성소였는데 그곳에 두 나무가 있었다. 하나는 생명나무이고, 다른 하나는 선악을 알게 하는 나무였다. 하나님께서는 모든 나무의 실과를 먹을 수 있지만 선악을 알게 하는 나무의 실과를 먹지 말라고 엄히 명령하셨다. 그것을 먹는 날에는 반드시 죽게 될 것이라고 말씀하셨다.

> "여호와 하나님이 그 사람을 이끌어 에덴 동산에 두사 그것을 다스리며 지키게 하시고 여호와 하나님이 그 사람에게 명하여 가라사대 동산 각종 나무의 실과는 네가 임의로 먹되 선악을 알게하는 나무의 실과는 먹지 말라 네가 먹는 날에는 정녕 죽으리라 하시니라"(창 2:15-17)

생명나무는 영생하게 하는 힘을 가진 열매를 맺고 있었고, 선악을 알게 하는 나무는 하나님께 의존하지 않고 선과 악을 임의대로 규정지을 수 있는 판단 능력을 갖게 하는 열매를 맺는 나무였다. 최초 사람은 생명나무가 아니라 선악을 알게 하는 나무의 열매를 선택했다. 그 결과 하나님의 빛으로부터 즉시 단절되고 말았다. 선악을 알게 하는 나무의 열매는 하나님으로부터 오는 빛을 거절하고 스스로의 힘과 의지로 선과 악을 임의로 단정할 수 있는 자의식을 갖게 만들었다.

그래서 하나님의 명령을 어기고 선악과를 따 먹은 인간은 결코 자신들이 신이 될 수 없음에도 신이 된 것처럼 생각하고 말하기 시작하였다. 자신이 보는 것이 항상 옳으며 자신의 말이 언제나 옳다고 생각하는 경향이 생기기 시작했다. 그것이 하나님의 빛으로부터 단절된 채 죽은 영을 가지고 살아가는 인간의 원죄이다. 하나님의 빛으로부터 스스로 끊어져 버리기를 선택한 인간은 다시 스스로의 노력으로 하나님의 빛에 다시 연결될 수가 없었다. 거룩하신 하나님께서 반역한 인간의 죄를 보시고 얼굴을 돌려 버리셨고 그 순간 인간의 영은 즉시 죽고 말았다. 하나님과 같은 독립적 인식능력을 갖게 된 인간이 영생하는 것을 막기 위해 하나님은 인간을 에덴에서부터 추방하셨다.

"여호와 하나님이 가라사대 보라 이 사람이 선악을 아는 일에 우리 중 하나 같이 되었으니 그가 그 손을 들어 생명나무 실과도 따먹고 영생할까 하노라 하시고 여호와 하나님이 에덴동산에서 그 사람을 내어 보내어 그의 근본된 토지를 갈게 하시니라 이같이 하나님이 그 사람을 쫓아 내시고 에덴동산 동편에 그룹들과 두루 도는 화염검을 두어 생명나무의 길을 지키게 하시니라"(창 3:22-24)

죄: 반역

최초의 인간은 스스로 하나님의 빛에서부터 단절되는 길을 선택하였다. 사실 하나님처럼 되고자 하는 욕심 때문에 그런 선택을 한 것이다. 그리고 그러한 욕심은 거짓말로 유혹하는 것에 넘어간 결과이기도 하다. 그래서 성경은 죄에 대해서 다음과 같이 말한다.

"욕심이 잉태한즉 죄를 낳고 죄가 장성한즉 사망을 낳느니라"(약 1:15)

죄가 무엇일까? 죄는 하나님의 빛을 가로막는 것이며 빛에서 단절되어 어둠 가운데 있는 모든 상태가 '죄'다. 죄는 하나님의 빛(거룩과 영광)에 대한 반역이므로 하나님은 죄에 대해 자신의 얼굴을 가리신다. 인간적으로 표현하자면 죄는 하나님께서 얼굴을 돌리시게 하는 무엇인가이다. 하나님께서 외면하심으로써 하나님으로부터 빛을 받지 못하는 것이 죄의 결과이다. 사도 바울은 죄를 다음과 같이 정의하고 있다.

"모든 사람이 죄를 범하였으매 하나님의 영광에 이르지 못하더니"(롬 3:23)

죄는 하나님의 빛을 드러내지 못하는 모든 것이고, 하나님의 빛에 비추임을 받지 못하는 모든 것이며, 하나님의 빛이 아닌 어둠에 놓인 모든 상태인 것이다. 예수님의 동생이자 초대 예루살렘 교회의 지도자였던 야고보는 죄를 다음과 같이 정의하였다.

"이러므로 사람이 선을 행할줄 알고도 행치 아니하면 죄니라"(약 4:17)

하나님은 죄에 대하여 당신의 얼굴을 가리신다. 죄를 지은 사람에 대하여 하나님의 빛을 거두신다. 정확히는 사람이 죄를 지음으로 스스로 하나님의 빛으로부터 자신을 단절시킨 것이다. 이렇게 하나님으로부터 스스로를 단절시킨 사람은 다시 스스로의 힘으로 하나님의 얼굴을 되돌릴 수는 없게 된다. 하나님께서 자신의 얼굴을 다시 돌려 죄를 지은 사람에게 대면하시기 전에는 사람은 무슨 수를 써도 하나님의 얼굴을 다시 되돌릴 수 없다. 양자역학에서 어떤 입자가 일단 관측이란 행위를 통해 입자의 특성이 확정되어 버리면 다시 되돌릴 수 없는 것과 마찬가지다.

하나님의 빛은 원래 인간의 신체를 시공간에 전혀 영향을 받지 않는 불사와 불멸의 신체로 유지할 뿐 아니라 입자-파동의 이중성을 자유로이 오가는 특수한 신체로 존재하는 것을 가능하게 하는 원천이었으나 죄를 짓는 순간 사람의 참 생명이 되는 하나님의 빛으로부터 단절되고 말았다. 그 이후 태어나는 모든 인류는 본질적으로 '죽은 상태'로 태어나게 되었다. 죽은 인간은 스스로의 힘으로 살아날 수 없었고, 육체는 다른 동물과 같이 관성이 다하면 쓰러져서 본래 돌아왔던 원자의 세계로 돌아갈 운명을 가지고 태어난다. 빛의 세계에서 스스로 떨어져 나와서 어둠이란 감옥에 갇혀 버린 인생의 후예들은 동일한 감옥에서 계속 태어날 수밖에 없는 것이다.

죄의 결과: 죽음

그러면 죄의 결과인 죽음이란 '단절'이요 '분리'다. 사람에게 단절은 여러 가지 측면이 있다. 흔히 말하는 '육체적 죽음'은 영혼과 육체가 분리되는 것이다. 육신은 땅, 즉 원자의 세계로 되돌아간다. 그러나 영혼은 양자정보의 형태로 소멸되는 것이 아니라 하나님 앞에서 보관된다. 죽음 이후에도 인간의 의식은 결코 소멸되지 않는다. 그런데 성경은 죽음에 대해 다른 측면도 이야기하고 있다. 영적 죽음이 그것이다. 하나님께서 아담에게 범죄하는 그날에 죽을 것이라고 말씀하셨을 때는 육체적 죽음이 아니라 영적 죽음을 의미했다. 이것은 하나님과의 관계가 단절되어 버리는 것이다. 영적 죽음은 하나님께서 인간을 창조하실 때 입혀 주신 빛의 갑옷인 의(righteousness)[96]가 박탈되는 것이며 하나님의 호흡(루아흐)으로부터 끊어지는 것이다. 환자실에 호흡기를 달고 있던 환자에게서 호흡기를 떼어 내는 것과 같다. 이것은 원초적인 죽음으로, 육체적 죽음보다 더 심각한 죽음이다.

인간은 범죄하는 순간 하나님의 생명(breath of life)으로부터 끊어져 버리고 말았다. 인간의 몸을 '살아 있는 영'의 신체로 유지시켜 주던 원초적 말씀(original wave)으로부터 단절된 것이다. 이 순간 최초의 사람은 자신이 '벌거벗음'을 깨닫게 되었다. 즉 자신에게 하나님의 호흡기가 제거된 것을 즉시 깨달았다. 혹은 하나님의 의의 옷이 즉시 벗겨졌음을 자각하였다. 그 결과 인간은 자신의 수치를 가릴 것을 찾기 시작했다. 그리고 즉각적으로 하나님의 진노를 느끼게 되어 그것을 피해 숨을 곳을 찾기 시작했다. 인간의 내면에 자리 잡고 있으며 대물림되는 원죄는 '근원적인 수치심과 두려움'이라는

---

[96] 성경에서 '하나님의 의'라고 할 때 '빛의 갑옷'이라고 이해하도록 하자.

원초적 감정을 수반한다. 수치심은 의가 없음을 인식하는 것이고 두려움은 형벌이 있음을 인식하는 것이다. 인간은 수치심 때문에 가릴 것을 찾으며, 두려움 때문에 숨을 곳을 찾는다.

그뿐만 아니다. 인간이 범죄하여 하나님의 생명으로부터 단절되는 순간부터 모든 만물이 신음 소리를 내기 시작했다. 인간이 하나님의 대리자로서 하나님께서 지으신 우주 만물을 다스리고 정복하는 지위를 상실하자 만물이 무질서의 증가로 고통을 받게 되었다. 관리를 받아야 할 자연 만물이 방치되자 혼란에 빠지기 시작하였다. 세상은 실제적으로 어둠의 주관자에게 넘겨졌다. 그리고 더 이상 인간에게 호의적인 존재가 될 수 없었다. 또한 아담은 훗날 자신의 모양대로 아들을 낳았는데 그 아들 역시 하나님의 호흡기가 단절된 상태로 태어난 것이다. 아담 이후 태어나는 모든 인류가 하나님의 생명에서 단절된 상태, 즉 죽은 상태로 태어나게 되었다.[97]

우주에 종말이 있고, 사람도 육체적 종말인 죽음이 있듯, 역사에도 종말이 있다. 모든 인류 역사는 시작이 있고 끝이 있다. 힌두교나 불교에서 말하는 윤회는 없다. 윤회는 엔트로피 법칙에도 맞지 않는다. 몸도 원자로 되어 있고, 만물 역시 원자로 되어 있다는 점에서 동양철학의 사상은 어느 정도 통찰력이 있다고 할 수 있다. 양자역학의 발달로 인해 동양철학이 주목받는 것은 새삼스러운 일이 아니

---

97   엡 2:1-5 참조

다. 그러나 윤회주의자들은 모든 것이 원자로 되어 있다는 것을 쉽게 믿겠지만 그러한 원자를 유지하고 지탱하는 힘이 '스스로 있다'고 믿는다. 그러나 우주를 자세히 관찰해 보라. 모든 우주 만물이 저절로 생겨났다가 사라지는 것처럼 보이나 그러한 우주가 영원하지 않다. 천체 물리학자들은 우주는 팽창하다가 언젠가는 소멸되어 버릴 것이라고 믿는다. 과학자들이 보기에 우주는 엔트로피가 점점 증가하다가 죽음을 맞이할 것이다. 인간의 몸 세포가 점점 노화하다가 죽는 것처럼 말이다.

윤회주의자들은 물질이 무한하다고 생각하지만 모든 것에는 시작이 있고 끝이 있다. 윤회는 없다. 시작이 있고 끝이 있을 뿐이다. 개인도 그렇고 우주 만물도 마찬가지다. 연료가 열을 내면서 소진하여 먼지와 가스로 남지만 먼지가 스스로의 힘으로 다시 모여서 연료가 되는 일은 자연계에서 결코 일어나지 않는다. 별이 초신성이 되어 폭발하여 우주 먼지로 흩어지지만 우주 먼지가 스스로 모여 다시 별이 되거나 인간과 같은 고등 생명체가 되지 않는다. 무질서는 질서를 낳을 힘을 가지고 있지 않다.

세상 만물의 신음

성경은 첫 인간의 범죄로 말미암아 모든 피조물이 신음하고 있다고 말한다.

"피조물의 고대하는 바는 하나님의 아들들의 나타나는 것이니 피조물이 허무한데 굴복하는 것은 자기 뜻이 아니요 오직 굴복케 하시는 이로 말미암음이라 그 바라는 것은 피조물도 썩어짐의 종노릇 한데서 해방되어 하나님의 자녀들의 영광의 자유에 이르는 것이니라 피조물이 다 이제까지 함께 탄식하며 함께 고통하는 것을 우리가 아나니 이뿐 아니라 또한 우리 곧 성령의 처음 익은 열매를 받은 우리까지도 속으로 탄식하여 양자 될 것 곧 우리 몸의 구속을 기다리느니라"(롬 8:19-23)

모든 창조된 우주 만물들이 고통을 겪고 있다는 것은 무엇을 의미하는가? 고통의 감정은 조화의 부재를 인식하기에 생기는 것이다. 첫 인간의 죄로 인해 범죄한 인간이 고통을 겪고 있을 뿐만 아니라 모든 만물, 물질세계가 고통을 겪고 있다. 인간은 하나님이 창조하신 모든 물질세계를 지배하고 통제하는 권능을 부여받았다. 그러나 범죄함으로 스스로 그 권능을 잃어버렸다. 그렇게 되었을 때 사람의 통제를 받아야 했던 우주 만물의 모든 물질세계는 혼란을 겪기 시작했다. 물리학적 용어로 말하자면 엔트로피가 증가하기 시작한 것이다. 관리자가 없으니 무질서의 정도가 올라가는 것은 당연하다.

통제되지 않은 물질세계는 점점 무질서의 세계로 나아가기 시작했다. 원래 창조된 물질세계는 하나님의 아들들에 의해서 빛으로 관리되었어야 했으나 이제는 '허무함' 혹은 '썩어짐'에 종노릇하지 않을 수 없다. 그것은 하나님의 자녀로서의 인간이 본래의 역할을 수행하지 못하게 되었기 때문이다. 모든 물질세계는 어떻게 보면 다시 자신을 통제하여 '썩어짐과 허무함에 종노릇하는 굴레'에서 해방시켜 줄 하나님의 아들들이 다시 나타나 주기를 기다리고 있다. 모든 물질세계의 간절함과 같이 이미 첫째 부활을 경험한 모든 그리스도인들 역시 구원의 완성 즉, 몸의 속량(redemption)을 간절히 기다리고 있다. 왜냐면 몸의 부활로 말미암아 구원이 완성되고, 모든 물질세계가 원래의 질서를 회복하게 될 것이기 때문이다. 부활하게 될 하나님의 아들들이 그 일들을 하게 될 것이기 때문이다.

사도 바울이 "만물이 고통하며 신음한다."라고 했을 때 그 의미는 여인이 아기를 출산하기 직전 겪는 산통으로 묘사되고 있다. 여기서 마치 모든 창조된 물질세계가 자의식이 있다는 듯이 표현했다는 것에 주목하자. 양자역학에 아주 유명한 이중 슬릿 실험이 있다. 이 실험에 의하면 양자를 관찰하기 전에는 파동으로 존재하다가 관측하기 시작하면 양자가 스스로 입자로 행동한다는 것이다. 이 신비한 현상을 이해하기 위해 과학자들은 아직까지도 열띤 논의를 벌이고 있는 중이다. 매우 작은 점과 같은 입자가 스스로 판단하고 행동하다니! 그래서 테야르 드 샤르댕 같은 신학자는 모든 만물에는 의식(consciousness)이 있다고 주장하였다. 그는 "우주의 모든 입자에는 의식이 있다."라고 말했다. 그는 미립자-원자-분자-고분자-단백질-세포-유기체-생명체-인간으로 이르는 모든 변화의 과정을 '의식의 법칙'으로 설명한다. 그리고 그는 모든 변화를 이끌어 내는 힘인 오메가 포인트가 있다고 하면서 그것이 바로 그리스도라고 말한

다. 그가 말하는 그리스도는 우주적 그리스도이시다.[98]

　물론 모든 소립자들이 의식을 갖고 있다고 할 때 오해하지 않도록 주의해야 할 것이다. 돌에도 의식이 있고, 나무나 물에도 의식이 있고, 사람에게도 의식이 있다는 논리는 모든 만물이 곧 신이라는 범신론으로 비칠 가능성이 있다. 물론 샤르댕은 단순 의식과 복잡 의식으로 설명하고 있다. 우리가 범신론에 함몰되지 않는다면 우주 만물에 영적 본성이 있다고 말한 샤르댕의 관점은 생각해 볼 만한 부분이 있다.

　나는 하나님께서 만물을 창조하신 목적이 '그리스도를 위하여' 창조하신 것이며 따라서 모든 원자들은 하나님과 그리스도를 섬기려는 목적성을 가지고 있다고 믿는다. 그리고 그 목적을 이루기 위하여 하나님 자신의 형상과 모양으로 '사람'을 창조하셨다고 믿는다. 그런데 최초의 사람은 스스로 그 지위에서 물러나고 말았다. 하나님의 아들들이 해야 할 역할이 사라진 것이다. 그 결과 만물이 다시 혼돈에 빠진 상태를 성경은 '신음하는 것'으로 보고 있다. 그러나 이제 역사의 마지막 때에 참 하나님의 아들이 사람의 몸으로 오셔서 하나님의 아들들을 세우기 위해 고난을 받으셨고 피를 쏟으셨다. 그래서 원래 만물의 목적이 마침내 회복될 것이란 기대를 갖게 되었다는 것이 복음을 전한 사도들이 가진 우주관이다.

98　인간현상, 테야르 드 샤르댕, 양명수 역, 한길사 출판, pp. 249-252 참조. 샤르댕은 자신의 저서에서 자신은 신학책이 아니라 과학책을 쓰고 있다고 말하고 있다.

종말

성경은 역사의 마지막 순간을 다음과 같이 묘사하고 있다.

"예수께서 대답하여 가라사대 너희가 사람의 미혹을 받지 않도록 주의하라 많은 사람이 내 이름으로 와서 이르되 나는 그리스도라 하여 많은 사람을 미혹케 하리라 난리와 난리 소문을 듣겠으나 너희는 삼가 두려워 말라 이런 일이 있어야 하되 끝은 아직 아니니라 민족이 민족을, 나라가 나라를 대적하여 일어나겠고 처처에 기근과 지진이 있으리니 이 모든 것이 재난의 시작이니라 그 때에 사람들이 너희를 환난에 넘겨주겠으며 너희를 죽이리니 너희가 내 이름을 위하여 모든 민족에게 미움을 받으리라 그 때에 많은 사람이 시험에 빠져 서로 잡아 주고 서로 미워하겠으며 거짓 선지자가 많이 일어나 많은 사람을 미혹하게 하겠으며 불법이 성하므로 많은 사람의 사랑이 식어지리라 그러나 끝까지 견디는 자는 구원을 얻으리라 이 천국 복음이 모든 민족에게 증거되기 위하여 온 세상에 전파되리니 그제야 끝이 오리라"(마 24:4-14)

역사의 마지막 순간은 세계 정치, 종교, 환경 모든 분야에서 무질서(disorder)와 혼돈(chaos)이 극에 다다른 시기라고 할 수 있겠다. 양자역학이 눈부시게 발전하여 양자컴퓨터가 개발되고 양자통신이 실용화된다고 할지라도 인류의 삶이나 생활환경, 그리고 자연환경은 점점 혼돈에 빠질 것이다. 최첨단 과학이라도 인류에게 의미 있는 질서를 만들어 내지 못할 것이다. 과학기술의 눈부신 발전에도 불구하고 삶은 점점 두려움과 증오심으로 사로잡히게 될 것이다. 가용한 에너지의 총량이 줄어드는 것이 눈에 띄게 될 때 사람들은 남의 것을 빼앗으려고 골몰하게 된다. 최첨단 과학기술은 인류의 공동번영보다는 가용에너지를 빼앗는 쪽으로 활용될 것이다.

> 세계의 전체적 무질서는 항상 증가하고, 유용한 에너지의 총량은 항상 감소한다. 인간의 생존이 유용한 에너지에 달려 있기 때문에 이것은 사람이 삶을 영위하기가 점점 힘들어졌다는 것, 그리고 갈수록 열악해지는 환경 속에서 버티려면 일을 덜 하는 것이 아니라 더 해야 한다는 것을 의미한다. 이런 열역학 환경에서는 인간의 육체만으로 늘어난 작업을 감당할 시간이 없기 때문에 인간은 적절한 수준의 생존을 유지하기 위해 더욱 복잡한 기술을 개발해야만 했던 것이다.[99]

그래서 마지막 때의 사람들은 점점 이기적으로 될 수밖에 없을 것이다. 종족그룹과 국가 차원에서의 다툼과 전쟁은 더욱 심해질 것이다. 이것은 비단 가용 에너지의 고갈 때문만이 아니다. 자연 만물의 질서 또한 무너지고 무질서한 움직임을 보여 주기 때문이다. 그리고 종교와 같은 형이상학적 세계에서도 큰 혼란이 있을 것이다. 기후변화는 점점 예측을 불가능하게 하며, 기근과 지진 같은 자연적 수준의 재앙이 더욱 늘어날 것이다. 자연세계에서의 무질서뿐만 아니라

---

99 엔트로피, 제레미 리프킨, 이창희 역, 세종연구원, p. 95

종교적인 갈등도 더욱 심해지게 될 것이다. 이단과 사이비는 늘어나고 영적 지도자라 자처하는 교주들도 늘어날 것이다. 사람들은 더욱 이기적으로 행동하게 될 것이다. 참을성이 점점 사라지고 감정적으로 폭발하며 상대방을 공격하는 일들이 많아질 것이다. 무질서가 점점 극대화되는 것을 모두가 보고 느끼며 불안과 공포에 휩싸이는 것이 마지막 때인 것이다.

과학적으로 말하자면 에너지는 새로 만들어지거나 없어지지 않는다. 단지 변형될 뿐이다.(열역학 제1 법칙인 에너지보존의 법칙) 그리고 에너지는 낮은 수준의 무질서로부터 높은 수준의 무질서의 방향으로 흘러간다.[100](열역학 제2 법칙인 엔트로피의 법칙) 실제로 현대를 살아가는 우리 모두는 무질서의 증가를 직접 보면서 살아가고 있다. 그렇기 때문에 새로운 질서를 가져다줄 혁명적인 과학기술의 출현을 간절히 고대하고 있다. 그래서 사람들은 양자혁명이 가져다줄 21세기 문명이 화려하게 꽃피울 미래를 꿈꾸고 있는지도 모르겠다. 앞으로 양자역학은 더 많은 사람들에게 깊은 인상을 심어 주는데 성공할 것이고 사람들에게 점차 '상식'이 되어 갈 것이 분명하다. 양자역학이 발달하면서 원자의 세계에 숨겨진 엄청난 에너지의 비밀을 풀어내면서 인류는 전에 경험하지 못했던 '초현대 문명'을 누리게 될 것이다.

---

100   열역학, 스티븐 베리, 신석민 역, 김영사, p. 53

그러나 과연 과학의 발전이 인류 공동의 번영과 개인의 삶의 질서를 가져다줄까? 과학사를 살펴보면 그 반대라는 것을 알 수 있다. 과학의 발전은 인류의 삶을 편리하게 만든 측면도 있지만 동시에 더욱 혼란과 무질서의 늪으로 안내하였다는 것을 알 수 있다. 사람들은 편리한 삶을 사는 것처럼 보이지만 사실은 더 바빠지고 더 쉼을 누리지 못하고 있다. 현대문명의 발달에도 불구하고 사람들은 우울증과 같은 정신적인 문제에 더 시달리게 된다. 이로 인해 사람들은 물질과 쾌락에 더욱 집중하는 탈종교화의 길을 걷게 되거나 아니면 더 깊은 종교적 체험을 갈망하게 되고 이를 충족시켜 주는 '영적 리더'들이 나타나게 될 것이고 그들로 인해 진리는 방해를 받고 영적인 혼란도 가중될 것이다. 우리는 이미 이러한 종말의 때를 살고 있다.

5부
구속과 회복

"세상에 풀 한 포기도, 색깔 하나도 우리를 즐겁게 만들기 위해 만들어지지 않은 것이 없다."

"겸손은 진정한 지식의 시작이다."

"열린 문도 기회이지만 닫힌 문도 기회다."

- 존 칼빈

5부
구속과 회복

구원

그러면 기독교에서 말하는 구원이란 무엇인가? 성경이 말하는 구원을 양자역학적 용어로 설명할 수 있을까?

히브리어 '루아흐'는 '영' 또는 '바람'(wave)을 뜻한다. 하나님은 영이시다. 영이신 하나님이 말씀으로 양자세계와 물질세계를 창조하셨다. 하나님의 말씀은 '바람'이신 하나님께서 일으키시는 또 다른 '바람'이다. 인간세계에서 '말씀'은 '바람'과 같이 어떤 형태나 질량을 갖지 않지만 공기를 진동시켜서 전달되는 어떤 힘이다. 그런데 하나님의 말씀은 단순한 에너지의 차원이 아니라 인격으로서의 '로고스'이시다. 그 말씀을 통하지 않고 만들어진 물질은 하나도 없다. 하나님께서 에덴에 임하실 때의 모습을 개역개정판 성경은 다음과 같이 묘사하고 있다.

"그들이 그 날 '바람'이 불 때[101] 동산에 거니시는 여호와 하나님의 '소리'를 듣고 아담과 그의 아내가 여호와 하나님의 낯을 피하여 동산 나무 사이에 숨은지라"(창 3:8)

---

101 개역한글판에서는 '날이 서늘할 때'라고 번역되었다.

예수님께서 니고데모와 대화를 나눌 때 성령으로 거듭남에 관하여 '바람'으로 설명하신 것은 우연이 아니다.

"바람이 임의로 불매 네가 그 소리를 들어도 어디서 오며 어디로 가는지 알지 못하나니 성령으로 난 사람은 다 이러하니라"(요 3:8)

하나님께서 그 말씀으로 즉, 하나님의 '진동' 혹은 '바람'(wave)으로 만물을 창조하셨고 그 모든 물질세계를 다스리고 통제할 수 있는 인간을 특별하게 창조하셨다. 인간은 피조물이면서 동시에 영으로 존재하시는 하나님과 같이 살아 있는 영, 인격을 가진 '바람'과 같은 존재가 되었다. 하나님의 바람이 사람의 바람(wave)을 계속 움직이게 만드는 원초적 힘이었고 참 생명의 본질이었다. 그러나 인간의 범죄는 스스로 하나님의 바람으로부터 단절되는 결과를 가져오고 말았다. 최초의 인간은 범죄하는 그 순간 하나님과 단절되는 '죽음'이 시작되었다. 그로 인해 육신 또한 서서히 죽음을 향해 달려가는 존재가 되고 말았다. 그뿐만 아니라 모든 물질세계를 통제할 인간이 스스로 그 지위와 권능을 포기함으로써 모든 물질세계는 혼돈(카오스)에 빠지고 말았다.

구원이란 이 모든 것을 되돌리는 것이다. 이 구원은 결코 자연에게서나 혹은 범죄한 인간 스스로에게서는 나오지 않는다. 죽음의 의미를 생각해 보면 구원은 반드시 외부에서 와야만 한다. 죽은 자가 스스로 살아나는 법을 알 수도 행할 수도 없다. 하나님과 단절된 인간은 어떤 방법으로도 원래의 상태로 되돌아갈 수 없다. 그래서 구원은 분명히 하나님으로부터 와야 한다. 구원은 하나님의 말씀이 다시 '들리는' 것에서 시작한다. 로마서에서 사도 바울은 구원에 이르는 믿음을 다음과 같이 말하고 있다.

> "그러므로 믿음은 들음에서 나며 들음은 그리스도의 말씀으로 말미암았느니라"(롬 10:17)

하나님의 말씀이 성육신하여 사람들 가운데 거하시기로 작정하셨다. 구약의 선지자들이 그것을 예고했고, 예고한 대로 말씀이 육신이 되어 오셨다. 그리고 참 하나님과 참 사람이 되심을 증명해 보이셨다. 그 말씀을 영접하여야 한다. 그리고 그 말씀을 직접 목격한 증인들이 기록하고 전파하는 '복된 말씀'을 영접하는 것이 곧 '그 말씀' 즉 하나님의 로고스를 영접하는 것이다. 그래서 하나님의 말씀이 내 영혼 전체를 진동시키는 말씀으로 경험되어야 한다. 단지 경험이 아니라 실제적으로 그래야 한다. 기독교에서의 진리는 물리학에서 말하는 실험으로 증명된 어떤 이론이나 법칙이 아니라 세상 모든 물질세계를 가능하게 한 하나님의 로고스(LOGOS)이다. 과학자들이 가설을 만들고 그것을 실험으로 증명하려고 하고 실험으로 증명된 이론이나 가설을 '진리'라고 믿는 반면, 기독교에서 말하는 진리는 우주 만물, 모든 물질세계를 가능하게 한 인격체로서의 '진리'인 것이다.

구원을 얻기 위해 인간은 자신을 하나님의 빛 가운데 노출시켜야 한다. 그것을 '자백'(confession)이라고 한다. 첫째, 인간은 하나님의 빛을 인식해야 한다. 그리고 둘째, 그 빛에 자신을 노출시키는 모험을 감행해야 한다. 이것은 두려운 일이다. 그래서 용기가 필요하며 '모험'이라고 할 수 있다. 그러나 '진리'를 사랑한다면 그러한 빛에 자신을 노출시키는 두려움과 수치는 능히 이길 것이다. 먼저 죄와 죄의 방식을 하나님 앞에 드러내고 버려야 한다. 이것이 회개이다. 그리고 빛으로 오신 '그 말씀'을 영접해야 한다. 그 영접의 순간은 하나님의 영이 내 영혼을 진동시키는 경험이 될 것이다. 이것이 구원의 시작이나 아직 구원의 완성은 아니다. 그러나 이러한 시작은 하나님의 관점에서 보자면 구원의 전부를 포함하고 있는 것과 마찬가지다. 단지 사람이 보기에 시간이 걸릴 뿐이다. 그 시간은 육체가 다시 원자의 세계로 되돌아가고 새로운 육체를 덧입게 되는 데까지 걸리는 시간이다.

"영접하는 자 곧 그 이름을 믿는 자들에게는 하나님의 자녀가 되는 권세를 주셨으니"(요 1:12)

"네가 만일 네 입으로 예수를 주로 시인하며 또 하나님께서 그를 죽은 자 가운데서 살리신 것을 네 마음에 믿으면 구원을 얻으리니 사람이 마음으로 믿어 의에 이르고 입으로 시인하여 구원에 이르느니라"(롬 10:9-10)

구원에 이르는 믿음

믿음이란 하나님의 주파수에 나의 온몸과 마음을 다하여 같은 주파수로 반응하는 것이라고 할 수 있다. 여기서 다른 종교나 일반인들이 이해하는 '믿음'과 다른 점이 있다. 우선, 사람은 자신의 노력으로는 결코 하나님의 주파수를 알아낼 수 없다. 하나님의 말씀이 없이는 결코 올바른 믿음을 가질 수 없다는 뜻이다. 복음은 하나님이 어떤 분인지, 하나님께서 그리스도를 통해 어떤 일을 행하셨는지에 대하여 정확한 주파수를 인간에게 알려 주는 메시지이다. 그러나 그냥 듣는다고 '깨달아지는 것'은 아니다. 하나님의 영이 도와주셔야 한다. 이것을 기독교 신학의 용어로 말하면 '조명하시는 은혜'(illuminating grace)이다. 아무리 들어도 성령께서 빛을 비추어 주시지 않는다면 어두워 캄캄한 운동장에 떨어진 바늘 한 개를 찾는 것보다 진리를 발견하는 것이 더 어려울 것이다.

그래서 말씀을 듣는 중에 말씀이 "들리기 시작"하는 순간이 있다. 이때 인간은 전율(tremble)하게 된다. 인간의 몸과 영혼은 진동을 하게 된다. 이것이 '깨달음'이라고 하는 사건이다. 이때부터 '믿음'이 시작된다(골 1:6). 이때 사람은 자신의 입으로 또 다른 진동을 만들어 내는데 이것이 공기라는 매질을 진동시키는 소리, 즉 '고백' 혹은 '시인함'인 것이다. 내 영혼이 말씀을 들을 때 하나님의 영에 의해서 진동하며 하나님을 믿는 믿음이 시작하는데 이 순간 '칭의'(justification)가 이루어진다. 그리고 이렇게 영혼의 진동이 입으로 만들어 내는 소리는 내 영혼을 하나님께 연결시키는데 이것이 구원(salvation)이다. 그 소리의 내용은 참 진리요, 생명이신 그리스도에 대한 나의 개인적인 고백이다.

믿음과 동시에 '자백과 회개'의 행동이 일어난다. 이는 자신에게 있는 어둠을 하나님의 빛에 계속 노출시키는 행위이다. 이것은 빛을 사랑하고 어둠을 미워하기 때문에 하는 행동이다. '진리'에 대한 고백과 '어둠을 빛에 노출시키는 자백'의 결과 하나님의 의롭다고 하시는 선언이 뒤따르며 하나님의 빛이 통치하는 삶이 시작된다. 하나님의 빛이 다스리게 될 때 사람은 점진적으로 어둠과 싸우는 법을 배워 가면서 하나님의 성품에 조금씩 다가가는 변화를 경험하기 시작하는데 이것을 '성화'(sanctification)라고 한다.

그렇다면 기독교에서 말하는 중생 혹은 거듭남은 언제 발생하는가? 그것은 말씀을 들을 때 내 온 영혼이 진동하는 그 순간에 발생한다. 거듭남의 사건은 "물은 곧 성령"(요 3:5), 즉 "중생의 씻음은 곧 성령의 새롭게 하심"(딛 3:5)으로 "허물과 죄로 죽었던"(엡 2:1) 우리가 "살아나는"(요 5:25) "첫째 부활"(계 20:5, 6)의 사건이다. 이 첫째 부활(거듭남)에 참여한 자들은 둘째 사망(불못에 들어감, 계 20:6, 14)을 겪지 않을 것이다.

그러나 거듭난 자라도 썩을 육체의 관성이 있기 때문에 신앙생활 내내 "영의 열망"과 "육의 열망" 사이에 갈등과 방황을 겪게 될 것이다. 거듭난 사람도 육신은 죽은 것이지만 영은 살아 있는 것이다. "또 그리스도께서 너희 안에 계시면 몸은 죄로 인하여 죽은 것이나 영은 의를 인하여 산 것이니라"(롬 8:10) 하지만 일단 하나님의 영에 의해 하나님과 연결된 이상 육신의 본성은 결국 패할 수밖에 없을 것이다. '합력하여 선을 이루시는 하나님'이 그 안에서 쉬지 않고 일하시기 때문이다(롬 8:28). 구원을 시작하신 이가 사람이 아니라 하나님이심을 기억해야 한다. 그렇다면 하나님께서 시작하신 일(구원)을 하나님께서 완성하실 것을 기대할 수 있다. 이것을 기독교 신학의 용어로 말하자면 '구원의 확신' 혹은 '성도의 견인과 성화'라고 할 수 있다.

예정과 선택

이제 가장 어려운 문제들 중 하나를 생각해 보도록 하자. 그것은 예정론(predestination)이다. 성경은 하나님께서 구원받을 자를 미리 예정해 놓으셨다고 말한다. 그 시점은 만물을 창조하기 이전이다. 성경은 이에 관련하여 여러 번 말씀하고 있다. 이삭의 아내 리브가가 쌍둥이를 임신하였을 때 하나님은 리브가에게 다음과 같이 말씀하셨다.

"여호와께서 그에게 이르시되 두 국민이 네 태중에 있구나 두 민족이 네 복중에서부터 나누이리라 이 족속이 저 족속보다 강하겠고 큰 자는 어린 자를 섬기리라 하셨더라"(창 25:23)

다윗은 자신이 믿는 하나님에 대해서 다음과 같이 노래하였다.

"내 형질이 이루기 전에 주의 눈이 보셨으며 나를 위하여 정한 날이 하나도 되기 전에 주의 책에 다 기록이 되었나이다"(시 139:16)

신약성경에서도 하나님의 예정하심에 관하여 사도들이 여러 번 증언하고 있다.

"이방인들이 듣고 기뻐하여 하나님의 말씀을 찬송하며 영생을 주시기로 작정된 자는 다 믿더라"(행 13:48)

"하나님이 미리 아신 자들로 또한 그 아들의 형상을 본받게 하기 위하여 미리 정하셨으니 이는 그로 많은 형제 중에서 맏아들이 되게 하려 하심이니라 또 미리 정하신 그들을 또한 부르시고 부르신 그들을 또한 의롭다 하시고 의롭다 하신 그들을 또한 영화롭게 하셨느니라"(롬 8:29-30)

"곧 창세 전에 그리스도 안에서 우리를 택하사 우리로 사랑 안에서 그 앞에 거룩하고 흠이 없게 하시려고 그 기쁘신 뜻대로 우리를 예정하사 예수 그리스도로 말미암아 자기의 아들들이 되게 하셨으니"(엡 1:4-5)

"그 뜻의 비밀을 우리에게 알리셨으니 곧 그 기쁘심을 따라 그리스도 안에서 때가 찬 경륜을 위하여 예정하신 것이니 하늘에 있는 것이나 땅에 있는 것이 다 그리스도 안에서 통일되게 하려 하심이라 모든 일을 그 마음의 원대로 역사하시는 자의 뜻을 따라 우리가 예정을 입어 그 안에서 기업이 되었으니"(엡 1:9-11)

"하나님의 사랑하심을 받은 형제들아 너희를 택하심을 아노라"(살전 1:4)

예정하심은 성부 하나님의 사역이다. 성부 하나님은 누가 하나님을 믿을 것인지 아신다. 하나님에게는 '불확정성'은 없다. 하나님 앞에는 모든 것이 확정된 상태인 것이다. '예지'와 '결정'의 주체는 성부 하나님이시다. 성자도 성령도 모른다. 그렇다면 하나님께서 나를 미리 아시는지 여부를 어떻게 알 수 있을까? 예정론과 결정론의 차이는 여기서 발생한다. 예정론을 바르게 이해하지 못하면 결정론적 사고방식에 빠지게 된다. 예정론은 알 수 있다고 말하고, 결정론은 모른다고 말한다. 그래서 결정론은 도덕주의를 무너뜨린다.

그러면 예정의 여부를 어떻게 알 수 있을까? 그것은 하나님께서 예정하신 자를 부르시는 방식을 보면 알 수 있다. 하나님께서 예정하신 자들을 부르시는 방식은 말씀이다. 교회는 복된 소식을 전하기 위해 부름을 받았다.

"지혜 있는 자가 어디 있느뇨 선비가 어디 있느뇨 이 세대에 변사가 어디 있느뇨 하나님께서 이 세상의 지혜를 미련케 하신 것이 아니뇨 하나님의 지혜에 있어서는 이 세상이 자기 지혜로 하나님을 알지 못하는고로 하나님께서 전도의 미련한 것으로 믿는 자들을 구원하시기를 기뻐하셨도다"(고전 1:20-21)

자신이 전도하러 보낸 제자들이 돌아와서 그 결과를 보고할 때에 예수께서는 성부 하나님께서 그 택하신 자들을 부르시는 하나님만의 방식에 대해 알게 되셨다.

"그 때에 예수께서 대답하여 가라사대 천지의 주재이신 아버지여 이것을 지혜롭고 슬기 있는 자들에게는 숨기시고 어린 아이들에게는 나타내심을 감사하나이다 옳소이다 이렇게 된 것이 아버지의 뜻이니이다 내 아버지께서 모든 것을 내게 주셨으니 아버지 외에는 아들을 아는 자가 없고 아들과 또 아들의 소원대로 계시를 받는 자 외에는 아버지를 아는 자가 없느니라"(마 11:25-27)

말씀이 하나님의 부르심의 유일한 수단이므로 사도들의 메시지, 그리고 그 메시지를 가감 없이 전하는 교회의 메시지에 예정하심을 입은 자들은 반드시 반응하게 되어 있다. 따라서 예정교리는 구원의 확신 교리와 사실상 같은 것이다. 교회는 누가 예정하심을 받았는지 모르기 때문에, 그리고 그것을 알기 위해서라도 복된 소식을 전해야 한다. 복음을 듣지 못한 족속에게 다가가서 전해야 하며, 복음을 듣고 거부한 자들에게도 다시 한번 복음을 전해야 한다. 예정된 자들은 반드시 복음을 듣고 반응할 것이다. 따라서 우리는 누가 '믿기로 예정된 자들'인지 분명히 알 수 있다. 그래서 성경이 말하는 예정론은 불가지론을 이야기하는 결정론과 구별되어야 한다.

예정론을 이해하는 핵심은 시간을 이해하는 것이다. 성경은 "창세 전에 그리스도 안에서 우리를 택하셨다."라고 말하고 있다(엡 1:4). 우리는 시공간에 대한 이해를 가지고 하나님께서 하신 일을 이해하려는 경향이 있다. 시공간에 갇힌 사람에게 시간은 어떻게 느껴지는가? 사람에게 '시간'은 언제나 과거에서 현재를 지나 미래로 흐른다. 그래서 미래를 예측할 뿐 미래를 확신할 수 없다. 이렇게 시간을 이해하는 사람은 "하나님께서 창세 전에 택하셨다."라고 하신 것을 도무지 이해할 수 없다. 사람의 시간 이해를 가지고 하나님이 하시는 일을 보려니까 이해가 되지 않는 것이다.

하나님께서 구원받을 자들을 '창세 전에' 택하셨다는 말씀을 이해하려면 시간이 하나님께 어떤 것인지 먼저 알아야 한다. 먼저 물리학자들이 이해하는 시간을 보자. 과학자들에게 있어 시간은 공간과 불가분의 관계에 있는 것으로 이해된다. 그리고 시공간(space-time)은 중력(gravity)과 관계가 있다. 그리고 중력은 질량(mass)과 관계가 있다. 즉, 질량이 생기는 곳에 중력이 발생하고 중력은 시공간의 곡률(curvature)을 만든다. 이 시공간의 곡률(굽은 정도)을 따라 시간도 다르게 흐르게 되고 심지어 빛조차 영향을 받게 된다. 2005년과 2015년에 나온 아인슈타인의 상대성 이론은 그것에 관

해 잘 설명하고 있다.[102]

그러나 하나님께서 빛을 창조하셨다. 모든 만물의 근원적인 에너지인 빛 자체는 아무런 질량이 없다. 그러나 그 빛은 질량을 부여하는 에너지를 갖고 있다. 과학자들은 유럽입자가속기(CERN)에서 발견한 '힉스'(Higgs)라는 입자가 그런 역할을 하고 있다고 믿고 있다. 질량이 생기면 시공간이 형성된다. 그래서 질량을 가진 인간은 시간의 흐름을 느낄 수 있는 것이다. 그러므로 하나님께서 빛을 만드셨으니 빛으로 만들어진 시공간 역시 하나님께서 만드신 창조물이다. 따라서 시간은 하나님께는 적용되지 않는 것이다. 물리학자들은 빛의 속도로 빨라지면 시간이 느려지다가 빛의 속도와 같아지면 시간이 정지할 것이라고 믿는다. 하나님은 빛을 만드셨고, 빛 가운데 계신다. 그렇다면 하나님의 세계는 시간이 흐르지 않는다. 시간은 존재하지 않는 것이다.

그래서 하나님께서 하신 일은 사람이 보기에는 '과거' 어느 시점에 '완료된 것'처럼 보이겠지만 하나님 편에서 볼 때는 언제나 '현재'이다. 하나님께는 사람의 모든 시간이 '현재'이다. 그래서 하나님이 어떤 사람들을 창세 전에 선택하셨다고 했을 때 그것은 그들의 행동 방식을 사전에 프로그래밍했다는 것이 아니다. 하나님께서는 모든 것이 모호한 것이 아니라 '결정된 상태'인 것이다. 사람에게 돌이

---

102 상대성 이론이란 무엇인가, 제프리 베네트, 이유경 역, 처음북스, p. 159

킬 수 없는 과거도 하나님께는 현재이며, 사람에게 불확실한 미래도 하나님께는 '확실한 현재'인 것이다. 따라서 사람의 시간 이해를 가지고 하나님이 하시는 일을 이해하려고 하면 안 된다. 2차원에 속한 개미가 3차원의 인간을 이해할 수 없듯이 시공간에 갇힌 인간이 시공간을 초월한 존재를 온전히 알 수 없다.

성경은 누가 예정되었는지 또는 예정되지 않았는지는 알려 주지 않지만 하나님의 예정의 시기와 방법에 대해서는 알려 주고 있다. 그것은 "창세 전에 그리스도 안에서"이다(엡 1:4). 이것을 신학에서는 '구속언약'이라는 개념으로 설명한다. 즉, 하나님께서 만물을 창조하시기 이전에 삼위 하나님의 합의가 있었다. 그 합의 안에는 구원받을 자들에 대한 분명한 명시가 있었다. 그리고 그 합의에 따라 본격적으로 만물을 창조하셨고 마지막에 사람을 하나님의 형상대로 창조하셨다. 그리고 그 합의에 따라 로고스께서 육신을 입고 사람 가운데 오셨고 그 합의에 따라 십자가에 달려 죽으셨다. 그리고 그 합의에 따라 구원하기로 미리 작정된 자들을 부르시고 계신다. 하나님의 부르심에는 의롭다고 선언하심과 마침내 영화롭게 하심이라는 미래(인간이 보기에)에 이루어질 일들도 이미 완료형으로 포함되어 있다(롬8:30).

'구원의 확신 교리'는 시간이 하나님께 어떤 의미가 있는지를 알게 될 때 따라오는 것이다. 예정론은 오늘 경험되는 하나님의 시간을 통해 미래 경험할 하나님의 시간을 고백하는 것이다. 하나님께서 나를 복음의 말씀으로 부르시고 그 말씀에 내가 믿음으로 반응을 하게 되어 하나님의 의롭다고 선언하신 은혜를 받게 된 사실을 사람의 시간대가 아닌 하나님의 시간대로 보아야 한다. 그러면 창세 전에 삼위 하나님의 구속언약 속에 나를 포함하셨다는 사실(과거)과 앞으로 우리가 경험하게 될 영광스러운 부활의 사건까지 이미 포함되어 있다는 확실한 사실을 발견할 수 있게 된다. 그러므로 성경의 예정론(predestination)은 이미 구원을 경험한 자만이 이해할 수 있고 고백할 수 있다. 따라서 예정론을 도무지 이해할 수 없다고 말한다면 두 가지 가능성 중에 하나일 것이다. 하나님의 구원을 맛보지 못했거나 하나님의 시간을 모르거나.

그러면 예정론은 우리의 삶에 어떤 영향을 주는가? 우리가 어떤 결정을 하고 어떤 삶을 살아도 구원하기로 결정된 사람은 구원을 받을 것이고, 그렇지 않은 사람은 아무리 노력해도 구원을 받지 못하는 것인가? 혹은 어떤 사람이 믿음 없이 살다가 그렇게 멸망한다면 그것에 대한 책임은 그렇게 결정한 하나님 때문인가? 하나님께서 구원받을 자를 창세 전에 미리 정해 놓으셨다면 굳이 교회가 열심히 전도하고 선교사를 파송할 필요가 없지 않은가? 앞에서 여러 번 언급했듯이 우리가 하나님의 시간대를 사는 존재가 아니라는 것을 알아야 한다. 우리는 중력의 영향을 받으며 시간의 흐름을 느끼며 살아가는 유한한 신체를 가진 상태로 살아간다. 우리는 우리에게 주어진 시간을 어떻게 선택하고 활용하느냐에 따라 우리의 미래가 결정되는 것처럼 여기고 최선을 다하여 살아야 한다. 비록 우리의 미래가 하나님께는 '확정된 것'이라 할지라도 우리는 그것을 도무지 알지 못한다. 다만 확실한 것은 오늘 우리가 선택하고 내린 결정과 행동이 곧 우리의 미래가 될 것이다. 그러므로 하나님의 예정하심은 우리의 도덕적이고 책임감 있는 삶을 방해하거나 무시하게 만드는 것이 결코 아니다. 오히려 그 반대로 선한 삶의 동기가 된다.

> "그러므로 형제들아 더욱 힘써 너희 부르심과 택하심을 굳게 하라 너희가 이것을 행한즉 언제든지 실족지 아니하리라"(벧후 1:10)

하나님의 예정하심이 우리에게 주는 가장 큰 유익은 우리의 미래 운명에 관하여 불확실하게 느껴지는 그때에 나타난다. 하나님께서 나를 복음의 말씀으로 부르시고 그 복음의 말씀에 내가 믿음으로 반응하여 하나님의 은혜로 하나님의 자녀가 된 것을 안다. 하지만 미래는 어떻게 될지 모른다. 그래서 불안감을 느낄 수 있다. 그럴 때 잠시 눈을 들어 하나님을 바라보자. 하나님께 시간이 무엇인지 생각해 보자. 하나님께서 하신 일에 후회가 있는가? 하나님께서 하신 일에 실패가 있는가? 하나님께서 나를 부르신 것이 사실이라면 이미 나를 영화롭게 하신 일도 하나님께는 사실일 것이다. 그렇다면 우리가 받은 구원은 그 무엇보다 확실하다.

속죄의 원리

앞서 말한 대로 죄는 하나님과 단절되는 계기(momentum)이다. 일단 하나님의 영으로부터 단절되는 순간 인간은 '죽는다.' 죽은 자는 스스로 되살아나는 힘이 없다. 하나님께서 살리셔야 한다. 죄를 처리하는 방법은 인간이 스스로 고안하거나 발견할 수 없다. 구원은 하나님께서 마련하셔야 한다. 그리고 그것을 영원 전(=창조 이전)부터 이미 마련해 놓으셨다! 그것이 속죄(atonement)의 교리이다.

죄는 하나님의 거룩하심에 대한 침범이자 도전이며 하나님의 주권에 대한 항거이자 모반이므로 죄에 대하여 하나님께서 얼굴을 돌리시게 만든다. 다시 하나님께서 외면하신 사람을 대면하시게 하는 방법은 인간에게서는 결코 나올 수 없고 오직 하나님의 방법만 있을 뿐이다. 하나님의 방법이란 죄를 "덮으며" 동시에 "씻는 것"이다. 하나님께서 죄를 가리는 방법을 사람에게 제시하여 주셨는데 그것이 바로 '피'이다. 피는 모든 생명체에 흐르는 것이며 피가 곧 생명이라고 말씀하셨다.

> "무릇 이스라엘 집 사람이나 그들 중에 우거하는 타국인 중에 어떤 피든지 먹는 자가 있으면 내가 그 피 먹는 사람에게 진노하여 그를 백성 중에서 끊으리니 육체의 생명은 피에 있음이라 내가 이 피를 너희에게 주어 단에 뿌려 너희의 생명을 위하여 속하게 하였나니 생명이 피에 있으므로 피가 죄를 속하느니라"(레 17:10-11)

하나님께서 생명체를 창조하신 날 비로소 모든 생명체를 향하여 대면하시며 말씀하시는데 성경은 하나님께서 대면하시는 행위를 '복을 주신다'고 표현하고 있다. 복 주심은 하나님의 얼굴빛을 비추시는 행위인 것이다. 이것은 모든 생명체를 사랑하시며 애정 어린 시선을 바라보시는 것이다. 죄는 하나님이 외면하게 만드는 것이라면 피는 하나님께서 다시 대면하게 하는 것이다. 왜냐면 하나님은 생명체를 사랑하시기 때문이다. 그러나 하나님은 그 어떤 피조물보다도 하나님의 독생자를 더욱 사랑하신다. 그래서 하나님의 아들이 육신을 입으셔야 했고 인류의 죄를 덮기 위해 그 피를 흘리셔야 했다. 그 아들의 피가 죄를 덮을 때 하나님의 얼굴이 외면에서 대면으로 바뀔 것이다. "내 얼굴을 대하여 끊으리라."라는 말씀은 외면하겠다는 말씀인 것이다. 그러나 하나님께서 가장 사랑하시는 그 아들의 피를 제시하셨다. 하나님께서 이미 죄를 덮으셨다. 구약시대는 앞으로 흘리게 될 아들의 피를 믿으며 구원받는 것이고 신약시대는 과거 흘린 아들의 피를 믿으며 구원받는 것이다.

하나님의 아들이 흘린 피가 효력을 나타내기 위해서 단 하나의 조건이 있다. 그것은 그 피를 보고 믿어야 한다. 오직 믿음으로 '죄 사함' 혹은 '죄를 덮음'이 현실화된다. 양자역학의 원리 중에서 '양자중첩'의 원리가 있다고 했다. 파동과 입자, 업과 다운이 중첩된 양자는 관측하는 행위에 따라 결정된다. 일단 결정되면 되돌릴 수 없다. 하나님께서 인류의 죄속(atonement)을 위해 마련해 놓으신 그 아들의 '피'는 자동적으로 적용되지 않는다. 사람이 어떻게 관측하느냐에 따라 중첩된 양자의 성질이 결정되듯이, 사람이 이 피를 어떻게 바라보느냐에 따라 그 효력이 결정되는 것이다. 그리고 일단 확정된 것은 돌이킬 수 없다.

어떻게 피가 죄를 씻을 수 있는가? 그리스도의 죽으심으로 속죄(atonement)의 원리를 다음과 같이 설명할 수 있겠다. 물리학의 현상 중에 '공명현상'(resonance)이 있다. 어떤 진동수에 같은 진동수를 더하면 증폭이 되기도 하고(보강간섭, constructive interference) 반대로 같은 진동수를 더하면 상쇄되기도 한다(상쇄간섭, destructive interference). 죄는 '피 흘림'으로 죄를 보강하는 것이고 속죄는 '피 흘림'으로써 죄를 덮어 죄를 상쇄하는 것이다. 아래의 그림에서 볼 때 (가)와 (나)의 파동 1은 각각 죄를 나타내며, 그림 (가)의 파동 2는 '피 흘림의 죄'를, 그림 (나)의 파동 2를 '생명의 피 흘림'을 나타낸다고 보자. 그러면 죄 없는 생명이 죄인을 대신하여 '흘린 피'가 '죄'의 파동을 덮을 때 상쇄된다. 성경은 이것을 '씻음'이라고 말한다. 구약학자들은 '덮음'과 '씻음'의 개념을 가지고 여전히 논쟁 중이지만 이것은 파동의 중첩과 상쇄원리로 완벽하게 설명된다. 아래 도표에서 그림 (가)에서 '파동 1'과 '파동 2'는 각각 죄를 나타낸다. 죄와 죄를 중첩하게 되면 더욱 큰 파괴력을 가진 죄가 되어 인생과 나라와 민족을 파괴하게 된다. 그러나 그림 (나)에서 죄를 나타내는 '파동 1'은 피를 나타내는 '파동 2'를 덮을 때 즉각 상쇄되는 결과를 가져오게 된다.

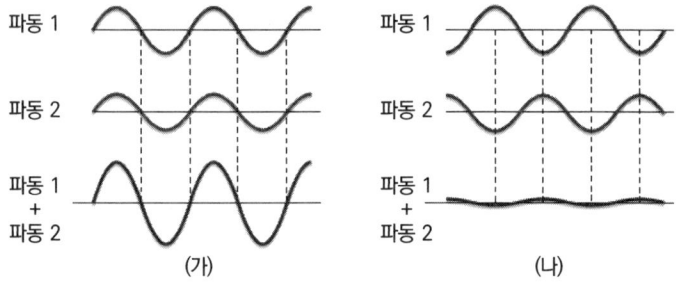

(가)　　　　　　　　　(나)

성화(sanctification)

하나님의 빛으로 비추임을 받은 사람들은 그 빛의 안내를 받으며 살게 된다. 이것을 전통적인 기독교 교리 용어로 '성화'(sanctification)라고 한다. 태초에 하나님께서 말씀하심으로 빛은 혼돈을 우주적 수면 가장자리로 몰아내기 시작했다. 하나님이 만드신 빛은 그 자체로 어둠을 몰아내며 팽창하는 에너지를 갖고 있다. 이것이 개인의 삶에도 적용되는 것이 성화이다. 하나님의 빛을 받은 사람의 영혼에는 이미 빛이 어둠을 몰아내는 일이 시작되었다. 내면에서 어둠이 저항하고 반격하겠지만 빛은 결국 승리할 것이다. 빛은 어둠의 저항을 뚫고 끝까지 나아갈 것이다.

그러면 믿다가 타락하거나 배교한 사람의 경우는 어떠한가? 예수님의 비유 가운데 천국은 물고기를 잡는 그물과 같다고 하셨다. 그리고 곡식과 가라지가 함께 자라는 밭과 같다고 하셨다. 사람이 보기에 엄밀하게 구분하는 것이 쉽지 않음을 인정해야 한다. 믿음으로 살다가 배교했을 경우 그리고 다시 회개할 기회를 얻지 못하고 죽었을 경우를 가정해 보자. 그러면 배교 이전의 믿음은 과연 참이었는가? 결과적으로 보면 그 믿음은 결코 참이라고 할 수 없다. 우리는 오직 결과만을 놓고 알 뿐이다. 참으로 말씀을 듣고 깨달은 자는 그 안에서 말씀의 빛이 어둠을 반드시 몰아내고 승리할 것이다.

> "우리가 알거니와 하나님을 사랑하는 자 곧 그 뜻대로 부르심을 입은 자들에게는 모든 것이 합력하여 선을 이루느니라"(롬 8:28)

> "너희 속에 착한 일을 시작하신 이가 그리스도 예수의 날까지 이루실 줄을 우리가 확신하노라"(빌 1:6)

사도 바울이 말한 대로 하나님께서 시작하셨다면 하나님께서 친히 완성하실 것이다. 이것이 성화교리의 근본이다. 양자 물리학자들은 전자의 움직임을 관찰하던 중에 마치 시간을 역행하는 것 같은 움직임을 발견하였다.[103] 이것은 "모든 것을 합력하여 선을 이루시는 하나님"의 능력을 충분히 보여 주는 증거가 될 수 있다. 하나님은 우리 안에 있는 어둠의 문제도 선을 이루는 도구로 사용하실 수 있는 분이다. 그래서 한번 시작하신 하나님이 결코 중도에 포기하거나 실패하지 않으며 반드시 끝까지 이끄실 것이라는 "성도의 견인" 교리

---

[103] 1999년 발표된 지연선택 양자 지우개 실험

가 나오게 된 것이다.

중간상태

복음을 들을 때 '순간적으로' 거듭남의 사건이 발생한다. 일단 복음을 듣고 영이 살아나게 되어 하나님의 영과 연결이 되고 나면 하나님의 빛 가운데 살아가게 되는, 즉 하나님의 통치 아래 있게 된다. 그러나 여전히 육신은 '죽은 상태'에 머물러 있다. 그래서 하나님의 빛 가운데 살아가더라도 필연적으로 갈등을 겪을 수밖에 없다. 그러나 결국 하나님의 빛이 승리할 것이다. 그러나 모든 육신은 반드시 죽어야 한다. 이것은 정해진 것이다. 관성력을 서서히 잃어 가는 팽이가 언젠가 멈추어 버리듯이 인간은 육체적 죽음을 향해 나아가야 한다. 그래서 육체는 원래 왔던 곳인 원자의 세계로 돌아가야 한다.

영혼과 육체가 분리되는 순간이 반드시 찾아오게 된다. 영적으로 죽은 상태에 있는 사람이나 복음을 듣고 그 영이 되살아난 사람이나 모두 육체적 죽음을 피할 수 없다. 이 죽음의 순간 영혼은 육신으로부터 분리된다. 육체는 분해되어 원자로 돌아가지만 영혼은 결코 죽을 수 없다. 의식은 결코 사라지지 않는다. 차이점이 있다면 죽기 전 경험했던 육체를 통해서 느끼는 것, 이를테면 육체를 통해 느끼는 고통, 감각, 중력도 느끼지 못할 것이다. 몸무게를 느끼는 것은 육신이 있기 때문에 가능한 것이다. 육신의 옷을 벗은 영혼은 너무나 홀가분한, 그래서 한없이 가벼운 느낌을 갖게 될 것이다.

인간의 의식은 결코 소멸되지 않으며[104] 양자정보의 형태로 존재한다고 할 수 있다. 원자가 소멸되지 않듯이 원자의 특성으로 구성된 의식세계 역시 사라지지 않는다. 여기에는 인간의 기억과 감정이 포함된다. 이것은 하나님 앞에서 보관될 것이다. 최후의 때, 부활의 때를 기다리면서 지낼 것이다. 이때 인간의 의식에 관한 모든 양자정보가 임시로 저장되는 곳은 두 곳, 낙원과 지옥이다. 낙원은 영광의 부활을 기쁨과 평강을 느끼며 기다리는 곳이며, 지옥은 영벌의 부활을 불안과 두려움을 느끼며 기다리는 곳이다. 낙원과 지옥은 모두 '중간상태'이며 마지막 부활의 순간까지만 임시로 저장되고 유지되는 컴퓨터의 램과 같은 곳이다.[105]

낙원에 대한 성경의 묘사는 다음과 같다.

---

104   어떤 이들은 '영혼수면설'을 주장한다. 죽음과 부활 사이에 영혼이 무의식 상태에 빠지게 된다는 주장은 전혀 성경적이지 않다. 물론 성경에서 '잠자는 자'라고 표현했지만 이것은 '무의식적인 상태'라는 뜻이라기보다는 육신이 사라졌으므로 의식은 뚜렷이 있으나 단지 보고 느끼는 감각기관인 육신과 연결된 그런 의식활동을 하지 않는다는 의미에서 '안식'의 상태를 뜻한다고 보아야 한다.
105   그리스도인의 죽음과 부활 사이의 기간에 죽은 자들이 어떤 상태에 있는가에 대한 이견이 개신교와 로마 가톨릭 사이에 있다. 로마 가톨릭은 이 기간에 신자의 영혼이 천국에 들어가기까지 정화되는 곳인 '연옥'이 있다고 말한다. 하지만 연옥에 대한 근거는 성경에서 찾아볼 수 없다.

"달린 행악자 중 하나는 비방하여 가로되 네가 그리스도가 아니냐 너와 우리를 구원하라 하되 하나는 그 사람을 꾸짖어 가로되 네가 동일한 정죄를 받고서도 하나님을 두려워 아니하느냐 우리는 우리의 행한 일에 상당한 보응을 받는 것이니 이에 당연하거니와 이 사람의 행한 것은 옳지 않은 것이 없느니라 하고 가로되 예수여 당신의 나라에 임하실 때에 나를 생각하소서 하니 예수께서 이르시되 내가 진실로 네게 이르노니 오늘 네가 나와 함께 낙원에 있으리라 하시니라"(눅 23:39-43)

사도신경에 나오는 대로 예수께서 사흘 동안 지옥에 내려가셨다는 것[106]은 사실이 아니다. 십자가에서 운명하신 그날에 예수님의 영혼은 낙원에 가셨다. 복음서에서 예수님은 '하나님 나라'라는 단어를 사용하실 때와 '낙원'이란 단어를 사용하실 때 그 의미가 다르다. 사람들의 빛으로 오신 예수님 자신이 곧 하나님 나라이며, 자신과 연결되어 하나님의 빛 가운데 살아가는 모든 사람들의 무리가 곧 하나님 나라임을 말씀하셨다. 반면 '낙원'은 믿는 자들이 육체로부터 분리되어 그 영혼이 부활의 때까지 임시적으로 머무는 장소이다.

그러면 낙원은 어떤 곳일까? 이에 대해서 사도 바울이 낙원에 다녀온 간증을 보도록 하자.

---

106 공인된 원문(Forma Recepta)과 영어 버전에는 He descended into hell 이라고 되어 있다.

"무익하나마 내가 부득불 자랑하노니 주의 환상과 계시를 말하리라 내가 그리스도 안에 있는 한 사람을 아노니 십 사년 전에 그가 세째 하늘에 이끌려 간 자라 (그가 몸 안에 있었는지 몸 밖에 있었는지 나는 모르거니와 하나님은 아시느니라) 내가 이런 사람을 아노니 (그가 몸 안에 있었는지 몸 밖에 있었는지 나는 모르거니와 하나님은 아시느니라) 그가 낙원으로 이끌려 가서 말할 수 없는 말을 들었으니 사람이 가히 이르지 못할 말이로다"(고후 12:1-4)

사도 바울은 자신이 낙원에 간 경험을 나누고 있다. 굉장한 경험이었지만 14년 동안 비밀로 간직해 왔다. 그 이유는 아마도 자신이 전한 복음보다 이러한 간증이 더 앞설 것에 대한 우려 때문이었을 것이다. 그러나 고린도 교회의 특수한 상황 때문에 이례적으로 그동안 감추어 두었던 이야기를 꺼내고 있는 것이다.

우선 낙원에 갔을 때의 자신이 정확히 어떤 상태였는지 알지 못한다고 말하고 있다. 몸과 함께 갔는지 몸 밖에서 자신의 영혼만이 갔다 온 것인지 모른다고 말하고 있다. 의식으로만 존재하는 인간의 느낌을 잘 표현한 것이다. 낙원은 하나님의 빛으로 가득 찬 곳이다. 죽은 성도들이 죽음의 순간 가장 먼저 보게 되는 것이 바로 이 빛일 것이다. 가시광선 밖의 빛을 볼 수 없는 제한을 가진 육체로부터 벗어나는 순간 보는 빛은 더욱 밝게 느껴질 것이다.

빛의 세계는 동시에 '소리의 세계'이기도 하다. 하나님이 창조하신 천사도 이 빛으로 지어진 존재이다. 이 빛은 모든 만물의 근원인데 이 빛에는 넓은 스펙트럼이 있다. 이 빛은 짧은 파장에서부터 넓은 파장까지 긴 스펙트럼을 가지고 있다. 각각의 파장은 각각의 주파수를 가지고 소리를 만들어 내는데 이 소리는 인간이 평소 들었던 그런 소리의 스펙트럼을 훨씬 뛰어넘는 그런 소리다. 인간이 귀로 들을 수 있는 소리의 범위는 인간의 눈으로 볼 수 있는 가시광선의 스펙트럼과 같이 매우 좁은 범위이다. 그런데 그 모든 빛의 스펙트럼이 만들어 내는 소리를 들을 수 있다면 얼마나 화려하고 또 황홀할 것인가.

이것은 중간상태이다. 믿다가 죽은 성도들의 영혼이 부활의 때까지 임시로 경험하는 의식의 공간이다. 이 공간에서는 무한한 기쁨과 평화, 그리고 화려한 빛과 황홀한 음악 소리로 가득 찬 그런 공간이다. 반면, 지옥은 그 반대로 형벌 받을 것에 대한 두려움과 공포로 가득한 그런 공간이다. 믿다가 죽은 그리스도인들을 '잠자는 자들'이라고 성경은 말한다. 이것은 의식이 없는 현실 세계의 잠자는 것과 달리 분명한 의식이 있다. 그러나 육체가 없으므로 세상을 느끼고 세상에서 일하는 혼의 기능이 일시 중단된 것이므로 '쉬는 것'이라고 하는 것이다. 그러나 이러한 상태는 영원하지 않다. 부활의 몸을 입게 되어 '깨어날 때'가 있다. 낙원에서 '새 하늘과 새 땅'으로 나아가는 이들이 있고 지옥에서 '불못'(lake of fire)으로 나아가는 이들이 있을 것이다. 이 중간에 '연옥'(purgatory) 같은 곳은 존재하지 않는

다.[107]

  결론적으로, 사람이 육체적으로 죽게 되면 어떻게 될까? 첫째, 감각기관인 신체로부터 분리되었으므로 의식은 더욱 또렷해지게 될 것이다. 둘째, 즉각적으로 '빛'을 느끼게 될 것이다. 이 빛은 물체에 반사되어 시신경으로 되돌아오는 그런 가시광선이 아니라 더 넓은 스펙트럼을 가진, 더욱 밝은 빛일 것이다. 육신이 빛과 소리의 범위를 제한하고 있었으나 이제 육신의 옷을 벗었으니 감각의 범위가 더욱 넓어지는 것이다. 셋째, 동시에 '소리'를 듣게 될 것이다. 사람의 눈이 인지하는 빛의 범위가 좁듯이 소리 또한 마찬가지다. 그러나 그러한 신체의 한계에서 벗어나게 되면서 육체로 존재했을 때 들었던 소리와 다른, 훨씬 폭넓은 범위의 소리를 듣게 될 것이다. 넷째, 중력에 영향을 받는 질량 덩어리인 신체로부터 분리되었기 때문에 마치 다이빙 선수가 높은 곳에서 떨어질 때 느끼는 것과 비슷하게 자신의 몸무게를 전혀 느끼지 못하게 될 것이다. 다섯째, 어떤 공간으로 이동하는 자신을 느낄 것이다. 여섯째, 어떤 이들은 무한한 평화와 기쁨을 느끼게 될 것이고, 어떤 이들은 불안과 두려움에 사로잡히게 될 것이다.[108] 일곱째, 말을 하고 싶으나 말할 수 없는 자신을

---

107 반면, 로마 가톨릭은 '연옥설'과 함께 복음을 듣지 못하고 죽은 영혼들이나 갓난아이들의 영혼이 머무는 공간이 있는데 이것을 '림보'(limbo)라고 말한다. 현대 로마 가톨릭 교리에서도 명확하게 규정되어 있지는 않다.

108 히브리서 10:27은 죽음 이후 불신자들의 중간상태를 묘사하고 있다. 불신자들은 '무서운 마음'과 '임박한 형벌을 의식하는 마음'으로 중간상태에 있을 것이다.

깨닫게 될 것이다. 여덟째, 육체로 존재할 때는 시공간의 느낌을 갖게 되는데 육체로부터 분리되는 의식세계는 그 어떤 공간감이나 시간의 흐름을 느끼지 못할 것이다. 아홉째, 이러한 상태는 영구적인 것이 아니며 무언가를 기다리는 상태이다. 열째, 부활하신 예수 그리스도가 계시는 곳에 머무는 영혼들은 무한한 기쁨과 평화를 맛볼 것이다.

6부
완성

"지혜는 직접 전달되지도 않고 나이를 먹어 간다고 해서 쉽게 축적되는 것이 아니다."

"오감만 잘 갖춰져 있다면 인간은 우주가 무엇인지를 탐험할 수 있으며 그것을 모험과학이라고 부른다."

- 에드윈 허블

6부
완성

그리스도의 재림

창조와 구원의 완성은 예수 그리스도의 재림(second coming of Christ)으로부터 시작된다. 하나님께서 로고스를 통해 만물을 창조하셨고 로고스는 하나님의 원천 파동으로서 모든 만물의 목적을 만드시는 분이시다. 데이비드 봄(David J. Bohm, 1917-1992)이라고 하는 물리학자가 주장한 향도파(pilot wave)의 원리와 비슷한 역할을 한다고 본다. 그러한 로고스가 사람의 몸을 입고 사람들 가운데 오셨다. 그분이 예수 그리스도시다. 이것을 신학적으로 '초림'이라고 한다. 예수 그리스도는 만물을 창조하시기 이전에 하나님과 협의하신 결정대로 구속의 근거를 성취하고자 오셨고 마침내 십자가로서 다 이루셨다. 하나님께서는 예수 그리스도를 죽은 자 가운데서 부활케 하심으로 모든 우주에 승리를 선포하셨다.

승천하신 예수 그리스도는 지상 교회들 가운데 자신의 영을 보내심으로 교회가 해야 할 일을 하게 하신다. 예수 그리스도는 교회의 머리로서 교회 안에서, 교회를 통해서 세상에 자신을 나타내신다. 부활하신 예수 그리스도께서 하시는 일은 하나님의 잃어버린 자들을 불러 모으는 일이다. 그래서 교회는 선교의 사명을 최우선으로 여기고 순종해야 하는 줄 알고 있다. 택하신 자들을 부르시는 하나님의 유일한 방법은 복음의 말씀이다. 하나님이 어떤 분이신지 그리고 하나님께서 보내신 로고스에 관하여 말씀을 전하는 가운데 하나님께서 예정하신 사람은 하나님의 부르심에 반응을 하게 된다.

교회가 이 사명을 다 마칠 즈음에 끝이 올 것이다(마 24:14). 땅의 모든 족속에게 복음이 전해지고 모든 종족 그룹이 복음에 대해 들어야 한다. 역사의 끝에는 혼란과 무질서의 정도가 최대치에 이르러 사람들은 일대 혼란을 겪을 때일 것이다. 지구의 기후와 지질은 극도의 무질서를 나타낼 것이며, 지구 위에 사는 인간들의 사회도 평화로운 곳이 하나도 없을 것이다. 국가 간 분쟁이 심화될 것이며, 가용한 에너지 자원의 부족으로 전쟁이 자주 일어날 것이고, 개인들도 점점 신경이 예민해져서 신경쇠약에 걸리거나 이기적인 행동으로 싸우게 될 것이다. 그리고 교회들은 핍박과 공격의 대상이 될 것이다. 그래서 명목상 신자들이 점점 교회를 비난하며 떠나가게 될 것이다.

혼란과 무질서가 극도에 이르러 사람들이 정신을 차리지 못하는 순간에 우주적 쇼가 펼쳐질 것이다. 아무도 예상하지 못한 순간에 갑자기 놀라운 일이 있을 것이다. 승천하신 예수 그리스도께서 지구상의 모든 인류가 지켜보는 가운데 공중에 나타나실 것이다. 그의 곁에는 수많은 천사들, 그리고 죽었던 성도들이 부활한 몸으로 함께 서 있을 것이다. 모든 인류가 그의 모습을 보고 대성통곡할 것이다.

누구는 기쁨의 눈물을 흘리면서 통곡할 것이고, 누구는 후회와 한탄의 눈물을 흘릴 것이다. 인류의 역사는 예수 그리스도의 다시 오심으로 막을 내릴 것이다. 그러나 이것은 창조와 구원의 완성이 시작되는 사건이다.

그리스도의 재림이 창조의 완성인 까닭은 이렇다. 하나님께서 로고스를 통해 만물을 창조하셨을 때는 로고스를 위해서 창조하셨고 로고스를 기쁘게 하기 위해 창조하신 것이며 로고스를 섬기라고 창조하신 것이다. 만물의 창조 마지막에 최고의 피조물인 사람 역시 그러한 목적으로 창조되었다. 그러나 반역이 시작되었고 하나님의 목적이 잠시 주춤하는 것처럼 보였다. 미혹과 거짓말에 속아 하나님을 반역하기로 한 인간은 하나님의 빛의 세계를 떠나 추방되었고 자신을 관리해 줄 사람이 없으므로 만물은 고통을 겪으며 '허무함'에 복종하여야만 했다. 그런데 이제 로고스가 하나님의 형상을 회복한 부활한 하나님의 아들들과 함께 나타났으니 모든 우주 만물은 기뻐하며 노래 부를 것이다. 하나님의 창조의 목적은 그리스도의 재림으로 완성되는 것이다.

또한 예수 그리스도의 재림은 우리의 구원의 완성이 시작되는 것을 알리는 사건이다. 더 이상 눈물 흘리거나 고통을 겪을 일은 없을 것이며 신앙을 지키기 위해 전전긍긍하며 지하 동굴을 헤매는 일이 없을 것이다. 죄의 결과로 찾아온 죽음과 죄를 짓게 한 마귀의 세력은 영원히 제압될 것이기 때문이다. 그리고 태초에 사람을 창조하신 하나님의 목적을 따라 만물을 '정복하고 다스리는 일'을 수행하면서 그리스도와 함께 영원히 살게 될 것이다. 우리는 영원히 그리스도를 바라보며 기뻐할 것이고, 그리스도를 기쁘게 하는 방식으로 만물을 다스리게 될 것이다. 이것이 우리가 갖고 있는 장래의 소망이다.

여기서 '밀레니엄' 논쟁이 등장하게 된다. 요한계시록 20장에 나오는 '천년왕국'을 어떻게 해석해야 하는가는 신학의 종말론에 있어서 뜨거운 감자였다. 천년왕국 논쟁에서 대표적으로 전천년설, 후천년설, 그리고 무천년설이 있다. 전천년설은 예수 그리스도께서 재림하신 이후부터 문자적으로 천 년 동안 '기독교 왕국'이 지상에 세워질 것이라고 하는 주장이다. 그리고 후천년설은 문자적인 천년 동안 '기독교 왕국'이 실현된 직후 예수 그리스도께서 재림할 것이라고 하는 주장이다. 그리고 무천년설은 '천년'이란 기간이 문자적인 기간이 아니라 상징적인 기간이라고 보는 관점이다.

천년왕국이라는 표현이 요한계시록 20장에만 나오는 표현이고, 요한계시록은 그림언어로 메시지를 전하는 묵시적 예언서임을 볼 때 '천년 동안 왕 노릇 한다'는 표현은 문자적인 의미가 아니라 상징적인 의미로 보아야 한다. 전천년설이든 후천년설이든 천년이란 기간을 문자적으로 보는 것은 오히려 다른 성경 본문과 서로 충돌하는 것이 많은 관점이다. 사도 바울이 로마서에서 그리스도인들이 복음 안에서 '왕 노릇 한다'고 했을 때 문자적인 의미의 천년 동안 문자적인 의미에서 왕 노릇 한다고 말하지 않았다(롬 5:17, 21). 사도 바울은 그리스도인들이 복음 안에서 '지금 현재' 왕 노릇 하는 것으로 말하고 있기 때문이다.

단지 왕 노릇 하는 것이 미래에 정해진 기간에 일어나는 일이라고 한다면 이것은 복음을 심각하게 왜곡하는 문제를 야기한다. 또 요한복음에서 '살아나다'는 단어가 이중적으로 사용되고 있다는 것을 볼 때(요 5:25, 28; 11:25, 26) 동일한 저자에 의해 기록된 요한계시록에서 '살아나서 천년 동안' 왕 노릇 한다는 것을 '문자적인 의미'로 국한시켜야 한다는 것은 옳지 않다. 그리고 요한계시록 안에서조차 '문자적 의미'의 천년왕국은 많은 모순을 일으킨다. 건전한 성경해석의 원칙은 역사적, 문법적으로 해석을 하며 전체적으로 모순을 줄이는 방향으로 즉, 교리적인 해석이 되어야 한다. 교회 역사를 살펴보더라도 문자적인 천년왕국론은 결코 지지할 수 없다. 천년왕국을 문자적인 의미로 받아들이는 것은 시오니즘에 사로잡혔던 유대주의의 망령과 다를 바 없다.

그리스도께서 재림하는 순간은 모든 '잠자는 성도'가 부활의 몸을 덧입는 순간이다. 부활은 거듭남의 사건을 의미하는 첫째 부활이 있고, 새로운 신체를 입게 되는 둘째 부활이 있다. 둘째 부활은 예수 그리스도께서 자신의 영광을 온 우주에 드러내시는 순간에 발생한다. 어떤 사람은 이 부활이 여러 번 있을 것이라고 주장하지만 육체적 부활은 역사의 마지막에 한 번 일어날 것이다. 단 시간차는 있다. 우선 예수 그리스도께서 공중에 자신의 영광을 드러내시는 순간에 잠자는 성도들이 부활하여 함께할 것이다. 죽은 성도들의 부활은 그리스도의 재림과 동시에 일어날 것이다. 그리고 그리스도의 재림과 그 곁에 서 있는 부활한 성도들의 모습을 지켜보는 가운데 지상의 살아 있는 그리스도인들이 낡은 신체가 새로운 신체로 변화할 것이다. 그리고 천사의 손에 이끌려 공중에서 예수 그리스도를 영접하게 될 것이다. 이것이 성경이 말하는 재림의 순간에 일어날 부활의 시나리오이다.

그리스도의 재림 이후 어떤 일이 일어날 것인가? 지상에는 큰 재앙이 임할 것이고 그 재앙 직후 역사상 살았던 모든 인류는 하나님의 심판대 앞을 지나가게 될 것이다. 그리고 하나님의 심판대를 지나 좌우로 갈라지게 될 것이다. 한쪽은 새 하늘과 새 땅으로 나아갈 것이고 다른 한쪽은 꺼지지 않는 불못으로 나아갈 것이다.

영화(glorification)

낙원과 지옥, 또는 다른 이들이 말하는 천국과 지옥은 궁극적인 목적지가 아니다. 믿는 자나 믿지 않는 자, 선한 자나 악한 자 모두 부활하게 될 것이다. 부활의 시기는 예수 그리스도께서 다시 오시는 시기와 동일하다. 2,000여 년 전 무덤에 나와 부활하신 예수 그리스도는 40여 일간 제자들과 함께 더 지내시다가 그들이 보는 가운데 하늘로 올라가셨다. 이때의 순간에 대해 성경은 다음과 같이 기록하고 있다.

"이 말씀을 마치시고 저희 보는데서 올리워 가시니 구름이 저를 가리워 보이지 않게 하더라 올라가실 때에 제자들이 자세히 하늘을 쳐다 보고 있는데 흰옷 입은 두 사람이 저희 곁에 서서 가로되 갈릴리 사람들아 어찌하여 서서 하늘을 쳐다 보느냐 너희 가운데서 하늘로 올리우신 이 예수는 하늘로 가심을 본 그대로 오시리라 하였느니라"(행 1:9-11)

다시 오실 예수 그리스도를 기다리는 것은 초대 교회들의 중요한 신앙의 뼈대를 이루고 있었다. 사도 바울은 데살로니가 교회의 신앙을 칭찬하면서 다음과 같이 말하고 있다.

"주의 말씀이 너희에게로부터 마게도냐와 아가야에만 들릴 뿐 아니라 하나님을 향하는 너희 믿음의 소문이 각처에 퍼진고로 우리는 아무 말도 할것이 없노라 저희가 우리에 대하여 스스로 고하기를 우리가 어떻게 너희 가운데 들어간 것과 너희가 어떻게 우상을 버리고 하나님께로 돌아와서 사시고 참되신 하나님을 섬기며 또 죽은 자들 가운데서 다시 살리신 그의 아들이 하늘로부터 강림하심을 기다린다고 말하니 이는 장래 노하심에서 우리를 건지시는 예수시니라"(살전 1:8-10)

사도 바울은 성도의 죽음과 부활에 관하여 다음과 같이 기록하고 있다.

"형제들아 자는 자들에 관하여는 너희가 알지 못함을 우리가 원치 아니하노니 이는 소망 없는 다른이와 같이 슬퍼하지 않게 하려 함이라 우리가 예수의 죽었다가 다시 사심을 믿을찐대 이와 같이 예수 안에서 자는 자들도 하나님이 저와 함께 데리고 오시리라 우리가 주의 말씀으로 너희에게 이것을 말하노니 주 강림하실 때까지 우리 살아 남아 있는 자도 자는 자보다 결단코 앞서지 못하리라 주께서 호령과 천사장의 소리와 하나님의 나팔로 친히 하늘로 좇아 강림하시리니 그리스도 안에서 죽은 자들이 먼저 일어나고 그 후에 우리 살아 남은 자도 저희와 함께 구름 속으로 끌어 올려 공중에서 주를 영접하게 하시리니 그리하여 우리가 항상 주와 함께 있으리라"(살전 4:13-17)

여기서 우리는 신앙생활 하다가 죽은 성도들을 '죽은 자'가 아니라 '잠자는 자'라고 표현하고 있는 것을 본다. 이것은 지금 우리가 매일 잠자는 것과는 다른 방식이다. 사람은 매일 밤, 잠들 때 그의 의식은 육체와 함께 쉬는 것이지만 죽은 자를 '잠자는 자'라고 했을 때는 육체적 수면과 달리 의식이 분명한 상태로 있을 것이다. 그런데 수면(sleeping)이라고 한 것은 의식적 활동을 하도록 하는 수단인 육체가 사라졌기 때문에 그렇게 표현한 것이다. 육체는 분해되어 원자로 되돌아가지만 의식은 양자정보의 형태로 계속 존재하게 될 것이다. 그 양자정보가 새로운 신체를 입게 되는 것이 부활이다.

"보라 내가 너희에게 비밀을 말하노니 우리가 다 잠잘 것이 아니요 마지막 나팔에 순식간에 홀연히 다 변화하리니 나팔 소리가 나매 죽은 자들이 썩지 아니할 것으로 다시 살고 우리도 변화하리라 이 썩을 것이 불가불 썩지 아니할 것을 입겠고 이 죽을 것이 죽지 아니함을 입으리로다 이 썩을 것이 썩지 아니함을 입고 이 죽을 것이 죽지 아니함을 입을 때에는 사망이 이김의 삼킨바 되리라고 기록된 말씀이 응하리라"(고전 15:51-54)

모든 사람이 다 부활할 것이다. 영생의 부활 아니면 영벌의 부활 두 가지만 있을 것이다. 선지자 다니엘은 다음과 같이 기록했다.

"땅의 티끌 가운데서 자는 자 중에 많이 깨어 영생을 얻는 자도 있겠고 수욕을 받아서 무궁히 부끄러움을 입을 자도 있을 것이며 지혜 있는 자는 궁창의 빛과 같이 빛날 것이요 많은 사람을 옳은 데로 돌아오게 한 자는 별과 같이 영원토록 비취리라"(단 12:2-3)

예수님 또한 모든 사람이 부활하게 될 것이라고 말씀하셨다.

"이를 기이히 여기지 말라 무덤 속에 있는 자가 다 그의 음성을 들을 때가 오나니 선한 일을 행한 자는 생명의 부활로, 악한 일을 행한 자는 심판의 부활로 나오리라"(요 5:28-29)

그러면 이때 어떤 신체를 갖게 될 것인가? 예수 그리스도의 부활 신체가 기본적인 특성을 잘 보여 주고 있다. 그래서 예수 그리스도의 부활을 '잠자는 자들의 첫 열매'라고 한다. 예수 그리스도의 부활

은 모든 '잠자는 자들'의 부활의 모델이다.[109]

> "그러나 이제 그리스도께서 죽은 자 가운데서 다시 살아 잠자는 자들의 첫 열매가 되셨도다"(고전 15:20)

그런데 부활한 육체는 획일적으로 똑같지 않을 것이다. 신체의 모양도 다를 것이고 신체의 영광도 다를 것이다. 어떤 모양의 신체를 갖게 될 것인지는 아무도 모른다. 오직 하나님만이 아시며 하나님만이 결정하신다. 사도 바울은 이렇게 말하고 있다.

> "하나님이 그 뜻대로 저에게 형체를 주시되 각 종자에게 그 형체를 주시느니라 육체는 다 같은 육체가 아니니 하나는 사람의 육체요 하나는 짐승의 육체요 하나는 새의 육체요 하나는 물고기의 육체라 하늘에 속한 형체도 있고 땅에 속한 형체도 있으나 하늘에 속한 자의 영광이 따로 있고 땅에 속한 자의 영광이 따로 있으니 해의 영광도 다르며 달의 영광도 다르며 별의 영

---

[109] 어떤 이들은 육체적으로 죽는 순간 '즉각적인 부활'을 한다고 주장한다. 이 주장을 받아들이면 또 다른 모순이 생긴다. 우선, 예수 그리스도의 부활이 잠자는 자들의 첫 열매가 된다는 사도의 진술에 모순이 생긴다. '첫 열매'란 말은 처음이다. 그러면 예수 그리스도 이전에 죽은 성도들은 어떻게 되는가? 그들도 죽는 순간 부활한 것인가? 그다음으로, 예수 그리스도께서 재림하실 때 잠자는 자들이 깨어나서 부활하게 될 것이라는 전통적인 교리는 무너지게 된다. 예수 그리스도의 재림 시에 '부활'은 없고 오직 지상에 살아 있는 그리스도인들의 '변화'만 있다는 주장이 된다. 따라서 죽는 순간 즉각적인 부활을 한다는 주장은 성경적인 주장으로 받아들일 수 없다.

광도 다른데 별과 별의 영광이 다르도다 죽은 자의 부활도 이와 같으니 썩을 것으로 심고 썩지 아니할 것으로 다시 살며 욕된 것으로 심고 영광스러운 것으로 다시 살며 약한 것으로 심고 강한 것으로 다시 살며 육의 몸으로 심고 신령한 몸으로 다시 사나니 육의 몸이 있은즉 또 신령한 몸이 있느니라"(고전 15:38-44)

믿음으로 살다가 죽은 자들이 새로운 몸을 입고 나타나는 것을 '성도의 영화'(Glorification of Saints)라고 한다. 흙에 속한 자(첫째 아담)의 형상을 입고 살았던 몸이 하늘에 속한 분(둘째 아담이신 그리스도)의 형상을 입는 것으로 비로소 구원이 완성된다. 혹자는 이렇게 질문할 수 있겠다. 영혼이 낙원에서 계속 살면 되지 않느냐고. 굳이 부활할 이유가 무엇이냐고. 그것에 대한 대답은 다시 창조의 목적에서 찾을 수 있다. 하나님께서 사람을 창조하실 때 굳이 신체를 가진 존재로 창조하신 이유가 무엇일까? 그것은 하나님께서 사람을 만드시고 사람에게 내리신 명령에 잘 나타난다.

"하나님이 자기 형상 곧 하나님의 형상대로 사람을 창조하시되 남자와 여자를 창조하시고 하나님이 그들에게 복을 주시며 그들에게 이르시되 생육하고 번성하여 땅에 충만하라, 땅을 정복하라, 바다의 고기와 공중의 새와 땅에 움직이는 모든 생물을 다스리라 하시니라"(창 1:27-28)

하나님께서 창조하신 모든 물질계와 생명계를 관리하며 다스리는 일을 위해 사람을 육신을 가진 존재로 지으신 것처럼 부활의 목적 또한 하나님의 창조세계를 계속 관리하고 다스려야 하기 때문이다. 인간은 단지 우주에서 가장 뛰어난 피조물일 뿐만 아니라 우주에서 가장 필요한 존재로 지음받았다.

부활의 신체는 아담의 신체와 몇 가지 부분에서 다를 것이다. 첫째, 남자와 여자의 성은 사라질 것이다. 따라서 출산과 양육과 같은 생식기능과 성장기능이 없을 것이다. 둘째, 죄와 유혹의 원인이 제거되었으므로 죄를 지을 가능성이 없을 것이다. 셋째, 영생과 죽음의 갈림길에 놓여 있어 불완전했던 아담의 신체와 달리 부활의 신체는 양자역학적으로 완벽한 양자중첩의 상태, 즉 신체는 파동과 입자의 이중성을 유지하며, 자유로이 두 성질을 오갈 수 있는 그런 신체일 것이다.

생명책

역사의 마지막 순간에는 창조주 하나님께서 모든 인간들을 살아나게 하시고 한 사람씩 심판을 내리실 것이다. 이 심판에는 검사와 변호사는 등장하지 않을 것이다. 이때에는 두 종류의 책이 심판의 근거로 제시될 것이다. 하나는 행위의 책들이고, 다른 하나는 생명책이다. 전자는 복수이고, 후자는 단수이다. 즉, 전자는 모든 인간들마다 하나씩 있는 양자정보 기록이고, 후자는 모든 인간들 속에 생명이 있는지 확인하는 시금석과 같은 역할을 할 것이다. 전자는 상벌의 기준을 정하는 데 활용될 것이고 후자는 영생을 어디서 보낼 것인가를 결정하는 데 활용될 것이다.

"또 내가 보니 죽은 자들이 무론 대소하고 그 보좌 앞에 섰는데 책들이 펴 있고 또 다른 책이 펴졌으니 곧 생명책이라 죽은 자들이 자기 행위를 따라 책들에 기록된대로 심판을 받으니"(계 20:12)

"누구든지 생명책에 기록되지 못한 자는 불못에 던지우더라"(계 20:15)

복음서에서도 예수님은 우리가 무슨 무익한 말을 하든지 그 말에 따라 의롭게 되고 그 말에 따라 정죄를 받게 될 것이라고 하셨다(마 12:36, 37). 우리는 행위의 책들과 생명책을 양자역학으로 설명할 수 있다. 우리의 말과 행위는 사라지는 것이 아니라 기록되고 있다. 우리의 말과 행동은 사라지지 않고 완벽한 양자정보를 지금도 계속 남기고 있다. 은밀한 모든 것은 반드시 드러날 것이다. 다른 사람이 보지 못하고 듣지 못한다고 없어지는 것이 결코 아니다. 이것이 성경이 말하는 행위의 책들이다. 반면 생명책은 예수님의 생명과 양자적으로 얽혀 있는 자들의 정보이다.

예수님 안에 생명이 있는데 이 생명이 사람들의 빛이라고 성경은 말한다(요 1:4). 예수님을 영접한 자들에게는 그 빛이 들어와 있는 것이고 그것에 대한 양자정보가 기록된 것이 곧 생명책인 것이다. 생명책은 일종의 리트머스 시험지와 같아서 같은 생명을 품은 영혼을 감별해 내는 어떤 양자 장치와 같은 것이다. 반면 또 다른 양자정보를 보관하는 것은 인류 한 사람 한 사람이 평생에 했던 말과 행동들이 양자얽힘의 상태로 보관된 정보일 것이다. 모든 사람들은 자신이 한 말과 했던 행동들이 낱낱이 하나님의 빛 가운데 드러나게 될 것이다. 하나님께서 마지막 날 모든 인류를 심판하실 때는 완벽한 양자정보를 가지고 심판하실 것이므로 어느 누구도 반박할 수 없을 것이다. 마지막 심판에는 변호사나 검사의 논쟁이 결코 필요 없는 것이다.

불못

성경은 불못(lake of fire)에 던져지는 것을 둘째 사망(second death)이라고 말한다(계 20:14). 이곳에 던져지게 될 존재는 '사망과 음부'(death and Hades), '생명책에 기록되지 않은 모든 자들,' '세상을 미혹하는 마귀,' 그리고 '적그리스도와 거짓선지자들'이다. 하나님께서 이곳을 건설하신 목적은 범죄한 천사들을 가두기 위해서였다(벧후 2:4). 사람이 이곳에 던져지게 되는 것은 생명의 길을 스스로 거부함으로 초래된 결과이다. 이 장소는 단지 비유에 불과한 것일까 아니면 실제일까? 이곳은 어쩌면 블랙홀일지 모른다. 우주에서 가장 강력한 중력을 가지고 있고 빛조차 빠져나오지 못하는 곳은 오직 블랙홀이다. 지금까지 실제 촬영된 블랙홀은 2019년 처녀자리 은하단에 있는 M87과 2022년 궁수자리 A이며 더 많을 것으로 추정된다. 중력이 극단적인 상황에서 시공간이 극단적인 왜곡을 겪게 되는데 이것이 블랙홀이다. 관측 가능한 경계를 나타내는 사건의 지평선(event horizon)을 지나 블랙홀의 가장 중심부에서는 모든 원자를 붕괴시키는 극한의 중력으로 인해 매우 높은 온도일 것이다.

블랙홀의 개념은 1783년 존 미첼이 처음 제시하였다. 아인슈타인이 1915년 일반 상대성 이론을 발표했을 때 과학자들은 시공간에 대하여 새롭게 이해하게 되었다. 같은 해 아인슈타인의 상대성 이론을 연구한 카를 슈바르츠쉴트가 일반 물리학이 적용되지 않는 현상이 가능함을 주장했고, 1931년 인도 물리학자 찬드라세카르가 태양의 질량보다 1.44배가 큰 항성은 백색왜성의 추가적인 중력붕괴 가능성이 있음을 이론적으로 증명하였다. 1932년 바데와 츠비키에 의해서 백색왜성이 중성자별이 될 수 있는 가능성을 발표했다. 1939년 미국 양자물리학자 오펜하이머는 태양보다 더 큰 질량의 별이 수명을 다했을 때 자체 중력을 버티지 못하고 한 개의 점으로 수축한다고 주장하였다. 스티븐 호킹은 블랙홀에서부터 열복사선이 방출된다는 호킹복사이론을 발표했다. 스티븐 호킹은 호킹 복사에 의해 양자정보가 사라질 수도 있다는 의견을 제시하였으나 리너드 서스킨드를 비롯한 몇몇 과학자는 30년간의 긴 논쟁을 통해 정보가 사라지지 않는다는 주장을 꾸준히 제시하였다.[110] 그래서 블랙홀은 이제 더 이상 상상의 존재가 아니라 과학계에서 뜨거운 이슈가 되었다.

새 하늘과 새 땅

성경은 심판 이후 마지막으로 펼쳐질 세상에 관하여 다음과 같이 묘사하고 있다.

"또 내가 새 하늘과 새 땅을 보니 처음 하늘과 처음 땅이 없어졌고 바다도 다시 있지 않더라 또 내가 보매 거룩한 성 새 예루살렘이 하나님께로부터 하늘에서 내려오니 그 예비한 것이 신부가 남편을 위하여 단장한 것 같더라 내가 들으니 보좌에서 큰 음성이 나서 가로되 보라 하나님의 장막이 사람들과 함께 있으매 하나님이 저희와 함께 거하시리니 저희는 하나님의 백성이 되고 하나님은 친히 저희와 함께 계셔서 모든 눈물을 그 눈에서 씻기시매 다시 사망이 없고 애통하는 것이나 곡하는 것이나 아픈 것이 다시 있지 아니하리니 처음 것들이 다 지나갔음이러라 보좌에 앉으신 이가 가라사대 보라 내가 만물을 새롭게 하노라 하시고 또 가라사대 이 말은 신실하고 참되니 기록하라 하시고 또 내게 말씀하시되 이루었도다 나는 알파와 오메가요 처음과 나중이라 내가 생명수 샘물로 목 마른 자에게 값 없이 주리니 이기는 자는 이것들을 유업으로 얻으리라 나는 저

---

110 블랙홀 전쟁, 레너드 서스킨드, 이종필 역, 사이언스북스, p. 111

의 하나님이 되고 그는 내 아들이 되리라 그러나 두려워하는 자들과 믿지 아니하는 자들과 흉악한 자들과 살인자들과 행음자들과 술객들과 우상 숭배자들과 모든 거짓말 하는 자들은 불과 유황으로 타는 못에 참예하리니 이것이 둘째 사망이라"(계 21:1-8)

"다시 저주가 없으며 하나님과 그 어린 양의 보좌가 그 가운데 있으리니 그의 종들이 그를 섬기며 그의 얼굴을 볼터이요 그의 이름도 저희 이마에 있으리라 다시 밤이 없겠고 등불과 햇빛이 쓸데 없으니 이는 주 하나님이 저희에게 비취심이라 저희가 세세토록 왕노릇하리로다"(계 22:3-5)

마지막 때에 부활한 하나님의 자녀들은 낙원이 아니라 새 하늘과 새 땅에서 불멸의 존재로 살게 될 것이다. 부활한 이들의 신체는 사실상 천사와 같다. 천사는 빛으로 창조된 고차원적 존재이다. 부활한 그들은 천사들과 어울려 지낼 것이다. 그들은 천사와 같이 생식 기능이 없을 것이다. 더 이상 출산하고 번성하는 일은 없을 것이다. 그들의 몸은 부활하신 예수 그리스도의 몸과 같을 것이다. 자유자재로 입자와 파동의 성질을 오가는 신체이며, 시공간에 아무런 제약을 받지 않는 신체이며, 아무런 중력의 장애도 겪지 않을 것이다. 그러나 그들은 특수한 신체를 가지고 하나님이 새롭게 하신 만물을 원래 사람을 창조하실 때의 그 목적을 따라 만물을 다스리고 정복하고 지배하는 역할을 수행하며 살 것이다.

"바다도 다시 있지 않더라"(계 21:1)

하나님께서는 카오스(혼돈)로부터 빛을 창조하셨다. 그리고 둘째 날 물과 물 사이의 공간을 분리하셨다. 그리고 셋째 날 물에서 땅이 나오게 창조하셨다. 물(바다)은 혼돈(카오스)을 상징하는 것이었다. 바다가 다시 있지 않더라는 것은 혼돈의 세력이 사라진 것을 상징한다. 새 하늘과 새 땅이 있을 뿐이다. 하늘과 땅은 모두 물에서 나온 것이다. 물은 안정되지 못하고 늘 흔들리며 변화가 심하다. 그러한 것이 사라지고 새롭게 된 하늘과 땅에서 부활한 하나님의 아들들이 하나님의 창조대행자가 되어 우주 곳곳에 질서를 부여하며 다스리며 정복하는 일을 해 나갈 것이다.

"보라 내가 만물을 새롭게 하노라."(계 21:5)

이것은 창조된 만물을 개혁(reform)하는 것을 의미할 것이다. 무에서 유를 만드는 것(창조)이 아니라 유를 새롭게 하는 것(개혁)이다. 태초에 말씀으로 만물을 시작하신 하나님이 동일하게 말씀으로 만물을 새롭게 하실 것이다. 원자는 새롭게 구성될 것이다. 몇몇 천문학자들이 예상하는 빅 프리즈(Big Freeze)나 빅 립(Big Rip)이라고 하는 우주 종말은 일어나지 않을 것이다. 사도 베드로 또한 동일한 비전을 말하고 있다.

"그러나 주의 날이 도적 같이 오리니 그 날에는 하늘이 큰 소리로 떠나가고 체질이 뜨거운 불에 풀어지고 땅과 그 중에 있는 모든 일이 드러나리로다 이 모든 것이 이렇게 풀어지니 너희가 어떠한 사람이 되어야 마땅하뇨 거룩한 행실과 경건함으로 하나님의 날이 임하기를 바라보고 간절히 사모하라 그 날에 하늘이 불에 타서 풀어지고 체질이 뜨거운 불에 녹아지려니와 우리는 그의 약속대로 의의 거하는바 새 하늘과 새 땅을 바라보도다"(벧후 3:10-13)

하나님이 만드신 모든 물질세계는 그것을 관리해 줄 하나님의 아들들이 출현해 줄 것을 간절히 기다리며 신음하고 있다고 했다. 이제 부활의 몸을 얻게 된 하나님의 아들들이 드디어 온 우주 가운데 나타났으니 더 이상 신음하지 않을 수 있게 되었다. 만물은 한 번 더 "빛이 있으라" 선언하신 하나님의 말씀과 같이 "만물을 새롭게 하노라"라는 말씀으로 새로워질 것이다. 최초 인간을 창조하신 하나님의 목적은 이로써 완성될 것이다.

이제 만물은 더 이상 신음하지 않는다. 인류에게 있어 왔던 고통과 질병의 저주는 결코 찾아볼 수 없을 것이다. 죽음도 사라질 것이다. 눈물 흘릴 일도 없을 것이다. 고통과 아픔의 문제는 완벽하게 해결될 것이다. 하나님의 창조의 목적이 드디어 완성되는 것이다. 새 하늘과 새 땅에서의 삶은 현재 우리가 보는 것보다 더 많은 것을 보게 되며, 우리가 듣는 것보다 더 많은 것을 들을 수 있으며, 우리가 만질 수 있는 것보다 더 많은 것을 감각할 수 있을 것이다. 지금 우리가 감각하는 영역은 겨우 5%에 지나지 않지만 그때에는 100% 감각하는 세상이 될 것이다. 빛은 더욱 화려하고 소리는 더욱 아름다울 것이다. 이 순간은 반드시 오게 될 것이다.

그러면 하나님께서 현재 이곳에서 육체의 한계를 가지고 잠시 살아가도록 허락하신 이유가 무엇일까? 현재의 삶은 미래의 삶을 결정짓는 학교와 같다. 인생의 한계를 경험하면서 영원을 사모하는 법을 배우게 된다. 현재의 삶에서 빛을 발견하고 어둠의 나라에서 나와서 빛에 연결되어 빛 가운데 살아가는 사람이 미래 영원한 빛으로 살아가게 되는 축복을 얻게 될 것이다(벧전 2:9). 현재 삶 속에서 진리의 말씀을 밝혀 스스로 빛을 내는 인생, 말씀을 순종함으로 빛을 발하는 인생은 미래 영원히 빛을 내는 인생으로 부활하게 될 것이다.

7부
기타 고려해 볼 주제들

"과학은 관찰이 우리로 하여금 선입관을 바꾸도록 강제할 때 최고로 발전한다."

- 베라 루빈

"지식의 가장 높은 수준은 자신이 아무것도 모른다고 인정하는 것이다."

- 소크라테스

7부
기타 고려해 볼 주제들

다양한 우주관에 대하여

 천문학(astronomy) 중에서도 우주의 기원, 구조, 진화를 연구하는 학문을 우주론(cosmology)이라고 한다. 고대 우주론은 '천동설'로 대표된다. 땅은 평평하며 땅을 중심으로 하늘의 천체들이 움직이고 있다고 보았다. 중세시대 코페르니쿠스나 갈릴레이 같은 자연철학자들이 등장하면서 땅이 움직이고 있다는 '지동설'이 대세를 얻게 되었다. 그리고 뉴턴의 만유인력 법칙으로 근대 우주론이 만들어졌고, 아인슈타인의 상대성 이론의 등장으로 말미암아 본격적으로 우주를 관찰하고 연구하는 우주론이 시작되었다고 볼 수 있다. 특히 20세기 들어와 양자역학이 본격적으로 대두되면서 해석의 문제가 집중적으로 논의되기 시작하면서 다양한 우주론이 생기게 되었다. 일반적으로 주류 우주론에는 천동설(Ptolemaic theory)에 기반한 고대 우주론, 지동설(Copernican theory)에 기반한 근대 우주론, 정상 우주론(steady-state theory), 빅뱅 우주론(Big Bang theory 또는 inflation theory) 등이 있으며, 비주류 우주론으로는 일반 대중의 이목을 끌기 위해 제시되었으나 본격적으로 연구되지 않고 있는 홀로그램, 시뮬레이션, 프랙탈[111], 블랙홀 우주론 등이 있다.

1. 정상상태 우주론

　정상우주론(steady-state cosmology)이란 우주는 정적이며, 영원히 존재했다는 이론으로 20세기 초부터 널리 받아들여졌다. 빅뱅이론을 비판한 영국 천체 물리학자 프레드 호일(Fred Hoyle, 1915-2001)이 적극 옹호하였다. 하지만 1915년 아인슈타인의 일반 상대성 이론이 등장함에 따라 흔들리기 시작했다. 1922년 러시아의 물리학자 프리드먼(Alexander Alexandrovich Friedmann)은 아인슈타인의 일반 상대성 이론을 연구하던 중 우주가 팽창할 수 있다는 사실을 수학적으로 밝혀내었다. 아인슈타인 본인은 처음에는 우주팽창이론을 반대했고 정상상태 우주론을 받아들이고 있었으나 그의 특수 상대성 이론과 일반 상대성 이론은 시간과 공간 그리고 빛과 에너지에 관한 과학자들의 생각을 근본적으로 바꿔 놓기에 충분했고 결국 현대 우주론의 근간을 이루었다. 정상상태 우주론을 굳게 믿었던 아인슈타인은 1931년 2월 3일 허블(Edwin Powell Hubble, 1889-1953)이 일하고 있는 미국 캘리포니아 윌슨산 천문대를 방문한 자리에서 관측 자료를 살펴본 후 모

111　프랙탈 우주론(fractal cosmology)이란 우주 전체가 인간의 신체와 같은 유기체라는 관점을 말한다. 우주가 거대한 생명체의 일부라는 주장은 '유사과학'으로 분류되고 있으며 천문학자들에 의해서 진지하게 연구되고 있지 않고 있다.

인 기자들 앞에서 그동안 가졌던 자신의 신념을 포기하기로 선언하였다.[112] 20세기 초 양자역학의 발달과 더불어 우주론 또한 획기적인 패러다임의 변화를 겪게 되었다.

2. 시뮬레이션 우주 / 메타버스

양자역학에서 유명한 이중 슬릿 실험에 의하면 관측하는 행위에 따라 입자가 파동 혹은 입자의 모습을 띠고 있다는 것이 입증되었다. 그래서 결국 관측행위가 무엇인가에 대한 해석의 문제를 만든다. 이러한 실험 결과는 우리가 사는 세상이 관찰자에 의해 조작되고 변형된 것일 수 있다는 가설을 만들어 내도록 만들었다. 우리의 인식과 관찰이 현실을 만들어 내는 힘이 있다는 것이다. 오늘날 컴퓨터 시뮬레이션 기술의 발달로 가상세계를 만들어 내는 시대가 되었다. 이러한 기술의 발전으로 사람들은 자신들이 고도로 발달된 지적 설계자에 의해 고안된 가상세계에 살고 있는 게임 속 캐릭터일지 모른다는 의심을 품게 만들었다. 특히 현대 물리학자들은 우주의 모든 것을 관찰할 때 중력, 전자기력, 핵력 그리고 약력이란 자연계의 힘이 서로 어떻게 상호작용 하는지 그 숨겨진 법칙을 찾아내려고 노력했다.

이 과정에서 거의 모든 과학자들은 마치 이 세상이 고도의 지적

---

112   우주의 기원 빅뱅, 사이먼 싱, 곽영직 역, 영림카디널, p. 290

설계자가 미세하고 정교하게 통제하고 있는 우주적 상수(cosmos constant)를 발견할 수밖에 없다고 한다. 어떤 물리학자들은 이 우주가 근본적으로 정보의 형태로 되어 있으며 물질과 시공간이나 중력이나 에너지조차 정보로 구성되어 있다고 주장한다. 우주의 근본은 디지털 코드이고 고도로 발달한 지적 설계자가 만든 세계 속에 살고 있다는 것이다. 영화 「매트릭스」가 보여 주는 세계관이 대표적인 경우이다. 사람들이 프로그래밍 된 가상현실 속에 살고 있으며 인간의 의지와 의식조차도 프로그래밍 되어 있다는 것이다. 또 어떤 사람은 우리가 경험하는 현실은 뇌가 만들어 내는 환상이라고 주장한다. 분명 시뮬레이션 우주론은 인간의 인식과 의식에 대해 고찰하게 만들었다고 할 수 있다. 컴퓨터 시대에 어울리는 '우주론'이라고 하겠지만 그 무엇으로도 실험 또는 증명할 수 없기 때문에 철학적 인식론의 하나로 보아야 할 것이다.

3. 홀로그램 우주 / 가상현실 / 증강현실

홀로그램이란 2차원 평면에서 3차원 공간을 표현하는 현대 기술을 말한다. 몇몇 과학자들은 우리가 살아가는 우주나 현실이 홀로그램과 같다고 주장한다. 스티븐 호킹 박사가 블랙홀을 연구하다가 이런 이론의 근거를 발견했다고 한다. 아인슈타인의 상대성 이론에 따라서 질량이 엄청 큰 천체가 (최소한 태양의 30배 이상) 연료를 다 소진하고 나면 쪼그라들게 되어 블랙홀이 된다. 블랙홀이 생기게 되면 엄청난 질량으로 인해 시공간의 왜곡이 생기게 되고 '사건의 지평선'(event horizon)이 만들어지게 된다.[113] 이 지평선을 넘어간 모든 물질은 빛을 포함하여 결코 다시 빠져나오지 못할 것이다. 블랙홀 내부에는 특이점이라 불리는 작은 점이 있는데 여기에 모든 원자와 정보가 저장되어 있다고 한다. 이 특이점은 부피는 없고 오직 무한한 밀도와 시공간의 곡률을 가지고 있을 뿐이다.

열역학 제2 법칙에 따르면 시간이 흘러갈수록 우주의 무질서(엔트로피)가 점점 증가하는 쪽으로 우주 만물이 달려가게 된다. 그런데 블랙홀에서는 모든 입자를 빨아들이기만 하므로 무질서가 사라지는 것처럼 보인다. 그러나 스티븐 호킹(Stephen William Hawking, 1942-2018)의 호킹 복사 이론을 통해 블랙홀이 엔트로피를 보관하고 있다는 결론에 이르게 되었다. 정보역설의 문제를 해결하기 위해 나온 이론이 홀로그램 우주론이다. 블랙홀이 정보를 잃어버리지 않는다고 스티븐 호킹과 논쟁을 벌여 온 레너드 서스킨드(Leonard Susskind, 1940-)는 우주의 끝 어딘가에 정보가 저장되어 있으며 우주의 모든 사건들은 그 정보에 따라 발생하는 것이라고 주장하였다. 이러한 우주관에 의하면 우리 자신의 실체에 관해 의심을 하게 된다. 이 이론은 논리와 수학으로 만들어진 이론이며 실험으로 증명될 수 없는 가설이다. 현대 물리학의 영역에서 정보의

---

113 '사건의 지평선'(event horizon)은 일반 상대성 이론에서 시작된 개념으로서 내부에서 일어난 사건이 외부에 아무 영향도 주지 않는 경계선을 의미하며 블랙홀 연구에서 종종 등장하는 천문 용어이다. 블랙홀의 질량이 클수록 사건의 지평선의 범위도 커지게 된다.

중요성을 끄집어냈다는 공헌을 했다.

4. 다중우주 / 평행우주

양자역학에서 '해석'의 문제는 아직 해결되지 않았다. 이중 슬릿 실험에서 전자는 관측하는 순간 파동함수가 붕괴되고 입자로 나타나는 현상을 어떻게 볼 것인가? 전통적인 양자역학의 해석은 코펜하겐 해석이 주도하였지만 이것과 다르게 해석하는 물리학자들이 나타나게 되었다. 데이비드 봄은 입자를 안내하는 파일럿 파(pilot wave)가 있다고 주장하여 '결정론적 해석'을 제시하였다. 한편 물리학자 휴 에버렛(Hugh Everett III, 1930-1982)은 파동함수가 붕괴되지 않는다고 가정하여 이론을 만들어 낸다. 그에 의하면 전자가 입자로 나타난 우주가 있고 여전히 파동으로 존재하는 우주가 있다는 것이다. 이것을 다세계 해석이라고 하고[114] 이 해석에 따라 생겨난 우주론을 다세계 우주론(multiverse theory)라고 한다. (다른 차원에 있는 우주가 여럿 있다는 다중우주와 달리 평행우주론도 있다. 같은 차원에 있는 다른 우주가 존재한다는 것이다.) 이러한 우주론은 미국 할리우드 영화에도 영향을 주었다.

이 가설에 의하면 우리가 선택하고 결정하는 순간 또 다른 우주가 끊임없이 만들어진다고 한다. 이 가설의 문제는 '또 다른 우주'가

---

[114] 1957년 4월 미국 프린스턴 대학에서 발표한 박사학위 논문에서 제시되었다.

어디에 있는가에 대한 문제를 만들어 낸다. 근본적인 문제는 관측의 행위를 모호하게 만든다. 예를 들어, 사람이 사물을 관측하는 것이 사물의 존재에 영향을 끼친다면 원숭이나 다른 동물들이 관측하는 행위도 사물에 영향을 주는가의 문제이다. 관측자에 따라 사물이 여러 개로 나뉜다면 어떤 것이 진짜인가 하는 정체성의 문제가 생긴다. 무엇보다 여러 우주가 계속 생겨난다면 질량과 에너지가 계속 생겨난다는 것인데 이것은 에너지 보존의 법칙을 어기는 심각한 문제가 발생하게 된다. 즉, 난제를 해결하기 위해 제시된 이론이 더 크고 많은 난제를 만드는 문제가 있는 것이다. 그래서 이러한 우주론은 단지 개념을 다루는 또 다른 '철학'일 뿐 실재를 다루는 '물리'는 아니라고 보는 것이 일반적이다.

5. 성경에서 묘사된 우주관

그렇다면 성경은 어떤 우주관을 가지고 있는가? 성경에서 묘사하는 우주론은 고대인들이 가졌던 천동설과 유사하다고 할 수 있다. 그러나 성경은 나름대로 우주가 어떤 모습으로 존재하고 있는지에 대한 그림을 보여 주고 있지만 천체 물리학자들의 눈높이에 맞추어 서술한 것이 아니다. 단지 다양한 그림 언어를 통해 하나님이 하시는 일을 소개하는 배경으로서 역할을 할 뿐이다. 성경은 과학책도 아니고 철학서도 아니다. 우리의 구원을 위한 하나님의 계시를 기록한 책이다. 성경의 우주관은 오늘날 최첨단 천체물리학 이론과 동일 선상에서 바라보아서는 안 되는 이유이다. 아무것도 모르는 어린

아이의 눈높이에 맞추어서 우주를 묘사하면서까지 우리에게 구원의 메시지를 전달하는 것이 그 목적이기 때문이다.

그렇다면 성경은 우주를 어떻게 묘사하고 있는가? 첫째, 성경은 하늘을 '삼 층'으로 되어 있다고 보고 있다. 첫째 하늘은 사람이 보고 있는 하늘로서 새들이 날아다니는 공간이며 해와 달과 별들이 있는 천체이기도 하다. 둘째 하늘은 악한 영들이 거주하는 공간이다. 셋째 하늘은 창조주 하나님께서 빛의 천사들과 함께 거주하는 공간이다. 타락한 천사들은 셋째 하늘에 자유롭게 출입할 수 있었으나(욥기 1장) 예수 그리스도께서 이 땅에 오신 때로부터 셋째 하늘에 있을 곳을 얻지 못하였다. 셋째 하늘은 죽은 성도들의 영혼이 미래 부활의 때를 기다리며 안식하는 공간이기도 하다.

반면 고대 히브리인들은 땅이 둥글다는 것은 인식하지 못한 것으로 보인다. 땅은 평평하며 땅의 네 모퉁이에는 하늘을 떠받들고 있는 기둥들이 있을 것이라고 생각했다. 이러한 이해는 요한계시록에서 찾아볼 수 있다(계 7:1 참조). 그리고 땅은 바다와 인접하여 있고, 땅 아래에는 끝을 알 수 없는 어두운 공간인 무저갱이 있다고 믿었다. 우리는 이러한 세계관이 실제 우주를 설명하는 것이라 보지 않는다. 진리를 전달하기 위한 장치로 활용될 뿐 그것을 천체물리학 이론을 설명하는 그림으로 활용할 수는 없다.

이것을 잘 이해하지 못하게 되면 교회가 과학의 경계를 침범하는 어리석음을 저지르게 된다. 태양이 움직이는 것이 아니라 태양을 중심으로 땅이 움직인다고 주장했던 갈릴레오를 교회가 이단으로 정죄한 것이 그 단적인 경우이다. 교회는 태양을 향하여 명령했던 여호수아의 말을 근거로 지동설을 '거짓'이라고 정죄하였던 것이다. 결국 성경해석의 문제로 귀결되는 것이다. 성경을 읽을 때 상징은 상징으로, 문자는 문자로 받아들여야 하는데 역사적, 문법적, 문학적, 해석의 원칙을 무시하고 비유나 상징을 문자로 해석하게 됨으로써 교회는 스스로 어리석은 결정을 내리게 된 것이다.

6. 표준모델로서의 현대우주관

오늘날 대다수 천체 물리학자들이 받아들이는 우주론은 138억 년 전 한 점에 모여 있던 밀집된 에너지가 대폭발을 일으켜서 지금의 우주를 형성했을 것이라는 이론이다.[115] '빅뱅우주론'이라 불리는 이 우주관은 정적이지 않고 '팽창하는' 우주관으로서 1920년대부터 제기되어 오다가[116] 허블에 의해 우주팽창에 관한 결정적 관측 증거가 제시되었다. 그리고 1948년 조지 가모프(Georgy Gamow)에 의해 논문으로 발표되었다. 당시 프레드 호일(Fred Hoyle)에 의해 거센 공격을 받았으나 1960년대 여러 관측 증거들이 발견되면서 주

---

115 빅뱅의 질문들, 토니 로스먼, 이강환 역, 한겨레출판, p. 75
116 우주로 가는 물리학, 마이클 다인, 이한음 역, 은행나무, p. 66, 67 조르주 르메트르는 허블보다 앞서 1927년 우주 팽창에 관한 논문을 프랑스어로 발표했다. 르메트르 이전에는 프리드먼이 아이디어를 먼저 제시하였다.

류 학설로 인정되기 시작했다. 대표적으로 1965년 미국 뉴저지주 벨 연구소에 있는 펜지어스(Arno Allan Penzias)와 윌슨(Robert Woodrow Wilson)이 우주의 모든 방향에서 지속적으로 관측되는 우주 배경 마이크로 복사파(cosmic microwave)를 발견한 것이다. 이것은 로제타석 발견에 비견되고 있다. 1990년대 들어서면서 최종적으로 정립이 되어 현재 우주를 가장 잘 설명하는 모델로 알려져 있다.[117] 첫째, 빅뱅으로 인한 우주의 탄생과 급가속하여 팽창하고 있는 우주, 결국 빅 프리즈[118]의 형태로 결말을 맺을 운명인 우주. 둘째, 양자역학이 통하지 않는 암흑물질과 암흑에너지의 존재. 셋째, 0(제로) 곡률을 가진 평탄한 우주이다.

빅뱅 우주론은 현재에도 천문학자들에 의해 관측이 되고 있는 우주의 급가속 팽창이라는 확인된 사실을 토대로 추정되는 우주의 기원에 대한 이론이다. 처음 이 이론을 체계적으로 제기한 사람은 벨기에 물리학자이자 신부인 조르주 르메트르(Georges Lemaitre)였다. 처음엔 그의 의도와 달리 로마 가톨릭에 의해 뜨거운 지지를 받

---

[117] 빅뱅 우주론이 표준 우주론으로 정착하기까지의 역사를 더 자세히 알기 원한다면 다음의 책을 꼭 읽어 보기를 바란다.
우주의 기원 빅뱅, 사이먼 싱, 곽영직 역, 영림카디널, 2022
[118] 빅 크런치(Big Crunch) 이론은 우주가 팽창을 멈추고 한 점으로 모일 때까지 수축한다는 이론이며, 반대로 빅 프리즈(Big Freeze)는 우주가 끝없이 팽창하여 엔트로피가 극도로 높아진 다음 모든 입자가 붕괴되고 몇 가지 소립자만 남게 된다는 우주 종말론이다. 많은 천체 물리학자들은 전자보다는 후자를 지지하는 경향이 있다.

았다고 한다. 우주는 정적이라는 이전의 '정상우주론'으로부터 거센 비판을 받았으나 지금은 여러 가지 관측 결과로 인해 주류 우주론으로 자리매김하였다.

빅뱅이론(Big Bang Theory)을 지지하는 증거들로는 다음과 같다. 첫째, 우주 배경 복사의 존재, 둘째, 현재 생성 중에 있는 은하의 존재들[119] 셋째, 우주에 3:1 질량비로서 존재하는 수소와 헬륨의 존재, 우주 전역에서 발견되는 적색편이 현상 (허블의 공헌이 컸다) 넷째, 엔트로피의 법칙이 빅뱅이론을 강력하게 지지한다. 우주는 무질서가 점점 증가하고 있는데 그것은 최초의 극도로 낮은 엔트로피(질서)가 있었다는 증거가 된다는 것이다.

그러면 빅뱅 이전에 무엇이 있었는가? 이에 대해서는 여러 이론이 있으나 대부분 철학적인 해석에 머물고 있다. 어떤 이들은 빅뱅이 시작이 아니라 이전의 우주가 빅 크런치(=대붕괴) 혹은 수축된 것이 다시 팽창한 사건이라는 의견(빅 바운스 이론), 혹은 반물질(anti-matter)로 구성된 우주가 있었을 것이란 가설도 있다. 카를로 로

---

119 빅뱅의 질문들, 토니 로스먼, 이강환 역, 한겨레출판, pp. 84-88
    모든 뜨거운 물체는 열의 형태로 전자기 에너지를 방출하는데 우주의 온도를 정밀하게 측정하면서 우주 마이크로파란 광자를 발견하는데 이것이 빅뱅의 결과라는 것임을 거의 모든 천체 물리학자들이 받아들이고 있다. 광자의 스펙트럼을 분석하면 우주가 점점 팽창하고 있다는 증거인 '적색편이현상'을 발견할 수 있다. 토니 로스먼은 이러한 우주배경복사를 우주론의 로제타석이라고 말한다.

벨리는 빅뱅 전에는 시공간이 사라진 확률들의 구름이 있었다고 한다.[120] 대부분 천체과학자들이 수용한다고 해서 이것이 절대적인 진리라고 단정할 수는 없다는 것을 말하고 우주론에 관한 이야기는 여기까지 마무리해야 할 것 같다.

기적

양자역학에서 전자(electron)는 원자의 결합과 분해를 통해 물질의 화학적 변화를 일으키는 데 결정적인 역할을 한다. 핵폭탄급 에너지는 양성자와 중성자 안에 '핵력' 혹은 가장 강한 힘이란 뜻의 '강력'의 형태로 숨어 있고 일상생활에서는 잘 나타나지 않는다. 사람이 일상생활 속에서 느끼는 에너지인 열과 빛은 대부분 전자의 움직임으로 발생한다. 그리고 물질의 형성과 변화에 결정적인 역할을 수행한다. 그것은 저절로 일어나는 현상이 아니다. 사실 우리는 날마다 기적을 보면서 살아간다고 할 수 있다. 만일 우리가 전자의 움직임을 자유자재로 조종할 수 있다면 우리는 성경에 기록된 그 수많은 기적을 직접 재현해 보일 수 있을 것이다. 우리가 호흡하고 느끼며 컴퓨터의 키보드를 두드리는 것도 기적이다.

---

120 보이는 세상은 실재가 아니다, 카를로 로벨리, 김정훈 역, 쌤앤파커스, p. 205

물질은 모두 원자로 이뤄져 있으므로, 물질 표면이란 전자의 구름이다. 우리 몸과 컴퓨터 키보드 모두 표면은 전자의 구름이다. 만진다는 행위는 그런 구름끼리 접근하는 것이다. 손가락 표면을 만드는 전자구름과 키보드 표면을 만드는 전자구름이 접근하려 해도, 양쪽의 궤도는 이미 전자로 채워져 있으므로, '전자구름'끼리 겹쳐지는 일은 실현되지 못하고, 손가락은 키보드의 표면 바로 앞에서 멈춘다. 이런 원리로 발생하는 힘을 '축퇴압'(degeneracy pressure)이라 부른다. 우리가 물체를 만질 수 있는 것이나 물체끼리 부딪쳐서 반발하는 것도 축퇴압 덕분이다. 이것이야말로 물질이 입자 같은 이유다. 만일 전자가 '보손'이었다면 축퇴압이 발생하지 않으므로 물체는 마치 유령처럼 서로 맞닥뜨려도 그냥 통과할 것이다. 아니, 그 전에 전자가 보손이라면 전자 대부분은 에너지가 가장 낮은 궤도에 들어가서 원자 자체가 지금의 형태를 유지할 수 없을 것이다. 주변의 물체가 형태를 유지하고 서로 접촉할 수 있는 것은 전자가 페르미온인 덕분이다.[121]

성경에는 수많은 기적들에 관한 이야기로 가득 차 있다. 그런데 자세히 보면 우리들의 삶 또한 기적으로 가득 차 있는 것을 깨닫게 된다. 양자역학을 공부하면서 양자의 세계를 이해하려고 애쓸수록 '신기하고 신비한' 것들이 너무나 많다는 것을 알게 된다. 그렇다면 그러한 양자의 세계로 구축된 현실 세계는 그야말로 기적으로 충만한 것이 아닌가! 우리가 날마다 보는 빛은 그 자체로 기적이 아닌

---

121 직감하는 양자역학, 마쓰우라 소, 전종훈 역, 보누스 출판, p. 189

가! 우리의 몸이 원자로 되어 있는데 그런 우리가 사물을 보며 만지며 촉감을 느끼는 것이 기적이 아닌가! 우리가 숨을 쉬면서 대기 중의 공기를 호흡하는 것과 우리가 먹는 음식물이 우리 몸의 에너지로 변환하는 것이 기적이 아닌가!

사람들이 '기적'이라고 말할 때 그 의미는 자신들이 가진 과학적 상식으로는 설명이 되지 않는다는 것이다. 과학적으로 설명이 된다면 그것이 '기적'이 아니라 '일상'이라고 말할 것이다. 하지만 21세기 현대 문명인들이 혜택을 누리는 핸드폰을 예를 들어 보자. 우리는 이것이 '일상'이라고 말하겠지만 양자역학이 본격적으로 전개되기 시작한 1927년 솔베이 회의[122] 때만 해도 사람들은 상상할 수 없었다. 그때로 현재 최신 스마트폰을 가져간다면 사람들은 '기적'이라고 말할 것이다. 마찬가지로 성경에 기록된 수많은 기적들은 과학적으로 설명이 안 된다고 해서 '기적'이라고 생각했다. 하지만 현재 그 모든 기적적인 현상들은 양자역학적으로 모두 설명이 가능하다. 많은 것들이 과학적으로 설명이 가능하기 때문에 더 이상 기적이 아니라 일상인 것처럼 믿는 자에게는 기적이 일상이다. '이해가 되지 않기 때문에' 믿지 못하겠다고 말한다면 과학적으로 이해가 된다면 믿겠는가? 믿음은 이해의 결과가 아니라 단지 선택일 뿐이다.

---

[122] 이 회의는 벨기에의 기업가인 어네스트 솔베이(Ernest Solvay)가 1911년 벨기에 브뤼셀에서 세운 물리학과 화학을 위한 국제 솔베이 기구라는 학회로서 각종 강연과 심포지움이 열린다. 1927년에 열린 제5차 솔베이 회의는 양자역학에 대한 논쟁으로 인해 "세기의 물리학 회의"라고 불린다.

우리는 성경에서 수많은 기적들을 본다. 모세의 손을 통해 애굽에 내린 그 재앙들을 보라. 광야에 물이 없어 부르짖던 이스라엘에게 반석에서 물이 나오게 하신 것을 보라. 원자의 구조를 자유자재로 바꿀 수 있다면 반석에서 물이 나오는 것은 식은 죽 먹기다. 선지자들이 왕들 앞에서 행한 기적들도 마찬가지다. 예수님께서 물로 포도주를 만드신 사건은 화학적 성질을 바꾸는 것인데 원자와 분자의 구조를 바꿀 수 있다면 불가능한 것도 아니다. 눈먼 자를 보게 하고 듣지 못하는 자를 듣게 하고 걷지 못하는 자를 걷게 하는 것과 죽은 자를 다시 살리는 기적 또한 원자를 자유자재로 부릴 수 있다면 전혀 불가능한 것이 아니다. 하나님의 말씀이 모든 원자의 세계를 만들어 내었고 붙들고 있다는 것을 믿는다면 이해하지 못할 기적은 하나도 없다.

우리가 육체적으로 죽을 때 영혼과 몸이 분리된다고 했다. 영혼의 존재 역시 양자역학으로 이해하지 못할 것도 없다. 몸은 원자의 세계로 돌아가고 우리의 의식세계를 구성하는 영혼의 존재는 원자 자체가 소멸되지 않는 것처럼 소멸되지 않는다. 우리의 몸은 분해되어 문자 그대로 먼지 한 톨의 상태로 돌아갈 것이다. 뜨거운 열을 가하면 금방 신체를 구성하는 분자들은 분해되고 원자의 세계로 돌아갈 것이다. 영혼이 양자정보의 형태로 고스란히 보관되어 있다가 다시 새로운 육체와 결합하게 되는 부활의 사건을 왜 믿을 수 없다고 하는가? 신체가 먼지로 돌아간다면 먼지에서 신체로 재구성하는 것은 원자의 세계를 창조하신 하나님의 관점에서 식은 죽 먹기와 같을 것이다. 양자역학을 공부하면 할수록 성경에 기록된 그 수많은 기적들이 쉽게 다가온다. 내게는 양자역학을 이해하는 것이 성경의 기적을 믿는 것보다 훨씬 어렵다.

산을 옮기는 믿음

물 위로 걸어오신 예수님을 보고 제자들은 다들 무서워했지만 베드로는 "주님이시라면 저에게 명령하셔서 물 위로 걸어오라 해 주십시오."라고 용감하게 말했다. 그에게 예수님은 "오라"라고 하셨고 베드로는 물 위를 걷다가 파도를 보고 물속에 빠져 들어갔다. 그를 건져 주시면서 예수님은 "네 믿음이 부족하다."라고 하셨다. 하나님의 말씀은 온 우주를 있게 한 파동(wave)이었다. 하나님의 말씀이 원인적인 진동이었고 창조세계는 그 진동의 결과 생겨난 진동의 세계이다. 하나님의 말씀은 모든 만물의 진동을 생성하며 유지하며 소멸하는 근본 원인이다. 그 진동에는 고유의 주파수가 있다. 믿음이란 그 고유의 진동수에 온 의식을 다하여 고정하는 것이라고 할 수 있다. 그러면 하나님의 진동이 베드로의 믿음을 통하여 물 위를 걷는, 물 분자와 베드로의 발 분자가 서로 밀어 내는 방식으로 작용할 수 있었던 것이다. 그러나 베드로는 파도를 보면서 자신의 주파수 채널을 돌려 버리고 말았던 것이다. 그러자 하나님의 능력은 중간에 끊어지고 말았던 것이다. 믿음이란 하나님께서 발하신 진동의 주파수에 내 의식을 집중시키고 연결시키는 것이다. 믿음 그 자체로 구원을 받을 수 없다. 반드시 하나님께서 발하신 말씀이란 주파수에 일치시켜야 한다. 구원파의 믿음교리가 잘못된 것이 믿음을 구원의 원인자로 보았기 때문이다. 믿음은 하나님의 은혜, 즉 하나님의 말씀이 없이는 아무런 효과가 없다.

기도 응답

우리의 기도가 응답이 되려면 하나님의 뜻에 일치해야 한다. 하나님의 파동수(frequency)와 내 기도의 파동수가 일치해야 응답이 되는 것이다. 성경은 이것에 대하여 다음과 같이 말하고 있다. 이것은 타 종교와 구별시켜 주는 '기독교적인 기도'에 관한 정의이다.

"너희는 먼저 그의 나라와 그의 의를 구하라 그리하면 이 모든 것을 너희에게 더하시리라"(마 6:33)

"너희가 내 안에 거하고 내 말이 너희 안에 거하면 무엇이든지 원하는대로 구하라 그리하면 이루리라"(요 15:7)

"그를 향하여 우리의 가진바 담대한 것이 이것이니 그의 뜻대로 무엇을 구하면 들으심이라 우리가 무엇이든지 구하는 바를 들으시는 줄을 안즉 우리가 그에게 구한 그것을 얻은 줄을 또한 아느니라"(요일 5:14-15)

기독교에서 말하는 기도의 본질은 하나님과 대화, 혹은 교제하는 것이다. 그리고 하나님의 뜻대로 기도할 때 이루어진다는 것이다. "내 말이 너희 안에 거한다면" 그리고 "그의 뜻대로 무엇을 구하면"이란 것은 '파동의 일치'이다. 양자역학에 의하면 모든 물질의 근본인 원자는 파동이다. 즉, 모든 물질세계는 다양한 주파수를 가진 파동으로 구성된 것이라고 양자 물리학자들이 말하고 있다.

만일 원자의 구조를 자유자재로 바꿀 수 있다면 지금 보이는 세계를 통과하거나 빛보다 빠른 속도로 순간 이동하거나 시공을 초월하는 것이 가능해진다. 그리고 중첩된 양자의 상태가 관측하는 순간 파동함수가 붕괴되고 입자로 나타나게 된다는 것이 양자역학의 한 원리다. 그렇다면 하나님의 말씀은 그것에 관하여 알려 주는 것이고, 그것에 따라 정확한 주파수를 찾아 의식을 일치시킬 때 공기를 울려 퍼지는 기도의 파동은 물질세계를 변화시키는 능력으로 작용하게 될 것이다.

시간을 구하라(Time Redemption)

사람들은 시간과 공간을 별개로 생각하는 경향이 있다. 그리고 시간이나 공간은 변하지 않는 절대적인 어떤 것으로 생각한다. 하지만 우리가 느끼는 시간개념이나 공간개념은 아인슈타인의 상대성 이론에 의하면 서로 분리될 수 없는 것이며 절대적인 개념이 아니다. 하하나님께서 양자세계를 창조하시고 그로 말미암아 물질세계가 나타나기 시작할 때부터 시작되었다. 즉, 양자가 상호작용을 통해 입자로 나타나고 그것이 질량을 가지게 되는 순간 시공간의 곡률을 만들어 내는데 신체를 가진 인간이 시공간에서 살아가고 있다는 것을 느끼는 것이 '시간개념'과 '공간개념'이다.[123]

> 아인슈타인은 10년 동안 어떻게 중력을 자신의 이론에 접목을 시킬지 이해하기 위해 노력했습니다. 그의 궁극적인 돌파구는 시공간이 역동적이고 휘어질 수 있으며, 여러분과 나는 이런 곡률 효과들을 '중력'으로 경험하는 것이라는 사실을 깨닫는 것이었습니다. 이런 영감의 열매들을 지금 우리는 일반상대성이론이라고 부릅니다. 그러므로 특수상대성이론은 중력이 없는 고정되고 평평한 시공간에 관한 이론입니다. 일반상대성이론은 곡률이 중력을 생성하는 역동적인 시공간에 관한 이론입니다. 두 상대성이론 모두 뉴턴역학의 원리 일부를 대체했는데도 고전이론으로 간주합니다. 물리학자들에게 고전적이란 말은 '비상대론적'을 의미하지 않습니다. 그것은 '비양자적' 의미입니다.[124]

양자의 세계는 시간이 흐르지 않는다. 관측되지 않는 원자의 세계는 시간이 존재하지 않는다. 따라서 양자의 세계에서는 빛보다 빠른

---

123 우주의 가장 위대한 생각들: 공간, 시간, 운동, 숀 캐럴, 김영태 역, 바다출판사, p. 199
124 위의 책, p. 202

공간이동이 가능하다. 그러나 시간이 존재하는 거시세계에서는 어떤 것도 빛보다 빨리 움직일 수 없다. 빛으로 만들어진 만물은 절대속도인 빛에 비해 모두가 상대적으로 움직인다. 또한 시간을 감지하는 이유는 중력의 영향 때문이다. 중력으로 인해 시간과 공간개념이 생겨나게 된다. 이것이 아인슈타인의 일반 상대성 이론이다. 중력으로 인하여 시공간이 생겨난 거시세계에서는 단지 시간이 빨라지거나 느려지는 것뿐이다.

최초의 사람이었던 아담이 죄를 범하면서부터 시공간에도 변화가 생기기 시작했다. 하나님께서 양자의 세계와 물질세계, 그리고 천체를 창조하실 때 하나님 자신의 형상과 모양으로 사람을 만드셔서 다스리게 하고자 하셨으나 인간은 속임수에 의해 그 고귀한 지위와 능력을 상실하게 되었고, 최초의 성전이었던 에덴에서 추방당하여 육체적 죽음을 피할 수 없는 운명의 존재로 전락하고 말았다. 그 결과 하나님의 아들에 의해 다스림을 받아야 할 시공간이 혼돈에 빠지기 시작했다. 자연 만물은 하나님의 아들들이 나타날 때를 기다리며 신음하고 있고, 공간과 연결된 시간조차 원래 사람에게 놀이터와 같은 것이 폭력을 휘두르는 감옥과도 같은 존재가 되고 말았다. 사도들은 우리가 살고 있는 시간대가 악하기 때문에 시간을 구원해야 한다고 가르치고 있다.

"그런즉 너희가 어떻게 행할 것을 자세히 주의하여 지혜 없는 자 같이 말고 오직 지혜 있는 자 같이 하여 **세월을 아끼라 때가**

악하니라 그러므로 어리석은 자가 되지 말고 오직 주의 뜻이 무엇인가 이해하라"(엡 5:15-17)

세월을 아끼라고 했을 때 '아끼다'라는 말은 헬라어로 '엑사고라조'인데 이것은 '무엇으로부터 사라'(buy from)는 뜻이다. 영어로 말하면 Redeem your time 즉 시간을 구하라는 말이다. 그 이유는 '때가 악하기 때문'이다. 아담의 죄와 타락으로 인해 아담의 통치를 받아야 할 시공간이 혼돈과 악에 다스림을 받게 되었다. 그냥 흘러가는 시간대로 대충 살게 되면 삶은 더욱 힘들어지게 될 것이다. 모든 사람은 감옥에서 태어나서 감옥 안에서 살아가는 죄수와 같다. 그러한 시간이란 감옥에서 탈출해야 하는데 그러기 위해서는 탈출계획을 세워야 한다. "하나님의 뜻이 무엇인지 이해하는 것"은 다름 아니라 시간이란 감옥에서 탈출하는 방법을 아는 것이고 '시간을 구원하는 것'이란 시간이란 감옥에서 탈출하는 방법을 실행하는 것이다.

1994년 미국에서 개봉한 영화 「쇼생크 탈출」의 원제목은 *Shawshank Redemption* 즉, '쇼생크 구원'이다. 이 영화는 우리에게 시간에 관하여 좋은 비유를 제공해 주고 있다. 영화에서 주인공 앤디(팀 로빈슨)는 아내를 살해한 누명을 쓰고 쇼생크라는 끔찍한 감옥에 수감되게 된다. 감옥에서 살아가는 인생들은 절망 속에서 자포자기하거나, 때로는 자살하기도 하고 어떤 이들은 나름대로 웃고 떠들며 살아간다. 그러한 감옥에서 앤디는 탈옥 계획을 수립하고 행동에 옮기기 시작한다. 그리고 감옥이란 상황을 자신을 위한 기회의 공간으로 바꿀 계획을 세우고 실행에 옮긴다. 자신의 무죄함과 그것에 대한 보상을 받아 내려고 결심한 주인공 앤디는 20년간 탈출을 준비했고 마침내 성공하게 된다. 그동안 감옥에서 앤디를 만나 우정을 나누었던 또 다른 주인공 레드(모건 프리먼)는 앤디 덕분에 자신의 인생에 다시없을 최고의 기회를 얻게 된다. 이 영화의 마지막 장면에서 레드는 가석방된 다음 앤디가 남긴 편지를 찾아내어 읽는다.

친애하는 레드에게,

만약 당신이 이 편지를 읽는다면 당신은 나왔을 것입니다.
그리고 만약 당신이 여기까지 왔다면, 아마도 당신은 좀 더 멀리 가려고 할지 모릅니다.
내가 예전에 말했던 그 마을의 이름을 당신은 기억하고 있지요?
나는 새로운 사업을 시작하는 일을 도와줄 좋은 사람이 필요합니다.
나는 당신이 오는지 지켜볼 것이고 체스판을 준비해 둘 겁니다.
기억하세요. 레드.
희망이란 좋은 거예요. 어쩌면 가장 좋은 것일 겁니다.
그리고 좋은 것은 결코 사라지지 않지요.
나는 이 편지가 당신을 찾아내기를 바랍니다.
그리고 건강하기를 바랍니다.

당신의 친구,

앤디로부터

이 시대를 살아가는 사람들에게 희망이 어디 있는가? 아무리 노력해도 결국은 죽음을 피할 수 없다. 시간은 악명 높은 쇼생크와 같다. 시간이란 감옥은 사람들에게 무자비한 폭력을 가할 따름이다. 우리는 모두 이 감옥에서 태어나서 이 감옥에서 살다가 이 감옥에서 최후를 맞이한다. 시간과 함께 우리를 둘러싼 공간 즉, 자연세계도 사람에게 화를 내고 있고 시간과 같이 폭력적이다. 이 영화는 기독교가 말하는 복음에 대해 아주 좋은 비유를 제공해 주고 있다. 모든 인생이 시간이란 감옥에 갇혀 죽음을 향해 그저 걸어가는 가운데 아무 죄도 없는 한 사람이 오셨다. 그분은 사람들에게 시공간이란 감옥에서 벗어나는 길을 보여 주셨다. 많은 사람들은 그의 말에 터무니없다고 코웃음 치며 비웃었지만 어떤 사람들은 그의 말을 믿고 그를 따랐다. 레드는 단지 감옥에서 앤디를 만나 그와 우정을 쌓았다는 이유 하나만으로 그에게 놀라운 기회가 찾아왔다. 마찬가지로 인생 최고의 축복은 예수 그리스도를 만나서 그와 우정을 나누고 그를 내 인생의 친구로 삼는 것이다. 그는 실제로 시간의 감옥에서 탈출하였다. 그는 지금도 시간 밖에서 살아 계신다. 그는 우리가 찾아오기를 기다리며 우리를 위해 체스판을 준비하고 있다. 영화에서 앤디는 가끔씩 이름이 없는 엽서를 감옥에 있는 레드에게 보냈다. 마찬가지로 놀라운 구원의 소식은 예수 그리스도의 부활을 목격한 제자들에 의해 온 인류에게 전해지고 있다. 길은 모두에게 제시되었고 찾아가는 것은 시간의 감옥 속에서 살아가고 있는 우리의 몫이다.

크로노스와 카이로스

양자의 입자-파동의 이중적 상태가 관찰의 행위를 통해 주변 환경과 관계하기 시작할 때 입자로 고정이 되면서 질량이 생기게 되고 질량에 따라 시공간의 곡률이 발생하게 된다고 했다. 이렇게 해서 생겨난 시간개념은 공간개념과 함께 결합되어 있는데 시간의 변화를 느끼는 것과 공간의 변화를 느끼는 것이 함께한다. 그래서 일반적으로 공간의 변화와 함께 시간의 변화를 느끼게 되는데 이럴 때 우리는 "시간이 흐른다."라고 일반적으로 표현한다. 사실 시간은 흐르는 것이 아니며 공간 또한 절대적으로 고정된 것도 아니다. 질량에 따라 느끼는 일종의 착시현상과도 같다.

물리학자들이 이해하는 '시간'은 이렇다. 열역학 제2 법칙에 따라 무질서 정도는 시간이 흐를수록 증가한다. 열을 온도로 나눈 값을 말하는 엔트로피는 무질서의 정도(degree of disorder)이다. 엔트로피가 증가한다는 말은 또한 정보의 양이 증가하는 것과 같다. 시간에 따라 정보의 양이 점점 많아지는데 이러한 정보의 변화를 느끼는 것을 '시간이 흐른다'고 표현하는 것이다.[125] 이러한 의미의 시간을 성경은 크로노스라고 부른다. 크로노스는 하나님께서 빛을 만드시고 빛으로 모든 만물을 만들면서 생겨난 것이다. 다시 말해서 시간도 창조된 것이다. 그러므로 시간은 창조주에게는 적용되지 않는

---

125 일어날 일은 일어난다, 박권, 동아시아, p. 238

다. 성경은 이것에 대해 다음과 같이 표현하고 있다.

"사랑하는 자들아 주께는 하루가 천년 같고 천년이 하루 같은 이 한 가지를 잊지 말라"(벧후 3:8)

피조물인 인간은 시공간에 제약을 받지만 빛 가운데 계신 하나님은 시공간에 아무런 제약을 받지 않으신다. 그러나 동시에 하나님께서는 만물 가운데 계시므로 시간 속에 계실 수도 있으시다. 하나님은 시간 위에 계시면서 동시에 시간 안에도 계신다! 성경에는 많은 예언자들이 있어 하나님의 말씀을 선포했다. 예언자들의 역할은 하나님의 율법을 따라 이스라엘과 열국의 과거, 현재, 미래를 해석하는 일이었다. 그들은 시간을 초월하신 하나님께서 시간 안에서 일하고 계심을 잘 보여 주었다. 하나님께서는 과거, 현재와 미래가 모두 '확정된 사건'으로 존재한다. 즉 사람에게 직선으로 느껴지는 시간이 하나님께는 점으로 존재한다. 시간에 대한 관점의 차이를 다음과 같은 그림으로 묘사할 수 있다.

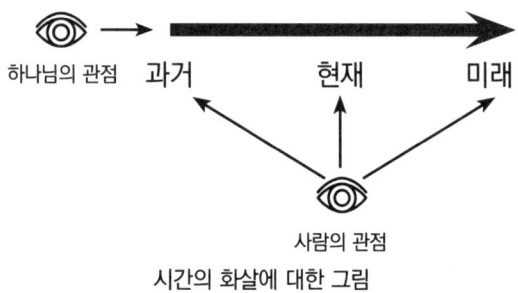

시간의 화살에 대한 그림

시간의 화살[126]은 피조물이 느끼는 시간을 나타낸다. 만물은 시간의 화살에 역행할 수 없다. 만물은 오직 과거만 기억할 뿐이며 미래를 확신할 수 없다. 사람은 시간의 흐름을 느끼고 있으며 그것을 역행할 수 없음을 잘 알고 있다. 모든 물질은 시공간에 갇혀 있으며 벗어날 수 없다. 벗어나려면 빛보다 빠르게 움직여야 하는데 빛으로 만들어진 물질은 그렇게 할 수 없다. 그러나 빛을 만드신 하나님은 시공간을 만드신 분이므로 시공간에 영향을 받지 않으며 사람이 보는 것과 다른 방식으로 바라보신다. 하나님에게 있어 시간은 시간의 흐름이 아닌 한 점으로 인식이 된다. '하나님의 날'을 선포한 선지자들의 말씀은 여러 개로 존재하는 하나님의 날이 하나로 중첩되어 묘사하고 있음을 잘 보여 준다. 예언서를 잘못 해석하여 이단이 되거나 망하는 이유는 이러한 '중첩현상'을 이해하지 못하고 특정 시간과 사건으로 고정시켜 버리기 때문이다.

그렇다면 양자역학의 발달에 결정적인 공헌을 한 알베르트 아인슈타인의 특수 상대성 이론과 일반 상대성 이론을 생각해 보자. 전자는 시간이 빛의 속도에 영향을 받는 것이라면, 후자는 시간이 공간(중력)에 영향을 받는다는 것이다. 빛의 속도에 가까워질수록 시

---

126 "시간의 화살"(arrow of time)은 시간의 비대칭성을 의미하는 개념으로서 1927년 영국의 천체 물리학자 아서 에딩턴이 만든 개념이다. 아서 에딩턴(Sir Arthur Stanley Eddington, 1882-1944)은 중력에 의해 빛이 휘어짐을 관측하는 데 성공함으로써 아인슈타인의 상대성 이론을 증명한 것으로 유명하다.

간이 느리게 가며 빛의 속도와 같아질 때는 시간이 멈추게 된다(특수 상대성 이론). 중력이 크게 작용하는 장소에서는 시간이 적게 되고, 중력이 약하게 작용하는 곳에서는 시간이 상대적으로 많게 된다. 만일 중력이 없는 곳에서는 시간이 멈추게 될 것이다. 시간은 속도 때문에 늦춰지기도 하고(특수 상대성 이론), 또한 질량 때문에 늦춰지기도 한다(일반 상대성 이론).

속도에 따라 시간이 다르게 흐른다. 속도의 기준은 빛의 속도이다. 빛은 언제 어디서나 항상 **299,792,458m/s** 속도로 움직인다. 이 속도는 변하지 않는다. 물질이나 사람이 이 속도에 얼마나 가까이 움직이느냐에 따라서 시간이 얼마나 달라지는지 계산하는 방법이 있다. 특수 상대성 이론은 이 공식을 다음과 같이 제시한다.

$$\varDelta T = \varDelta t \sqrt{1 - (v/c)^2}$$

여기서 $\varDelta$(델타)는 변화, $\varDelta T$은 우주선의 시간, $\varDelta$t는 정지한 사람의 시간이며, v는 속도, c는 광속이다. 만약 사람이 만든 우주선이 광속의 80퍼센트 속도로 100초 동안 달린다면 $\varDelta T$=100×0.6=60이다. 지구에서 100초가 흐르는 동안에, 우주선에서의 시간은 겨우 60초 흐르는 것이다.[127] 특수 상대성 이론에 의하면 만약 빛의 속도로 우주선이 날 수만 있다면 우주선 안에서의 시간은 흐르지 않게 된다.

---

127 시간은 되돌릴 수 있을까, 다카미즈 유이치, 김정환 역, 북라이프, 2024, p. 63

그렇다면 빛을 창조하시며 빛 가운데 계신 하나님께서는 사람들이 느끼는 시공간의 제약이 없다. 시간은 하나님께 아무런 문제가 되지 못한다. 하나님께서는 천년이 하루 같다. 또한 하루를 천년 같이 보내실 수 있다. 사람에게 늦다, 느리다, 혹은 약속이 더디 이루어진다고 느껴지는 것이 하나님께는 전혀 다르게 작용한다. 성경은 하나님의 백성들이 사람의 시간대가 아닌 하나님의 시간대를 가지고 살 것을 말하고 있다. 시간에 대한 하나님의 관점이 이 시대를 살아가는 그리스도인들이 가져야 할 관점이다.

그러나 성경에서 말하는 또 다른 시간이 있다. 그것은 '어떤 사건이 결정적으로 일어나게 되는 때'이다. 카이로스라 부르는 이 시간에 대해서 성경은 다음과 같이 말한다.

"천하에 범사가 기한이 있고 모든 목적이 이룰 때가 있나니 날 때가 있고 죽을 때가 있으며 심을 때가 있고 심은 것을 뽑을 때가 있으며 죽일 때가 있고 치료 시킬 때가 있으며 헐 때가 있고 세울 때가 있으며 울 때가 있고 웃을 때가 있으며 슬퍼할 때가 있고 춤출 때가 있으며 돌을 던져 버릴 때가 있고 돌을 거둘 때가 있으며 안을 때가 있고 안는 일을 멀리 할 때가 있으며 찾을 때가 있고 잃을 때가 있으며 지킬 때가 있고 버릴 때가 있으며 찢을 때가 있고 꿰맬 때가 있으며 잠잠할 때가 있고 말할 때가 있으며 사랑할 때가 있고 미워할 때가 있으며 전쟁할 때가 있고 평화할 때가 있느니라"(전 3:1-8)

이른바 '흘러가는' 의미로서의 크로노스의 시간은 사람에게 주어져 있다. 사람은 주어진 시간 안에서 무엇이든지 임의대로 선택하며 결정할 수 있다. 그러나 카이로스는 사람이 자기 마음대로 결정할 수 없는 시간이다. 이 시간은 사람이 결코 알 수 없다. 모든 사람이 느끼고 있으나 딱히 설명할 수 없기 때문에 애써 무시하는 것이다. 사람이 자신이 죽을 때를 어떻게 알 수 있겠는가? 이 카이로스는 오직 양자의 세계를 창조하신 하나님만이 알고 계신다. 이 카이로스를 바꿀 수 있을까? 그렇다면 그것도 하나님만이 하실 수 있다. 카이로스는 하나님께 속한 시간이다.

그렇다면 우리가 보는 우주 만물은 우연과 필연 중에 어느 것에 의해 돌아가는 것인가? 우리의 삶을 자세히 들여다보면 우연과 필연이 서로 교차하는 것처럼 보인다. 양자역학에서는 모든 물질이 입자-파동의 이중성을 동시에 가지고 있다고 말한다. 입자가 특정 위치에서 발견되는 것은 오직 확률로서만 알 수 있을 뿐 모른다고 한다. 고전 물리학 세계관은 기본적으로 결정론적이다. 즉 우주에서 일어나는 모든 일은 초기 조건에 따라 미리 결정되어 있다.[128] 그러나 양자 물리학 세계관에서는 확률론적이다. 우리는 물질의 방향과 흐름만 알 뿐 그 끝에 관해서는 알 수 없다. 시공간에 관해서 사람은 너무나 무기력한 존재이다.

---

128   일어날 일은 일어난다, 박권, 동아시아출판, p. 323

사람에게 최선이란 그저 주어진 시간 안에서 즐거워하면서 사는 것뿐이다. 그런데 그렇게 할 수 있는 시간도 결코 많지 않다는 것이 문제이다. 삶이란 잠시 나타났다가 사라지는 안개와 같은 것이다. 빛 가운데 계시는 하나님께서 모든 만물을 빛보다 느리게 움직이도록 창조하시고 그 가운데 너무나 짧은 순간만 피었다가 지는 꽃과 같은 인생으로 살게 하신 이유가 무엇일까? 너무나 짧은 시간의 감옥에 갇힌 인생으로 하여금 영원을 사모하는 마음을 갖게 하기 위함일 것이다. 성경은 다음과 같이 말한다.

> "하나님이 모든 것을 지으시되 때를 따라 아름답게 하셨고 또 사람에게 영원을 사모하는 마음을 주셨느니라 그러나 하나님의 하시는 일의 시종을 사람으로 측량할 수 없게 하셨도다."(전 3:11)

시간은 감옥이자 동시에 학교이다. 누구나 입학해야 하며 학교를 다니는 동안 하기 싫은 공부를 해야 하며 숙제도 제출해야 하고 시험도 치러야 한다. 하나님께서 시간 안에 사람을 가두어 두신 이유, 다시 말하면 짧은 시간 동안 유한한 육체를 가진 인생으로 살도록 하신 것은 인생을 시험하고 가르치기 위해서이다. 살아야 할 시간을 다 보내고 죽는 것은 또 다른 삶을 위한 시작이 되는 것이다. 그러나 다시 생각해 보면 얼마나 다행인가! 태양계의 항성인 태양의 일생이 100억 년이 넘는데 우리는 모두 겨우 100년도 못 되어 인생의 졸업식을 갖게 된다는 것 말이다. 누구에겐 학교생활이 즐거울 수 있지만 대부분 학교는 지겹고 답답하고 힘들다. 이러한 시간학교에 천년을 다녀야 한다고 생각해 보라!

> "내가 심중에 이르기를 인생의 일에 대하여 하나님이 저희를 시험하시리니 저희로 자기가 짐승보다 다름이 없는 줄을 깨닫게 하려 하심이라 하였노라"(전 3:18)

시간학교를 처음 다니는 사람은 자신이 마음먹은 대로 모든 것을 다 할 수 있으리라 생각한다. 계획을 잘 세우고 잘 준비한다면 계획한 대로 모든 것을 다 할 수 있을 것이라고 확신하지만 살아가면서 그것이 아니라는 것을 경험적으로 알게 된다. 시간에 대해 자신이 모르는 것이 있다는 것을 배우게 된다. 자신의 계획과 다르게 예측 불가능한 방식으로 시간이 흐르는 것을 보면서 점점 시간에 대해 자신감을 잃어버리게 된다. 특히 언제 찾아올지 모르는 죽음이란 현실을 직면하면서 사람은 더욱 불안해지기 시작한다. 그러면서 구원을 갈망하기 시작한다. "영원히 사는 삶이 과연 가능할까?"라고. 그때부터 인간은 진리를 찾아 떠나는 구도자의 삶을 살기 시작한다. 이것이 똑같이 짧은 생명을 사는 동물들과 다른 인간만의 모습인 것이다. 그리고 진리를 찾은 자에게 창조주가 준비한 진짜 영원한 삶이 선물로 주어질 것이다. 이것이 유한한 시공간에 잠시 살게 하신 창조주의 의도이다.

시간 여행은 가능한가?

시간이라는 감옥에서 벗어나려는 인간의 욕망은 시간 여행이 과학적으로 가능한지 연구하는 데서 잘 나타난다. 아인슈타인의 상대성 이론에 따라 시간이 빛과 중력에 따라 상대적으로 다르게 흐른다는 사실을 밝혀낸 이후 물리학계에서 진지하게 연구되고 있다. 1949년 수학자 쿠르드 괴델이 아인슈타인의 상대성 이론을 근거로 우주가 회전하고 있다면 가능하다고 말했고, 1988년 킵 손 박사는 자신의 논문에서 '웜홀'을 이용해서 과거로 가는 시간 여행이 가능할 수 있다고 주장했다.[129] 시간 여행이 이론적으로 가능한지에 대해서 지금도 물리학자들 사이에 활발하게 토론이 이루어지고 있다.

그러나 나는 시간 여행이 가능하지 않다고 본다. 그 이유는 과거로 가는 시간 여행이 가능하려면 빛보다 빠르게 움직이는 물질을 만들어야 하는데 빛으로 만들어진 우주 안에서 빛보다 빠른 물질을 만드는 것은 불가능하다. 유럽의 입자가속기에서 양성자를 빛의 속도에 거의 근접하게 가속하는 데 성공했지만 사람이나 우주선을 그렇게 가속하는 것은 물리학적으로 우주의 모든 에너지를 다 끌어다 써도 불가능하다.

129　아인슈타인의 상대성 이론에 의해 블랙홀을 예상할 수 있으며, 또한 대칭성의 원리에 따라 블랙홀의 반대개념인 화이트홀을 예상할 수 있다. 웜홀은 블랙홀과 화이트홀을 연결하는 통로를 의미하며 개념으로만 존재하며 관측된 바가 없다.

물론 원자력으로 운행하는 우주선을 개발하여 블랙홀 근처를 여행하고 돌아오게 된다면 지구의 미래에 도착하게 되어 있을 것이다. 따라서 가까운 미래로 이동하는 것은 가능하지만 그것은 엄밀한 의미에서 여행은 아니다. 여행이 되려면 원래 시점으로 돌아와야 하는데 돌아올 수 없는 미래로 가는 것은 여행이 아니다. 그뿐만 아니라 과거로 가는 것은 인과율 때문에 불가능하다. 웜홀을 통한 시간 여행도 불가능하다. 웜홀 자체가 관측되지 않은 가상개념인데다 빛조차 빨아들이는 강력한 블랙홀과 웜홀을 견뎌 내는 우주선을 만드는 것 자체가 양자역학적으로 불가능하다.

시간은 인류역사가 끝날 때까지 인류에게 그 어떤 방법으로도 탈출할 수 없는 악명 높은 감옥과 같을 것이다. 시간과 불가분의 관계로 얽혀 있는 공간조차 마찬가지다. 인간은 달이나 혹은 가까운 암흑행성인 화성으로 가는 것조차 답이 없다. 일단 지구 대기권을 벗어나는 순간 쏟아지는 치명적인 방사선, 무중력, 무산소 등과 사투를 벌여야 한다. 화성이란 환경에서 인류가 설령 도착하더라도 환경에 맞추어 진화하는 것이 아니라 환경 때문에 도리어 멸망하게 될 것이다. 결론적으로 시공간은 인류에게는 탈출이 절대 불가능한 감옥과 같다. 인간의 죄로 인해 시공간은 놀이터가 아니라 감옥이 되어 버렸다. 감옥탈출의 열쇠는 과학이 아니라 복음에 있다.

외계 문명은 있는가?

　신학자의 눈에 보기에 외계 문명을 찾아내려는 현대 인류의 눈물 겨운 노력은 창조주를 찾으려는 노력을 포기함으로써 생겨난 대안적인 현상처럼 보인다. 전 우주에서 지적인 생명체가 인간뿐이란 생각은 언뜻 이해가 되지 않을 것이다. 그래서 어떤 사람은 확률로 접근해서 존재 가능성을 추측하기도 하고 어떤 사람은 태양계와 비슷한 환경을 가진 항성을 관측하여 찾아내는 것으로 외계생명체 혹은 외계 문명의 가능성을 믿고 싶어 한다. 또는 미확인 비행물체에 대한 기록이나 고고학적 발견을 통해 외계 문명을 가정하기도 한다.

　그러나 성경에서 말하는 창조주의 피조물의 관계를 생각해 보면 지구는 매우 특별한 곳이며 지구의 인류가 구축한 문명은 우주에서 유일하며 외에 다른 외계 문명이 존재할 가능성에 대해서는 없다고 단정한다. 첫째, 성경은 외계 생명체의 존재에 대해서는 다만 천사들의 존재와 활동을 인정할 뿐이다. 둘째, 성경은 창조주의 형상과 모양으로 사람을 창조하신 것을 생각해 볼 때 인류 외에 다른 고등 생명체가 우주 어느 곳에서 또 다른 문명을 이루고 사는 것을 상상할 수 없다. 셋째, 우주 전역에 골고루 퍼져 있는 수소와 헬륨 원자의 비율과 관측되는 우주배경복사의 존재를 두고 볼 때 외계 문명의 존재 가능성은 사라진다. 상대성 이론이나 양자역학은 지구뿐만 아니라 가시적 우주 전역에도 적용되는 물리 법칙인데 이것을 적극 활용하는 외계 지적 생명체나 외계 문명이 또 있을 것 같지 않다. 지금까지 시도한 모든 외계전파 탐사 노력은 실패로 돌아갔다. 만약 인류보다 비슷하거나 뛰어난 외계 생명체가 문명이 있었더라면 우주 배경복사를 관측하는 과정에서 다른 변수가 발생했었을 것이다. 현재까지 관측된 천문학적 발견만 놓고 보더라도 우주 전역에서 인류와 같은 문명을 이룬 외계 생명체는 없다고 확신한다. 인류는 하나님께서 그리스도를 위해 창조하신 최고의 걸작이다.

사물을 본다는 것의 의미

2,500년 전 그리스 철학자 엠페도클래스(Empedocles)는 눈에서 빛이 나온다고 했다. 눈에서 나오는 빛으로 사물을 인식한다는 것이다. 그러나 2,000년이 흘러서야 태양에서 나오는 빛이 물체에 닿아서 색이 결정된다는 것과 물체에 반사된 빛이 사람의 시신경을 자극하여 사물을 인식한다는 사실을 알게 되었다. 과학자 뉴턴에 의해 빛의 스펙트럼이 밝혀지게 되었다. 그리고 사람의 눈에 보이지 않는 빛도 존재한다는 사실을 알게 되었다. 즉 어떤 물체가 그 자체로 고유한 색을 내는 것이 아니라 빛을 반사하는 방식인 것이다. 물론 어떤 물체는 스스로 빛을 내기도 하는데 그것을 흑체라고 한다. 스스로 열을 내는 물체는 빛도 낸다는 사실을 알게 되었다.

그런데 일반적으로 태양에서 온 빛이 물체에 부딪히게 되면 물체의 원자는 빛과 반응하여 고유한 색을 반사하는데 반사된 빛이 사람의 눈에 있는 시신경에 부딪히게 되고 그것이 신호로 바뀌어 뇌에 전달되면 뇌가 그것을 분석하여 뇌 속에서 영상을 만드는 것이다. 만약에 빛이 없다면 사람은 아무것도 볼 수 없다. 무엇을 보기 위해서는 빛이 반드시 필요하다. 이 원리는 신학적으로도 매우 중요하다. 사람이 무엇인가를 인식하는 데 빛의 도움이 절대적으로 필요하다는 것이고, 빛이 없이는 아무것도 인식할 수 없다는 것이다.

고대 그리스 철학자 플라톤은 그의 저서 『국가』에서 동굴의 비유를 말했다. 사람들은 어두운 동굴 안에서 태어나고 자라고 자신의 눈앞에 보이는 것을 바라보고 그것이 진리인 양 믿으면서 살아간다. 동굴 안의 사람들은 자신들이 보고 있는 그림자를 '실재'로 인식하며 살아간다. 어느 날 어떤 사람이 동굴을 벗어나 바깥 세계를 경험한 다음 돌아와 친구들에게 말해 주지만 동굴 안의 사람들은 믿지 않으려고 할 뿐 아니라 그를 비웃고 심지어 죽이려고 위협하기도 한다. 자신이 실재라고 믿고 있는 것과 다른 실재를 이야기하는 것에 대해 불쾌감과 두려움을 느끼는 것이 인간 본성이다. 오늘날에도 이 비유는 우리에게 많은 것, 특히 인간이 세상을 바라보는 방식(인식)의 한계에 관하여 생각하게 한다.

사실 사람은 모든 빛을 다 받아들이지 못한다. 사람이 받아들일 수 있는 빛의 범위는 가시광선에 불과한데 이것은 전체 빛의 스펙트럼에 비하면 아주 작은 범위에 불과하다. 이 사실은 우리에게 무엇을 말해 주는가? 사람이 보는 것이 전부가 아니라는 것이다. 우리가 모든 세계를 다 보는 것이 아니며, 우리가 보지 못하는 세계가 분명히 존재한다는 것이다. 보이지 않는다고 없다고 주장할 수 없다는 것이다. 그렇다면 우리가 어떻게 보지 못하는 세계를 알 수 있을까? 우리가 보지 못하는 세계를 인식하는 것은 무엇인가? 그것이 '믿음'이다. 나는 감마선이나 엑스선 또는 자외선을 보지 못했지만 있다고 믿는다. 도구를 사용하여 관찰한 과학자들의 증언을 믿기 때문이다. 이처럼 믿음은 우주 만물을 바라보는 하나의 인식체계이다. 믿음으로 사물을 바라본다는 것은 우선 내가 보는 것이 전부가 아니라는 것을 겸허히 인정하는 것이며, 내가 보지 못하는 세계가 있다는 것을 당연하게 여기는 것을 포함한다.

믿음이란 인식체계가 작동하기 위해서는 반드시 어떤 '언어로 구성된 이론체계'를 필요로 한다. 이것은 과학에서 이론을 가지고 실험을 하는 것과 같다. 이론 없는 실험은 존재하지 않는다. 이론이 있기 때문에 실험하는 것이며, 실험을 통해 이론을 확인한다. 마찬가지로 '믿음'은 어떤 '이론체계'를 전제로 하고 있다. 예를 들어 물건을 살 때 체크카드를 사용하는 것은 은행에서 만든 내 계좌에서 지불될 것이라는 믿음이 있기 때문에 가능한 행동이다. 믿음 그 자체로 존재하는 것이 아니라 어떤 '이론체계'가 있기 때문에 믿음이 가능한 것이다. 그 '이론체계'가 사람이 임의로 만들어 내는 것이라면 이것은 '불법'에 해당한다. 마태복음 7장에서 주의 이름으로 많은 기적을 행하며 선지자 노릇을 한 자들을 향하여 예수님은 '불법을 행한 자'라고 규정하신 것을 보라. 하나님의 말씀과 상관없이 임의로

'이론체계'를 만들고 그것에 따라 어떤 유효한 결과를 만들어 내었다고 할지라도 그것은 '불법'을 행한 것이다.

> "믿음으로 모든 세계가 하나님의 말씀으로 지어진 줄을 우리가 아나니 보이는 것은 나타난 것으로 말미암아 된것이 아니니라"(히 11:3)

보이는 것은 보이지 않는 것으로 지어졌다. 현대 과학기술은 사람이 눈으로 볼 수 없는 세계를 보기 위해 많은 장치들을 만들어 내고 있고, 또 실험을 통하여 보이지 않는 세계의 실체를 파악하기 위하여 안간힘을 쓰고 있다. 천문학적인 돈을 들여서 입자가속기를 만들어 실험하여 원자의 내부 세계를 들여다보며 빅뱅 초기 우주의 진실을 파악하기 위해 노력하고 있다. 그러나 단언하건대 들여다보면 볼수록 '보이지 않는 것들'로 가득한 세상을 보게 될 것이다. 결국 과학자들은 여러 가지 추론과 가설을 만들어서 그것으로 보이지 않는 것을 설명하려고 한다. 그러나 성경은 모든 세계가 하나님의 말씀으로 지어졌다고 말하고 있다. 그것은 실험으로 증명할 수 있는 것이 아니다. 과학의 경계 너머에는 결국 신념의 영역이 있는 것이다.

양자역학에서 가장 뜨거운 감자는 이것이다. 지금 우리가 보고 있는 것은 과연 실재(reality)인가? 아니면 단지 환상인가? 혹시 홀로그램은 아닌가? 아니면 컴퓨터 게임과 같은 시뮬레이션인가? 우리가 보고 있는 것이 '실재'임을 어떻게 알 수 있는가? 그래서 양자역학에서는 여러 가지 해석이론들이 존재한다. 대표적으로 코펜하겐 해석이 있다. 모든 물질의 입자-파동 이중성이 관찰행위에 따라 파동의 성격을 잃어버리고 입자로 나타난다는 것이다. 그러나 모든 물리학자들이 코펜하겐 해석을 따르는 것은 아니다. 다세계 해석을 내놓기도 하고, 결정론적 해석을 내놓기도 하며, 인식론 자체를 살펴보아야 한다는 철학의 영역으로 나아가기도 한다. 결국 해답(정답이 아닌)은 이것이다. 결국 '보는 것과 아는 것'에 관한 문제이다. 과학자들도 관찰과 실험으로 실체를 관찰하다가 결국은 믿음의 영역과 만난다. 어떤 신념체계를 선택할 것인지만 남을 뿐이다.

　결국 보는 것, 즉 인식의 문제를 극복해야 한다는 점에서 과학과 철학, 그리고 신학은 서로 한 자리에 만나고 있다. 과연 어떤 신념체계가 옳았는지는 어떻게 알 수 있을까? 과학자들은 실험을 통해 증명하려고 하고, 철학자들은 이성과 논증을 통해 증명하려고 하고, 신학은 계시를 통해 확인하려고 한다. 서로 자기가 보는 것이 실재(reality)라고 주장하지만 결국 인생의 종말과 역사의 종말의 순간에 판명 날 것이다. 나는 기록된 하나님의 말씀을 따라 더하지도 말고 덜어 내지도 않으며 말씀의 가이드를 따라 보며, 알며, 믿으며, 행하는 것이 가장 현명한 삶이라고 믿는다.

무엇이 참 실재인가?[130]

문화에 관해서 생각해 보자. 문화란 무엇인가? 사람들의 행동을 관찰하다 보면 다양한 행동 양식의 이면에는 그러한 행동을 뒷받침하는 가치관의 체계가 있다는 것을 알 수 있다. 즉, 무엇이 옳으며 무엇이 최선인가에 대한 나름대로의 생각이 있기 때문에 그러한 행동을 하는 것이다. 그리고 그러한 가치체계(value system) 이면에는 "무엇이 참인가?"(what is true)라는 믿음체계(belief system)가 있다. 그리고 그러한 믿음체계의 이면에는 더 근원적인 체계인 세상이 무엇으로 되어 있는가, 즉 세계관(world-view system)이 있다. 세계관이란 무엇이 실재인가에 대한 대답이다.

사람들은 무엇이 실재인가에 대한 생각의 토대 위에 '무엇이 참인가'라고 하는 신념체계를 건설하고, 신념체계에 따라 무엇이 옳은가 하는 가치체계를 건축하며 그러한 가치관에 따라 행동을 위한 태도와 습관을 결정한다.[131] 이러한 실재가 어떤 문화의 옷을 입는가에 대한 물음은 그 실재를 받아들이기로 한 사람의 선택과 책임이다. 이것을 다음과 같은 그림으로 나타낼 수 있다.

---

130 양자물리학에서 관측하는 순간 파동함수가 붕괴되는 현상을 어떻게 볼 것인가에 대한 해석의 문제는 아직도 여전히 논의 중이다. 전통적인 코펜하겐 해석과 결을 달리하는 해석으로 데이비드 봄의 pilot-wave theory와 에버렛의 다세계 해석이 대표적이다. 이에 대해서는 다음의 책을 볼 것을 추천한다. 실재란 무엇인가?, 애덤 베커, 황혁기 역, 승산출판사
131 미션 익스포저, 멕 크로스만 편저, 정옥배 역, 예수전도단, p. 191

문화의 4중 구조
형식만이 아닌 가치, 믿음, 세계관에 대한 이해

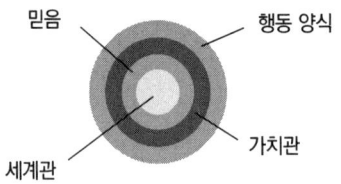

그렇다면 기독교적 세계관은 무엇인가? 무엇이 참된 실재인가? 이에 대해서 기독교 신학은 "하나님의 말씀"(LOGOS)이 참된 실재라고 대답한다. 로고스에 의해 만물이 지어졌기 때문이라고 믿는 것이 기독교 신학의 요지이다. 우리가 눈으로 보는 것은 진정한 의미의 실재(reality)가 아니다. 세상 만물은 보이는 것처럼 잠시 나타났다가 사라지는 것뿐이다.

양자 물리학자들은 "무엇이 참된 실재인가?"라고 묻는다면 "원자"라고 대답할 것이다. 그러나 나는 이렇게 대답하고 싶다. 실재는 '말씀'이다. 원자가 어떻게 그런 방식으로 작동하는가? 힉스나 쿼크는 어떻게 생겨나게 되었는가? 성경을 가지고 대답하면 이렇다. 양자세계를 가능하게 한 근원적인 힘은 하나님의 말씀이다. 나는 이 부분에서 과학자들과 신학자들이 서로 동의할 수 없는 생각의 차이를 보일 것이라고 생각한다. 과학자들은 '어떻게'를 설명하고 신학자들은 '왜'를 설명하기 때문이다.

양자 물리학자들에게 물어보라. 원자의 세계나 우주의 세계에 관찰되는 '미세조정'(fine tuning)이 왜 발생해야 했는가? 그것은 과연 저절로 그렇게 된 것인가? 양자의 중첩상태나 얽힘 상태에 대해 "왜 그렇게 존재해야만 합니까?"라고 묻는다면 그들은 '이유'에 관해서는 모른다고 대답할 것이다. 반면 신학자들에게 물어보라. 신학자들에게 '어떻게?'에 관하여 대답하는 것은 매우 골치 아픈 일이다. 만물이 어떻게 작동하는지 물어보라. 그러면 신학자들 역시 "모른다!"라고 대답할 것이다. 과학은 귀납법적인 접근을, 신학은 연역론적인 접근을 취하기 때문에 서로의 관점을 인정하지 않는 한 공통분모를 발견하는 일은 없을 것이다.

그러면 기독교 신학은 실재에 대하여 어떻게 대답하는가? 모든 물질세계는 보이는 것이 전부가 아니며 보이는 것을 '의미 있게 만드는 힘'이자 '목적대로 움직이게 하는 에너지의 원천'인 로고스 즉 그리스도이시다. 샤르댕이 말한 대로 하나님의 로고스는 만물의 '오메가 포인트'이시다.

> "만물이 그에게 창조되되 하늘과 땅에서 보이는 것들과 보이지 않는 것들과 혹은 보좌들이나 주관들이나 정사들이나 권세들이나 만물이 다 그로 말미암고 그를 위하여 창조되었고 또한 그가 만물보다 먼저 계시고 만물이 그 안에 함께 섰느니라"(골 1:16-17)

만물을 보는 관점

　기독교에서 우주 만물을 바라보는 관점은 명백하다. 하나님께서 만물을 창조하시고 "보시기에 좋았더라."라고 하셨는데 그 의미는 그 만드신 만물들이 하나님의 영광과 능력을 드러내고 있다는 뜻이다. 모든 만물들이 하나님께서 만드신 빛으로 만들어졌다. 하나님께서 만드신 빛은 우리가 보는 그런 가시광선을 가리키는 것이 아니라 우리가 눈으로 보는 가시광선과 눈으로 보지 못하는 모든 광선을 뿜어내는 양자의 세계를 구성하는 에너지가 되는 파동(wave)이자 진동(vibration)이다. 그 양자의 세계는 하나님의 신성과 영광을 잘 드러내고 있다.

　과학자들은 원자의 구성요소인 핵과 전자가 왜 다른 방식이 아닌 진동하는 구름 형태로 존재하는지 그 이유를 알지 못한다. 그러나 성경은 그것이 하나님의 말씀(wave)에서 비롯된 것이라고 말하고 있는 것이다. 즉 모든 만물은 하나님의 말씀이란 파동(wave)이 만들어 낸 다양한 파동의 형태인 것이다. 하나님께서 빛을 만드셨고 그 빛이 모든 만물을 구성하고 있다. 어떤 의미에서 모든 물질은 빛으로 만들어진 것이라고 할 수 있다. 박권 교수는 자신의 책에서 다음과 같이 말하고 있다.

　"과학적 결정론에 따르면 자유의지는 착각에 불과할지 모른다. 17세기 네델란드 철학자 스피노자는 다음과 같이 말했다. '자신의 의견을 자유롭게 가질 수 있다고 믿는 것은 실수다. 사람들은 자신의 행동을 인지하지만 그것을 결정한 원인에 대해서는 무지하기 때문이다.' 이 책에서는 스피노자와 다르게 과학적 결정론이 자유의지와 서로 모순되지 않는다는 것을 보이고자 했다.[132]"

양자역학이 과학사의 패러다임을 바꾼 것은 결정론적 세계관을 가진 고전과학에 결정타를 날렸기 때문이다. 양자역학은 인간을 다시 겸손하게 만들었다. 결국 시간은 사람에게 주어져 있지만 결코 사람 편이 아니다. 시간은 반드시 사람을 이기게 되어 있다. 사람은 결코 시간을 이길 수 없을 것이다. 오직 시공간을 만든 창조주를 만나야 그 답을 찾을 수 있을 것이다. 이처럼 양자역학을 통해 현대인들은 자신들이 보는 것에 대한 의심을 하기 시작했다. 자신들이 보는 것이 진정한 실재가 아닐 수 있다는 가능성을 인정하기 시작했다. 양자역학의 발전으로 인해 사람들은 보이는 것 너머의 무엇인가를 상상하게 되었다. 그래서 누구는 평행우주를, 혹은 다중우주를, 또 누군가는 홀로그램이나 시뮬레이션 게임을 돌리는 거대한 컴퓨터 속에 살고 있다고 믿기 시작했고, 또 누구는 우주가 신의 뇌 속에 있다고 믿기 시작했다. 세계를 보는 관점이 매우 다양해졌다. 이것은 성경이 말하는 "만물을 보시고 심히 좋아하셨다."라는 하나님의 관점으로 안내할 수도 있고 혹은 방해물로 작용할 수도 있을 것이다. 결국 어떤 세계관을 받아들이느냐는 강요나 논증이나 실험이

---

[132] 같은 책, p. 324

나 이론에 의해서 결정되는 것이 아니라 각자의 선택에 달린 문제이다. 어떤 믿음체계를 가질 것인가 선택할 뿐이다.

기독교 신학의 관점에서 '만물을 보는 관점'은 창조주께서 피조물을 바라보시며 기뻐하셨다는 그 계시에 뿌리를 내리고 있다. 우선 만물은 창조주의 기쁨을 위해 창조되었다. 창조주 하나님께서 그 만드신 만물을 바라보시며 기뻐하신 이유는 첫째, 그것들이 하나님 자신의 영광을 반영하기 때문이고, 둘째, 그것들이 사랑하는 아들을 기쁘게 섬길 것이기 때문이다. 모든 만물은 창조주의 영광을 드러내기 위해 존재한다. 하나님의 신성, 거룩, 영광과 권능을 반사한다. 그래서 만물을 들여다보는 자는 그것을 눈치챌 것이고 반드시 놀라게 될 것이다. 그리고 모든 만물은 그리스도를 섬기는 목적 때문에 창조되었다. 그래서 만물은 로고스이신 예수 그리스도의 기쁨이 되어야 하는 운명을 가지고 있다. 이것이 기독교 신학이 말하고 있는 '만물을 보는 관점'이다.

제비뽑기

양자역학이 본격적으로 출현한 것은 불과 100여 년이다. 그 전에는 갈릴레이로부터 시작하여 뉴턴으로 정점을 이루고 아인슈타인으로 대단원을 이룬 고전물리학은 기본적으로 '결정론적 세계관'을 갖고 있었다. 반면 양자역학은 관찰되는 순간 입자의 모습으로 결정되며 관찰되기 전에는 중첩의 상태로 존재하며 어디에 어떻게 있는지에 관해서는 단지 확률의 상태로만 알 수 있다고 한다. 양자역학에 있어 아직도 해결되지 않은 문제는 '해석의 문제'이다. 즉, '관측이란 무엇인가?'에 대하여 과학자들의 정의가 아직도 확립되지 않았다는 것이다. 관측하는 행위가 사물에 어떻게 영향을 주는지에 대해 아직도 열띤 논의가 진행 중이다.

하나님께서 요단을 건너 가나안을 정복한 이스라엘에게 어떤 방식으로 땅을 분배하여 주셨는가? 그것은 '제비뽑기'의 방식이었다. 어느 지파가 어느 땅을 차지하게 될 것인지 아무도 알 수 없었다. 제비뽑기의 방식은 이스라엘 지파의 불평을 종식시키는 것이었다. 이스라엘 백성은 하나님의 주권에 따르기로 결정하고 제비뽑기의 방식을 받아들였다. 제비뽑기는 땅 분배뿐만 아니라 아이성 전투에서 패배했을 때 그 원인을 찾아내는 데 효과적인 방법으로 사용되었다. 이스라엘은 아이성 전투의 패배의 주범인 아간을 찾아내는 데 제비뽑기의 방식을 통해 성공했다. 제비뽑기는 하나님의 주권이 작용하는 특별하고 보편적인 방식으로 받아들여졌다.

이스라엘이 하나님의 뜻을 묻고 결정할 때 주로 사용했던 방식이 제비뽑기였다. '욤 키푸르'라고 불리는 1년 중 가장 크고 엄숙한 절기인 속죄일에는 이스라엘의 죄를 짊어지고 광야로 내보낼 희생제물을 선택하는 일을 제비뽑기 방식으로 결정했다. 아사셀, 즉 속죄염소를 고를 때에도 제비뽑기를 하라고 하나님께서 친히 말씀하셨다.

"두 염소를 위하여 제비 뽑되 한 제비는 여호와를 위하고 한 제비는 아사셀을 위하여 할찌며 아론은 여호와를 위하여 제비 뽑은 염소를 속죄제로 드리고 아사셀을 위하여 제비 뽑은 염소는 산대로 여호와 앞에 두었다가 그것으로 속죄하고 아사셀을 위하여 광야로 보낼찌니라"(레 16:8-10)

때로는 군사를 선발할 때나 왕을 선택할 때, 숨은 허물이나 범죄자를 찾아낼 때, 그리고 성전의 직무를 나누어 맡길 때에도 제비뽑기 방식을 사용하기도 했다(삿 20:9; 삼상 10:17f.; 삼상 14:36f.; 대상 25:8; 26:13). 심지어 로마 군인들이 십자가에 달리신 예수님의 옷을 나눌 때에도 제비를 뽑아 결정했다. 가룟 유다의 자리를 메우기 위해 다른 한 명의 사도를 선택할 때에도 제비뽑기로 결정했다(행 1:26). 성경은 제비뽑기 방식이 강한 자 사이의 다툼을 해결하는 지혜로운 방식이라고 소개하고 있다.

"사람이 제비는 뽑으나 일을 작정하기는 여호와께 있느니라"(잠 16:33)

"제비 뽑는 것은 다툼을 그치게 하여 강한 자 사이에 해결케 하느니라"(잠 18:18)

양자역학에서는 어떤 입자의 상태가 관찰되기 전에는 결정된 상태가 아니라 중첩된 상태로 존재한다고 말한다. 그리고 관측하는 행위를 통해 결정된다고 말한다. 기독교에서의 '관찰하는 행위'는 사람이 하지만, 어떻게 결정될 것인지는 오직 하나님께 달려 있다고 믿는다. 그런 점에서 기독교 신앙은 양자역학에서 말하는 확률론적 세계관과는 분명히 차이가 있다고 할 수 있다. 내일 어떤 일이 있을지에 대해서는 아무도 모른다. 오직 확률로만 알 수 있다. 하지만 그것은 하나님께 달려 있다고 믿는다.

예를 들어 사람은 반드시 죽는다. 그러나 언제 죽을지는 아무도 모른다. 오늘 밤 나는 죽을 수도 있으나 그것은 확률로만 짐작할 뿐 아무도 단정할 수 없다. 그러나 하나님 앞에서는 우연이나 확률은 존재하지 않는다. 기독교 신앙은 무가지론이나 회의론이 아니라 어떤 의미에서 결정론적 세계관이라고 할 수 있다. 하나님만이 모든 것을 아신다. 내 생명의 끝이 언제인지, 우리가 사는 우주의 종말이 언제인지 시작과 끝은 하나님이 결정하셨고 하나님만이 아신다. 하나님께는 확률로 존재하는 것이 하나도 없다. 심지어 미래조차 마찬가지다. 역사의 끝이 언제인지, 누가 구원을 받을 것인지 아닌지 하나님께는 불확실한 것이 하나도 없다. 하나님께는 모든 것이 확정된 상태이다.

뉴턴을 중심으로 한 고전물리학은 미래를 알 수 있다는 '**결정론적 세계관**'을 가지고 있다. 이에 대해 양자 물리학은 결정된 것은 아무 것도 없으며 오직 확률로만 알 수 있을 뿐이라는 '**비결정론적 세계관**'이다. 앞으로 무슨 일이 일어날 것인지 인간이 예측할 수 있느냐 없느냐의 논쟁인 것이다. 그런데 기독교 신학은 앞의 두 세계관과 다른 의미의 세계관을 가지고 있다. 무엇이 발생할 것인지 하나님이 결정하시고 하나님만이 앞으로 무엇이 일어날 것인지 알고 계신다는 것이다. 개인의 죽음과 역사의 종말은 이미 결정이 되었다. 그 이후에 나타날 일 역시 결정이 되었다. 그러나 사람은 그것이 어떠한지 전혀 알 수가 없다. 오직 아는 것은 한 가지뿐이다. 내가 복음의 말씀을 듣고 내 인격 안으로 받아들였다는 사실은 내가 진리 안에 있도록 결정된 확실한 증거이며 취소될 수 없는 증거라는 것이다.

"또 아는 것은 우리는 하나님께 속하고 온 세상은 악한 자 안에 처한 것이며 또 아는 것은 하나님의 아들이 이르러 우리에게 지각을 주사 우리로 참된 자를 알게 하신 것과 또한 우리가 참된 자 곧 그의 아들 예수 그리스도 안에 있는 것이니 그는 참 하나님이시요 영생이시라"(요일 5:19-20)

지식의 말씀에 관하여

그러면 하나님을 아는 것은 무엇일까? 성경에서 말하는 '안다'는 단어는 '보다'라는 단어로 쓰이고 있다. 히브리인들은 어떤 사물을 이해할 때 '안다'라는 추상 언어가 아닌 '보다'라는 그림 언어로 이해하기를 좋아한다. 그래서 히브리인들에게 하나님을 아는 것은 하나님을 보는 것을 의미한다. 하나님을 보는 것은 세 가지를 포함한다. 첫째, 하나님의 이름이고, 둘째, 하나님의 존재이며, 셋째, 하나님의 사역이다. 그래서 신학에서 '신론' 부분에서 세 가지를 다룬다. 여기서 그것에 대해 자세히 다 다룰 수는 없다. 다만 중요한 것은 이것이다. 하나님을 아는 지식은 어떻게 갖는 것일까?

인간은 스스로 하나님을 알 수 없다. 인간은 하나님께서 유한한 인간에게 자신에 관하여 알려 주시는 것만큼 하나님을 알게 된다. 무한한 빛의 세계 가운데 거하시는 하나님께서 어떤 방법으로 자신에 대해 유한한 인간에게 알려 주시는 것인가? 하나님에 관하여 계시의 역할을 담당하는 분이 바로 하나님의 성령이시다. 하나님의 성령은 하나님의 깊은 부분에 관하여 아시는 분이며 또한 우리에게 하나님에 대하여 알려 주시는 분이시다.

> "오직 하나님이 성령으로 이것을 우리에게 보이셨으니 성령은 모든 것 곧 하나님의 깊은 것이라도 통달하시느니라 사람의 사정을 사람의 속에 있는 영 외에는 누가 알리요 이와 같이 하나님의 사정도 하나님의 영 외에는 아무도 알지 못하느니라"(고전 2:10-11)

계시의 궁극적인 주체는 하나님이시다. 하나님께서 하나님 자신에 관하여 누구에게 알려 주실지 결정하시는 분도 하나님이시다. 사람은 스스로의 노력과 능력으로 결코 하나님에 관하여 알 수 없다. 베드로가 예수님께 대하여 "주는 그리스도시요 살아 계신 하나님의 아들이십니다."라고 고백했을 때 예수님은 다음과 같이 말씀하셨다.

"예수께서 대답하여 가라사대 바요나 시몬아 네가 복이 있도다 이를 네게 알게 한 이는 혈육이 아니요 하늘에 계신 내 아버지시니라"(마 16:17)

예수님께서 전도하러 보낸 70명이 돌아와 일어난 일들에 대하여 보고했을 때 예수님은 다음과 같이 반응하셨다.

"이 때에 예수께서 성령으로 기뻐하사 가라사대 천지의 주재이신 아버지여 이것을 지혜롭고 슬기있는 자들에게는 숨기시고 어린 아이들에게는 나타내심을 감사하나이다 옳소이다 이렇게 된 것이 아버지의 뜻이니이다 내 아버지께서 모든 것을 내게 주셨으니 아버지 외에는 아들이 누군지 아는 자가 없고 아들과 또 아들의 소원대로 계시를 받는 자 외에는 아버지가 누군지 아는 자가 없나이다 하시고 제자들을 돌아 보시며 종용히 이르시되 너희의 보는 것을 보는 눈은 복이 있도다"(눅 10:21-23)

하나님을 아는 것은 따라서 전적으로 계시에 의한 결과이다. 이것은 모든 복 중에 최고의 복이다. 그런데 계시를 담당하는 하나님의 영이 사람에게 특별한 능력을 주시기도 한다. 이것을 '지식의 말씀'이라고 한다. 지식의 말씀이란 성령께서 주시는 은사 중의 하나로서 '아는 능력'을 가리킨다. 복음서에는 다음과 같은 말씀이 있다.

"예수께서 저희 생각을 아시고 가라사대 스스로 분쟁하는 나

라마다 황폐하여질 것이요 스스로 분쟁하는 동네나 집마다 서
지 못하리라"(마 12:25)

예수님은 제자들이 어떤 생각을 하고 있는지 아셨고, 사마리아 여인이 어떤 상황에 있는지 그리고 어떤 생각을 하고 있는지 아셨다. 그리고 예수님께 나아온 어떤 병자가 그 병의 원인이 무엇인지도 즉각적으로 아셨다. 자신을 죽이려고 은밀하게 모의하는 유대인들의 생각을 읽으셨다. 멀리 떨어진 곳인데도 사람의 생각을 읽는 것이 어떻게 가능할까?

우리가 살고 있는 모든 것은 '파동'으로 존재한다. 이것은 양자역학이 밝혀낸 사실이다. 파동(wave)이란 단지 호수나 바다에서 보는 파도만이 전부가 아니다. 사람이 듣는 소리도 사실 공기라는 매질이 진동하는 파동이며, 사람이 느끼는 빛 역시 파동이다. 모든 에너지는 파동으로 존재하며 전달되고 또 흡수되기도 한다. 100여 년 전에 프랑스 물리학자인 드 브로이는 모든 만물이 파동이라고 말하였다.

파동이란 무엇인가? 파동이란 진동과 관계가 있다. 어떤 점에서 진동이 발생하여 주변으로 번져 나가는 것이 파동이다. 파동은 방향이 있지만 물질 자체가 나아가는 것은 아니다. 파동은 진행 방향이 있고, 골과 마루가 있으며 진폭과 파장이 있다. 그리고 파동에는 횡파와 종파가 있다. 단순한 파동이 겹쳐져서 복잡한 형태의 파동이 생기기도 한다. 파동은 서로 간섭하기도 한다. 여러 가지 이름의 파

동이 있다. 지진파, 중력파, 음파, 광파, 물질파, 전자파, 자기파, 전파, 마이크로파, 각종 방사선도 파동이다. 파장이 짧을수록 에너지가 크고 강력하다. 양자역학에서 전자가 진동할 때 전자기파란 빛이 나오는 것을 발견했다.

파동에는 여러 가지 특성이 있다. 반사되기도 하며, 굴절되기도 한다. 빛(광파)은 직진하다가 물을 만나면 굴절하게 된다. 파동은 앞에 장애물이 있어도 통과하기도 한다. 파동과 파동이 만나서 파동이 사라지기도 하고 혹은 더욱 강해지기도 한다(간섭). 현대 과학기술은 노이즈 캔슬링(noise cancelling) 효과를 이용하여 이어폰을 만들 수 있다. 또한 안테나와 회로의 공명을 통하여 전파를 구분하기도 한다. 사람들이 즐겨 듣는 음악은 파동의 조합이다. 다양한 색도 빛의 파동이 다르기 때문이다. 사람이 볼 수 있는 파장의 빛이 있고 볼 수 없는 파장의 빛도 있다. 엑스레이의 원리는 파동을 이용하여 내부를 들여다보는 장치이다.

양자역학은 이미 오래전에 관측되기 전에는 파동으로 존재하다가 관측하는 순간 입자의 모습을 나타내는 전자의 움직임을 확인하였다. 이런 현상은 아직도 많은 물리학자들로 하여금 논쟁하게 만든다. 도대체 관측이란 행위는 무엇인가? 파동을 입자로 바꾸는 것은 관측자의 의식인가 아니면 관측하는 행위인가? 최근 입자 물리학자들은 만물의 근원이 끈으로 구성되어 있다는 초끈이론(super-string theory)을 연구하고 있다. 양성자, 중성자, 그리고 전하를 구성하는 더 작은 입자는 끈으로 되어 있고, 각각의 끈이 다양하게 진동함으로써 에너지를 발산하기도 하며 물질의 형태를 이루기도 한다는 것이다.

예수께서 공간이 떨어진 곳에서 은밀하게 나누는 대화를 들으신 것이나 마음속으로 생각하는 것을 읽으신 것은 파동의 원리로 이해할 수 있다. 생각은 무형이지만 사실은 진동이며 파동이다. 내가 마음속으로 어떤 노래를 부르는데 옆의 사람이 같이 따라 부르는 현상을 몇 번 경험해 보았을 것이다. 영혼은 파동으로 존재한다. 생각도 파동이며, 말도 파동이다. 예수께서는 우리가 무슨 무익한 말을 하든지 그것으로 마지막 심판의 날에 심판을 받게 될 것이라고 하셨다.

"내가 너희에게 이르노니 사람이 무슨 무익한 말을 하든지 심판날에 이에 대하여 심문을 받으리니 네 말로 의롭다 함을 받고 네 말로 정죄함을 받으리라"(마 12:36-37)

무심코 내뱉은 모든 말이 파동이며, 그것은 사라지지 않으며, 그것은 기록되고 있다. 사람들은 자신이 한 말을 남들이 듣지 못하면 괜찮다고 생각하지만 결코 아니다. 혼잣말이라도 사라지는 것이 아니다. 그래서 예수님께서는 함부로 맹세하는 말을 주의하라고 하셨다.

"나는 너희에게 이르노니 도무지 맹세하지 말찌니 하늘로도 말라 이는 하나님의 보좌임이요 땅으로도 말라 이는 하나님의 발등상임이요 예루살렘으로도 말라 이는 큰 임금의 성임이요 네 머리로도 말라 이는 네가 한 터럭도 희고 검게 할 수 없음이라 오직 너희 말은 옳다 옳다, 아니라 아니라 하라 이에서 지나는 것은 악으로 좇아 나느니라"(마 5:34-37)

하나님은 지식의 하나님이시다. 하나님은 모든 것을 아시는 분이시다. 하나님께는 숨김이 하나도 없다. 내 속의 은밀한 생각도 아시고 내 의도 또한 아시는 분이시다. 남들이 보지 못하는 가운데 했던 말이나 행동들 모두 하나님은 알고 계신다. 그런 하나님이 누구인지, 그 이름이 무엇인지, 그가 어떻게 계시며, 어떤 일을 하고 계시는지 아는 것은 전적으로 하나님 자신이 알게 해 주셔야 가능한 것이다. 우리는 하나님을 알게 하시는 성령의 역할 때문에 하나님을 알게 된다. 때로는 복음증거의 상황 속에서 하나님만이 아는 것을 알게 하시는 능력을 주시기도 한다.

이 모든 것은 '교만'과 '겸손'의 성품에 대해 중요한 것을 말해 준다. 하나님의 계시는 마음이 교만한 자(어른이라고 비유되고 있음)에게 결코 임하지 않을 것이다. 마음이 겸손하고 정직한 사람은 하나님이 보시는 것처럼 보기 전까지는 보고 있다고, 혹은 알고 있다고 자신할 수 없음을 잘 안다. 그러나 마음이 교만한 사람은 자신이 보는 것이 실재라고 자신의 보는 것과 아는 것에 대해 과도한 확신을 가지고 있는 사람이다. 마음이 교만한 사람은 하나님의 계시를 받을 수 없다.

성경에 관하여

하나님께서는 자신에 관하여 여러 시대를 걸쳐 여러 모양과 여러 방법으로 드러내셨다. 특별히 하나님은 선지자들을 보내어 하나님에 관하여 사람들에게 말하게 하심으로 자신을 드러내셨다. 그리고 그것을 인간의 손으로 기록되게 하셨고 오랜 세월 동안 여러 명의 인간 저자가 자신의 개성과 경험을 살려 하나님이 어떤 분인지, 어떤 일을 하셨고 또 하고 계시는지 기록하게 하셨지만 교리적으로 서로 모순되거나 충돌되지 않도록 세밀하게 간섭하셨다. 양자 물리학자나 천체 물리학자들이 사용하는 단어인 '미세조정'(fine tuning) 작업을 통해서 말이다. 이 성경은 '과학'이나 '철학'의 개념으로 보자면 '오류'가 있을 수 있다. 그러나 '계시'의 관점에서 볼 때 결코 오류가 없다. 그것을 기반으로 신학체계나 교리를 확립하는 과정에서 오류가 생길 수는 있을 것이다. 그러나 신학의 원천인 성경은 결코 오류가 없다.

기독교는 계시의 종교이며 기독교 신학은 계시에 관한 학문이다. 계시(revelation)란 하나님께서 자신을 알리시는 행위를 의미한다. 인간은 스스로 하나님을 찾아 발견할 수 없다. 인간은 오직 하나님께서 자신을 드러내시는 범위 내에서만 하나님을 알 수 있다. 그러나 감사하게도 하나님께서 자신을 드러내시기 위한 목적으로 만물을 창조하셨다. 그 만드신 모든 만물은 하나님의 영광과 능력과 신성을 드러내 보여 주고 있다. 만물을 관찰하면 누구나 발견할 수 있다. 비록 타락한 아담 이후에 출생한 인간이라도 그것을 볼 수 있는 능력을 가지고 태어났다. 그러나 계시가 없이는 그분을 만날 수 없다. 그분의 이름이 무엇인지 알 수 없다. 그분이 갖고 계신 다른 생각을 더 알 길은 없다. 더욱이 아담 이후 출생한 모든 인간은 하나님을 아는 빛이 점점 희미해져 가고 있었다.

그래서 하나님께서 자신을 특별한 방법으로 드러내기로 작정하셨다. 사람을 불러서 하나님에 관하여 다른 사람들에게 말을 전하게 하셨다. 하나님이 어떤 분이며 어떤 일을 하셨는지 기록하게 하셨다. 그리고 그 기록이 비록 인간 저자의 개성과 경험으로 묻어난 것이지만 전체적으로 모순이 발생하지 않는 범위 내에서 '미세한 조정'을 직접 그 기록물에 가하셨다. 이것이 성경의 영감설(theory of the Bible inspiration)이다. 성경은 성경에 관하여 다음과 같이 말하고 있다.

> "모든 성경은 하나님의 감동으로 된 것으로 교훈과 책망과 바르게 함과 의로 교육하기에 유익하니 이는 하나님의 사람으로 온전케 하며 모든 선한 일을 행하기에 온전케 하려 함이니라"(딤후 3:16-17)

하나님께서 "모든 성경을 감동하셨다"라고 할 때 영어로는 "All Scripture is God-breathed."이다. 하나님께서 모든 성경에 숨을 불어넣으셨다는 것이다. 이 표현은 성경에서 두 번 나온다. 첫째는 흙으로부터 사람을 만드시고 사람의 코에 숨을 불어넣으신 것이다. 하나님께서 생기를 그 코에 불어넣으셨는데 그 결과 사람은 육신을 가졌지만 동시에 '살아 있는 영'이 되었다. 그리고 하나님은 동일한 방식으로 성경에 그 생기를 불어넣으셨다. 그래서 성경은 매우 특별한 책이 되었다. 최초의 사람이 살아 있는 영이 되었듯이 성경은 살아 있는 책이 되었다.

> "하나님의 말씀은 살았고 운동력이 있어 좌우에 날선 어떤 검보다도 예리하여 혼과 영과 및 관절과 골수를 찔러 쪼개기까지 하며 또 마음의 생각과 뜻을 감찰하나니 지으신 것이 하나라도 그 앞에 나타나지 않음이 없고 오직 만물이 우리를 상관하시는 자의 눈앞에 벌거벗은 것 같이 드러나느니라"(히 4:12-13)

여기서 '모든 성경'(all Scripture)이라고 했을 때 무엇이 성경을 성경답게 만드는가의 문제, 즉, 정경론(canonics)이 등장하게 된다. 성경을 다른 '성경이라고 주장하는 책들'과 구별시켜 주는 것이 무엇인가? 구약시대, 신구약 중간기 시대, 그리고 신약시대, 사도 후 교부들의 시대에 많은 책들이 있었다. 그 모든 책들 중에서 지금 우리는 66권만을 정경(canon)으로 인정하는 것인가? 정경을 정경 되게 만드는 기준이 무엇인가? 그것은 하나님의 '숨결'을 어떻게 증명하고 있는가? 3세기경 초대 교회 지도자들(교부)은 어떤 기준을 가지고 오늘날의 정경목록을 완성하였을까?

일단 저자의 진위성이 의심되는 책들, 이른바 '위경'(pseudepigrapha)은 제외하였다. 예를 들어, 『바울 묵시록』 같은 책이다. 저자가 아닌데 저자인 것처럼 기록한 것이다. 저자를 흉내 낸 위경은 항상 있어 왔다. 엄밀한 조사를 통해 저작권을 위반한 책들은 제외되었다. 그리고 저자의 진위성은 확인할 수 있으나 그 내용에 있어서 '신적 권위'를 인정받지 못한 '외경'(apocrypha) 또한 제외되었다. 외경이란 일종의 '문학작품' 혹은 '경건서'이다. 그렇다면 무엇이 신적 권위를 보여 주는 특징인가?

구약성경의 경우 '선지자의 글'이 정경으로 포함되는 기준이 되었다. 그래서 지금 우리가 가지고 있는 39권의 구약성경 목록은 이미 예수님께서 이 땅에 오시기 훨씬 이전부터(주전 2세기) 확립이 되었다. 지금 와서 다른 어떤 책을 그 목록에 추가하자는 것은 재고할 가치가 없다. 논란이 되는 것은 신약성경의 목록이다. 베드로 묵시록이나 바울 묵시록 같은 저자의 진위가 허위로 판명 나는 책은 일단 제외가 되었다. 그리고 신약성경의 경우는 '사도성'이 정경과 외경을 구분 짓는 참 권위의 기준이 되었다. 사도의 정의는 부활하신 예수님을 직접 목격한 증인들이라고 정의한다. '사도성'이라면 그러한 사도와 밀접하게 동역한 자들(co-worker)도 포함시키는 말이다. 사도의 제자는 포함시키지 않는다.

이러한 결정은 주후 397년 카르타고 공의회에서 확정이 되었다. 그래서 지금 사해바다 근처에서 또 다른 성경이 발견된다고 하더라도 그것을 지금의 정경의 목록에 추가할 수 없다. 신구약 정경목록이 확정되었음에도 불구하고 로마 가톨릭은 1546년 트리엔트 공의회를 통해 몇몇 외경을 정경의 목록에 추가하였다. 그리스 정교 또한 몇몇 외경을 추가하였다. 그러나 개신교는 기본적으로 66권의 정경 목록만을 권위 있는 책으로 인정한다.

 기본적으로 성경의 무오성 교리(doctrine of Bible inerrancy)는 원본에 한정되지만 그것이 사본으로 필사되어 전해지는 과정에서도 하나님의 '미세한 조정작업'(fine tuning)이 개입되었다고 하는 교리이다. 사본과 번역본의 차이는 또 다른 문제이다. 여기서 '무오성' 즉 '오류 없음'에 대해 올바르게 이해할 필요가 있다. 우선 성경이 '과학 교과서'가 아님을 알아야 한다. 3천 년 전에 기록되었을 때 저자와 수신자가 갖고 있었던 상황에 비추어서 해석(역사적)을 해야 한다. 21세기 양자역학 시대를 살아가는 현대인들, 입자가속기를 사용하여 빅뱅 초기 우주를 연구하는 첨단 물리학자들 같은 과학자들의 눈높이를 충족시켜 주기 위해 기록된 것이 아니다.

 또한 성경은 '철학서'가 아니다. 철학이라고 할 때는 어떤 일관된 개념과 언어로 한 사람이 어떤 개념이나 이론을 집대성해야 한다. 그러나 성경은 3,500여 년 역사 동안 40여 명이 넘는 저자들이 각기 다양한 시간대와 문화권에서 기록한 책들의 모음이므로 철학서의 관점으로 보면 '오류' 투성이로 보일 것이다. 하나님의 영이 직접 개입해서서 '감동' 즉 '하나님의 숨결을 불어넣으셨다'는 말은 완벽한 과학책도, 철학서도 아님에도 그토록 다양한 시간대와 문화권에서 살았던 저자들에게 일일이 개입하셔서 모순이 발생하지 않도록 저자의 개성을 뭉개지 않으면서도 간섭하셨다는 것이다.

따라서 기독교 신학은 계시의 학문이며, 그 어떤 문헌과 과학책, 이론서, 철학서보다 성경이 말하는 바를 최고의 권위를 가진 진술로 여기고 그 권위 아래 복종하며 진술을 하는 학문이라고 할 수 있겠다. 만약에 성경에 기록된 대로 여리고성이 무너지지 않았다는 것이 고고학적으로 증명이 된다면 성경 전체가 진술의 신빙성에 문제가 생기는 것이 되며 더 나아가서 신학 자체가 존폐 위기에 몰리는 것이다. 만약 예수 그리스도의 부활이 역사적 사실이 아님에도 불구하고 성경이 그렇게 묘사하고 있는 것이라면 기독교 신앙은 거짓말로 꾸며 낸 종교가 될 것이다. 이처럼 성경의 진술을 '절대적 증언'으로서의 가치를 부여하는 것이 기독교 신학의 기본적인 입장이다.

그러나 한 가지 주의해야 할 점이 있다. 해석의 적절성 문제이다. 우리가 성경의 진술을 그 어떤 주장이나 논리보다 최우선의 신빙성을 가진 증언(testimony)으로 받아들일 때에 해석의 문제와 분리할 수 없다. 기본적으로 성경의 특정 본문을 '역사적으로, 문법적으로, 타당하게' 해석하지 않은 경우이다. 예를 들어, 창세기 1장에 하나님께서 첫째 날 빛을 창조하셨다고 할 때 그 빛을 어떻게 해석할 것인가를 가지고 생각해 볼 수 있다. 나는 '모든 물질의 근본을 이루는 최소 에너지 세계로서의 양자시스템'이라고 해석적 정의를 내렸지만 다르게 해석할 수도 있을 것이다. 성경은 무오하나 신학은 언제나 완벽하지 않다. 시대를 따라 오해를 불러일으키는 신학적 용어들과 표현들은 늘 생겨나게 된다. 따라서 신학은 늘 새롭게 진술되어야 하는 것이다.

그런데 만약 두 가지 해석이 서로 충돌을 일으킨다면 어떻게 해야 할 것인가? 그럴 때는 성경 전체에서 말하는 교리 ― 예를 들어 구원관 ― 와 충돌하여 또 다른 모순이 생기지 않는지 검토해야 할 것이다. 그리고 빛을 만드시고 빛과 어둠을 구분하시고 빛을 낮이라 부르시고 어둠을 밤이라 부르셨고 저녁이 되고 아침이 되니 첫째 날이라고 했을 때 그 낮과 밤은 오늘 인간이 느끼는 낮과 밤과 동일한가? 그때의 첫째 날은 인간이 느끼는 24시간의 하루를 말하는가? 이에 대해서도 해석이 다를 수 있을 것이다. 우리가 어떤 해석이 '타당하다'고 할 때에는 또 다른 모순을 만들어 내지 않으며 전체적인 교리의 틀에 잘 부합한다는 그런 뜻이다.

성경이 강력하게 경고하는 것이 바로 이 부분이다. 우리가 성경을 '타당하지 않게' 해석하는 것은 매우 위험한 일이다. 심지어 '타당성을 잃은 해석' 즉 '억지스러운 해석'은 우리의 영원의 문제까지도 결정지을 정도로 파괴적이다.

"…우리 사랑하는 형제 바울도 그 받은 지혜대로 너희에게 이 같이 썼고 또 그 모든 편지에도 이런 일에 관하여 말하였으되 그 중에 알기 어려운 것이 더러 있으니 무식한 자들과 굳세지 못한 자들이 다른 성경과 같이 그것도 억지로 풀다가 스스로 멸망에 이르느니라"(벧후 3:15-16)

"내가 이 책의 예언의 말씀을 듣는 각인에게 증거하노니 만일 누구든지 이것들 외에 더하면 하나님이 이 책에 기록된 재앙들을 그에게 더하실 터이요 만일 누구든지 이 책의 예언의 말씀에서 제하여 버리면 하나님이 이 책에 기록된 생명 나무와 및 거룩한 성에 참예함을 제하여 버리시리라"(계 22:18-19)

마지막으로 성경은 우리가 알고 싶은 모든 호기심을 채워 주기 위해 기록된 책이 아니다. 성경은 우리의 구원에 필요한 '필요충분한 모든 것'을 기록한 책이지 우주나 원자에 관한 우리의 호기심을 만족시키는 정보들을 모아 둔 책이 아니다. 물론 그럼에도 불구하고 물리학자들이나 다른 과학자들이 생각하지 못하는 형이상학적인 영역에 관해서 놀라운 통찰력을 주는 본문(text)이 적지는 않다. 인생의 의미나 목적, 우주의 의미나 목적에 관해서 과학자들은 결코 알 수 없는 영역에 관하여 성경은 담대하게 말하고 있다. 하지만 성경이 기록된 목적은 우리의 호기심을 충족시켜 주기 위함이 아니라 우리의 구원을 위해서란 사실을 잊지 말자. 성경은 우리의 구원과 우리의 순종에 필요한 모든 것을 담고 있는 하나님의 특별계시의 책이다.

"오묘한 일은 우리 하나님 여호와께 속하였거니와 나타난 일은 영구히 우리와 우리 자손에게 속하였나니 이는 우리로 이

율법의 모든 말씀을 행하게 하심이니라"(신 29:29)

천사들에 관하여

그렇다면 성경은 천사들에 관하여 무엇이라 말하고 있는가? 천사들은 어떤 존재인가? 그들은 어떻게 존재하며 무엇 때문에 존재하는가? 천사들에 관하여 성경은 자세히 말해 주고 있지 않지만 성경을 통해 우리가 알 수 있는 것은 그들은 피조물이며, 그들은 영적인 존재로서 불멸이며, 그들은 하나님과 하나님의 백성들을 섬기는 존재들이며, 일부 타락한 천사들이 있었는데 그 우두머리가 사탄(참소하는 자란 뜻) 혹은 마귀(미혹하는 자란 뜻)이며 그를 따라서 자신의 자리를 벗어난 수많은 천사들을 '악한 영' 혹은 '귀신들'이라고 부른다는 것이다. 타락한 천사들은 사람들에게 거짓말을 믿게 하며 진리에 이르지 못하도록 방해하는 일을 하는 존재들이다. 골로새서를 보면 1세기에 천사를 숭배하는 무리들이 교회에 영향을 주고 있었다는 알 수 있다.

"또 천사들에 관하여는 그는 그의 천사들을 바람(winds)으로, 그의 사역자들을 불꽃(flames)으로 삼으시느니라 하셨으되"(히 1:7; 시 104:4 참조)

"모든 천사들은 부리는 영으로서 구원 얻을 후사들을 위하여 섬기라고 보내심이 아니뇨"(히 1:14)

예수님께서도 천사에 관하여 몇 번 말씀하셨다.

"삼가 이 소자 중에 하나도 업신여기지 말라 너희에게 말하노
니 저희 천사들이 하늘에서 하늘에 계신 내 아버지의 얼굴을
항상 뵈옵느니라"(마 18:10)

어린아이 각자에 천사가 있다는 것이다. 어린아이에게만 있는 것이 아니라 모든 사람에게 다 있다고 보아야 한다. 천사가 하는 역할은 무엇일까? 천사의 역할은 기본적으로 관찰자의 역할이다. 때로는 계시를 담당하기도 한다. 의인들을 지키고 보호하기도 하며 하나님의 명령을 수행하기도 하고 하나님의 군대로 어둠의 세력과 싸우기도 하고 창조와 천체의 움직임에도 개입하며 죽음의 순간과 국가의 흥망성쇠에도 개입하며 하나님의 심판을 수행하기도 하고 역사의 마지막에 심판의 순간에도 개입한다.

"예수 그리스도의 계시라 이는 하나님이 그에게 주사 반드시
속히 될 일을 그 종들에게 보이시려고 그 천사를 그 종 요한에
게 보내어 지시하신 것이라"(계 1:1)

천사는 중성이다. 사람처럼 생육하고 번성하기 위해 창조되지 않았다. 물론 사람의 남성과 여성 같은 성(性, sex)은 부활의 때까지만 유효하다.

"부활 때에는 장가도 아니가고 시집도 아니가고 하늘에 있는 천사들과 같으니라"(마 22:30)

천사는 마지막 심판의 날에 큰 역할을 감당하게 될 것이다.

"저가 큰 나팔소리와 함께 천사들을 보내리니 저희가 그 택하신 자들을 하늘 이 끝에서 저 끝까지 사방에서 모으리라"(마 24:31)

"인자가 자기 영광으로 모든 천사와 함께 올 때에 자기 영광의 보좌에 앉으리니"(마 25:31)

천사의 모습과 형상에 대해서는 빛의 존재들이란 사실을 알 수 있다.

"큰 지진이 나며 주의 천사가 하늘로서 내려와 돌을 굴려 내고 그 위에 앉았는데 그 형상이 번개 같고 그 옷은 눈 같이 희거늘"(마 28:2-3)

에스겔서와 요한계시록 등에서 묘사되고 있는 천사의 모습을 보면 몇 가지 더 알 수 있다. 하나님은 빛을 창조하시고 빛 가운데 계시며 빛을 자신의 호위로 삼으신다. 하나님께서 창조하신 피조물 중에 가장 거룩하고 특별한 천사들이 있다. 그들은 매우 비범한 능력과 신성과 성품을 부여받은 존재들이다. 그들에게는 많은 눈들이 앞뒤로 있다고 했는데 앞으로 하나님을 바라보는 것과 뒤로 하나님이 창조하신 피조물들을 바라보는 관찰자의 능력을 갖고 있음을 말한다. 사람은 아주 좁은 범위의 빛의 파장만을 인식하지만 천사들은 빛의 모든 파장을 다 받아들일 수 있는 특별한 능력을 가졌다. 그들은 사람과 같은 육신을 갖고 있진 않지만 육신의 형태로 나타나거나 육신이 목소리를 내는 것처럼 소리를 진동시키며 소리를 만들어 사람과 대화할 수 있는 능력을 가지고 있다. 그들은 빛으로 창조되었고 빛으로 존재하기 때문에 빛보다 느린 자연 만물의 영향, 즉 중력이나 시공간의 영향을 받지 않는다. 그들은 언제든지 자신들의 의지에 따라 자유롭게 공간을 이동할 수 있다. 그리고 그들은 하나님의 명령을 수행하며 하나님의 피조세계에 질서를 유지하는 일을 수행하고 있다.

윤회사상에 관하여

모든 것이 원자로 되어 있으면 태어나고 죽는 것은 원자의 순환(circulation)을 의미하는 것일까? 불교와 힌두교는 윤회사상을 믿는다.[133] 모든 만물은 원자로 구성되어 있다는 양자역학 원리와 통하는 부분이 있어서 최근 들어 동양철학이 다시 부각되고 있다. 원자

---

133 생명체는 여섯 가지 세상에 번갈아 태어나고 죽는 것을 반복한다는 사상이다. 여섯 세상이란 지옥도, 아귀도, 축생도, 아수라도, 인(人)도, 천(天)도이다. 각각의 세상에는 절대적인 영원이란 없으며 수명이 다하면 다른 세상에서 몸을 바꾸어 다시 태어난다고 생각한다.

의 재구성을 결정하는 힘에 관해서 불교와 힌두교는 다르게 생각한다. 힌두교는 어느 초월적 신이 있다고 믿고 있다. 그에 비해 불교는 좀 더 철학적이다. 어떤 사람들은 윤회사상의 증거로 전생에 관한 기억을 그 예로 들고 있다. 하지만 전생에 대한 기억을 증언하는 그 증언이 과연 참일까? 전생을 기억하는 것이 영혼이 윤회한다는 것의 과학적인 증거가 될 수 있을까? 기독교적 시각에 의하면 전생에 대한 기억은 '거짓 영에 의한 속임수'이다.

기독교의 역사관은 돌고 도는, 반복이 되풀이되는 역사관이 아니라 창조의 시점에서 시작되어 심판의 시점까지 이어지는 단회적이고 직선적인 역사관을 말한다. 사람이나 동물이 죽으면 그 신체는 원자로 돌아가며 다른 어떤 사람이나 동물의 형태로 태어나는 일은 결코 없다. 기독교 신앙에만 있는 독특한 점은 부활이다. 죽어서 천국에 가는 것이 기독교 신앙의 최종 목적지가 아니다. 죽어서 가는 곳은 의식이 양자정보의 형태로 보관되는 곳인 '중간상태'이다. 모든 생명은 태어났다 죽는 것을 무한 반복하는 것이 아니며 일회성이다.

그렇다면 현대 물리학은 윤회사상에 대해서 무엇을 말할 수 있는가? 윤회사상이 주장하는 것처럼 사람의 몸과 의식은 원자의 상태로 되돌아가서 다시 태어나는 것을 반복하는 것인가? 태양과 같은 항성들이 계속 불타다가 소멸되고 나면 그 찌꺼기가 다시 뭉쳐져서 태양이 될 수 있는가? 나는 우주 천체가 생성 소멸을 무한 반복한다고 믿지 않는다. 빅뱅과 빅 크런치가 무한 반복할 것이라는 빅 바운스 이론도 결국 윤회설에 근거한 우주론이다. 물리학 개념에는 "열역학 제2 법칙"이란 것이 있다. 이에 의하면 에너지가 소진되고 나면 다시 재활용될 수 없다. 일단 사용된 에너지는 별빛의 형태로 우주 공간 속으로 흩어져서 영원한 여행을 떠나 버린다.

나는 매우 큰 항성이 블랙홀이 되는 과정을 믿지만 그 블랙홀이 언젠가 다시 증발하게 되고 그 찌꺼기들이 다시 모여 핵융합을 하여 빛을 내는 항성이 될 것이라고 믿지는 않는다. 나는 어느 별이 초신성이 되어 폭발하는 과정을 믿지만 그 여파로 발생한 먼지와 가스가 스스로 모여서 또 다른 행성이나 사람이 된다고 믿지 않는다. 우리는 우주 먼지로 저절로 만들어졌고 죽어서 우주 먼지로 돌아가서 누군가의 우주 먼지로 다시 만들어지는 그런 하찮은 존재가 결코 아니다. 현대 물리학의 엔트로피 법칙에 의하면 이러한 윤회사상은 과학적인 근거가 없다.[134]

퀀텀 시크릿(Quantum Secret)에 관하여

양자역학 원리를 이용해 성공과 출세에 적용하는 가르침이 유행하고 있다. 이른바 '끌어당김의 법칙'을 적용하여 부와 소원을 성취

---

[134] 현대 물리학이 발견한 창조주, 폴 데이비스, 류시화 역, 정신세계사 출판, pp. 36, 37 참조

할 수 있다는 것이다. 그렇게 가르치는 사람들은 토마스 영의 이중 슬릿 실험에서 아이디어를 얻는다고 말한다. 보이지 않는 것이 '관찰'이란 행위를 통해 실재가 되듯이 보이지 않는 소원을 실제로 만드는 원리가 있다고 믿는다. 그러한 가르침은 오늘날 많은 사람들의 인기를 끌고 있다.

그러나 이것은 귀신의 가르침이다. 귀신의 능력을 의지하는 것이므로 어느 정도 효과가 있을 수 있겠다. 그러나 '퀀텀 코칭'이라 불리는 이러한 가르침은 전혀 성경적인 삶이 아니며 그러한 가르침을 따르는 것은 결국 마귀에게 종속되는 삶을 살게 할 것이다. 이런 책과 가르침이 양자역학 원리를 사용한다고 '과학적'이라고 주장하지만 현혹되지 말기를 바란다. 복 있는 사람은 퀀텀 시크릿을 이해하고 실천하는 사람이 아니라 하나님을 사랑하고 하나님의 말씀을 즐거워하며 그것을 주야로 묵상하는 사람이다.

팀 제임스는 뉴에이지 운동에 참여한 특정인들이 주장하고 가르치는 "양자적 영성"(Quantum Spirituality)에 관해서 다음과 같이 비판하고 있다.

"인터넷에서 양자역학을 검색하면 과학분야의 실제 기사와 함께 결정체, 운동, 좌파정치, 불교, 힌두교, 채식주의, 요가, 자기정체성, 명상에 관한 기사들도 발견할 수 있을 것이다. 이 모든 내용은 토론해 볼 만한 흥미로운 주제이긴 하지만, 양자역학과는 어떠한 측면에서도 관련 없다. 양자 영성주의란 '열망 철학'(aspirational philosophy)과 연관된다. 많은 영적 스승이 주장하기를 의식이 현실에 영향을 주므로 어떤 일을 간절히 생각하면 그 일이 이루어진다고 말하기 때문이다. … 어떤 대상을 측정하는 행위는 파동함수를 붕괴시키지만, 최종적으로 어떠한 고유상태에 놓일지 결정하지는 못한다. 그것은 언제나 무작위로 일어난다. … 의식이 고유상태를 구체화한다는 주장을 받아들일 수 있지만, 의식이 고유상태의 구체화 과정에 영향을 준다고 말하는 것은 확실히 잘못되었다. 여러분은 현실을 관측하는 사람이며, 양자적 의미에서 현실의 형성 과정에 영향을 주지 않는다. 지금보다 더 멋진 세상을 만들고 싶다면, 유감스럽지만 나는 여러분이 기존 교육 방식에 따라 좋은 사람으로 성장해야 한다고 믿는다. …"[135]

적극적 사고방식, 성공주의 철학에서 적극적으로 '양자역학'을 활용하고 있다. 입자와 파동으로 동시적으로 존재하는 것이 관찰하는 순간 입자로 그 모습을 드러내는 이중성 원리를 주목한다. 성공과 부를 원한다면 그것을 현실로 구체화하기 위해서 그렇게 생각하고 말해야 한다는 것이 오늘날 많은 사람들에게 인기를 끌고 있지만 이것은 매우 무서운 속임수이다. 양자역학에서 말하는 것과 비슷하지만 전혀 다르다. 양자역학에서는 어떻게 관측될지는 모른다. 위치와 속도는 확률로만 짐작할 뿐이다. 그런데 몇 가지 의식과 주문을 알고 나면 내가 원하는 것을 구현시킬 수 있다고 주장하는 것은 양자

---

135 양자역학 이야기, 팀 제임스, 김주희 역, 한빛비즈 출판, pp. 116-118

역학과는 거리가 너무나 멀다.

  오히려 성경은 무엇이라고 말하는가? 부자 되려고 애쓰지 말라고 말한다. 부자 되려고 애쓰는 자는 온갖 시험과 올무에 걸리게 될 것이라고 경고한다. 주어진 것에 만족하라고 가르친다. 자족이 참 경건의 비결이라고 말한다. 경건을 이익을 만들어 내는 수단으로 삼는 것에 대해 강력하게 경고한다. 양자역학의 용어를 가지고 '성공의 법칙'을 말할 뿐 양자역학이 아니며 단지 성공주의의 한 부류인 것이다. 이러한 흐름은 사도들이 복음을 전했던 1세기에도 있었던 것이다. 많은 거짓 교사들이 사람들을 미혹하여 자신을 따르게 한 방법이 바로 그것이다.

'안다는 것'의 의미

  고전역학과 양자역학을 구분하는 것은 '측정'의 문제이다. 고전역학에서는 측정문제가 없다. 그러나 양자역학에서는 양자세계에서 일어나는 일을 측정한다는 것이 매우 중요한 문제가 된다.

  측정이란 무엇인가? 무엇인가를 측정할 때 무슨 일이 생기는가? 이 모든 것으로부터 내부에서 진짜로 어떤 일이 일어나는지 알 수 있을까? 측정 문제를 해결하려는 시도로부터 '양자역학의 해석'이라는 분야가 생겨났다…. 즉, 세상을 바라볼 때 우리가 보는 것은 실제 세상과 근본적으로 다를 수 있다[136].

성경에서 말하는 '지식'은 '보는 것' 즉 '관측'이다. 내가 하나님을 알고 있다 혹은 믿고 있다고 할 때 그 의미는 사실 내가 하나님을 보고(관측하고) 있다는 뜻이다. 그렇다면 내가 하나님을 본다는 것은 무엇일까? 내가 하나님을 보고 있다는 것을 어떻게 알 수 있을까? 그것이 허상이 아님을 어떻게 증명할 수 있는가? 하이젠베르크의 불확정성의 원리에 의하면 양자의 세계를 연구해 본 결과 양자의 세계를 구성하는 어떤 입자의 위치와 속도를 동시에 관측할 수 없다. 모든 것이 원자로 되어 있으므로 원자를 알면 모든 것을 알 수 있게 되는데 실험과 관측으로 어떤 것을 관측할 때 관측하는 순간 정작 중요한 다른 무언가를 알 수 없게 되어 버린다.

이것은 양자세계를 '아는 것'의 특성을 잘 보여 준다. 하나님께서 창조하신 만물을 인간이 관측하여 어떤 물질이나 사물의 본질을 꿰뚫어 보려고 시도할 때 필연적으로 사람은 오리무중에 빠지게 될 것이다. 즉, 어떤 것을 알려고 하면 할수록 더욱 그것에 대해 모르는 자신을 발견하게 될 것이다. 다시 말하면 어떤 것을 안다고 말을 한다면 그것은 그것에 대해 제대로 알지 못하고 있다는 증거이다. 또한 어떤 것을 알면 알수록 그것에 대해 무지한 자신을 발견하게 된다. 우리가 하나님을 안다고 할 때에는 하나님을 알면 알수록 하나

---

136 다세계, 숀 캐럴, 김영태 역, 프시케의숲 출판, pp. 24-25

님에 대해 더욱 무지한 자신을 발견하게 되는 것을 의미한다. 그래서 지혜자 아굴은 다음과 같이 말했다.

> "나는 다른 사람에게 비하면 짐승이라 내게는 사람의 총명이 있지 아니하니라 나는 지혜를 배우지 못하였고 또 거룩하신 자를 아는 지식이 없거니와 하늘에 올라갔다가 내려온 자가 누구인지, 바람을 그 장중에 모은 자가 누구인지, 물을 옷에 싼 자가 누구인지, 땅의 모든 끝을 정한 자가 누구인지, 그 이름이 무엇인지, 그 아들의 이름이 무엇인지 너는 아느냐"(잠 30:2-4)

하나님을 알아 갈수록 자신에 대해 더 잘 알 것이다. 하나님을 아는 참지식을 가졌는지 여부는 자기 자신에 대한 변화가 있는지에 달려 있다. 양자얽힘의 원리에 의하면 두 입자가 서로 얽히게 되면 아무리 먼 거리에 떨어져 있어도 한쪽이 관측을 통해 어느 상태인지 확정되는 순간 다른 한쪽도 동시에 그 상태가 결정되어 버린다. 즉, 하나님을 안다는 것은 하나님과 양자적으로 얽혀 있다는 뜻이고, 그렇다면 하나님이 어떤 분인지 아는 순간 동시에 내 상태도 결정되는 것이다. 즉, 하나님을 아는 것은 즉시로 나를 아는 것의 변화로 이어진다. 이것은 어느 것이 먼저인지 알 수 없는 '동시적인 사건'이다. 하나님을 아는 것은 필연적으로 즉각적으로 그리고 영원히 나를 변화시킨다. 하나님을 아는 것은 필연적으로 나에 대한 앎의 변화로 증명될 수 있다.

내일 일을 자랑하는 것이 왜 죄가 되는가?

양자역학 원리 중에 양자 중첩(Quantum Superposition)이 있다. 양자세계에서 양성자, 중성자, 그리고 전자는 입자이면서 동시에 파동의 성질을 지닌다.[137]

> "코펜하겐 해석은 여러 색상의 빛이 혼합되어 흰색이 되듯 입자의 특이성도 섞여서 스핀이 업도 다운도 아니거나, 여기에도 저기에도 없는 것과 같은 '중첩상태'에 놓일 수 있다고 주장한다. 중첩은 모든 것인 동시에 아무것도 없는 상태이다. 하이젠베르크는 말했다. [입자는 실재하지 않는다. 그리고 어떠한 존재나 사실이 아닌 확률과 잠재력으로 세상을 구성한다.]"

어떤 것의 위치와 운동량을 알면 미래를 예측할 수 있다는 고전역학의 입장과 달리 양자역학은 어떤 것이 중첩상태로 있다가 관측을 하는 순간 입자의 고유상태가 결정되기 때문에 확률로만 알 수 있다는 것이다.[138] 고전역학에 익숙한 사람은 내일 일을 예측할 수 있다고 한다. 그러나 양자역학에 의하면 내일 일을 확정할 수 없다. 내일 일을 확정하는 것은 전적으로 하나님의 주권에 속한 일이다. 그러므로 사람이 내일 일을 확정하여 말하는 것은 하나님의 주권에 대한 도전이 되기 때문에 죄가 된다.

---

137 양자역학 이야기, 팀 제임스, 김주희 역, 한빛비즈 출판, p. 98
138 같은 책, p. 99

하나님의 음성을 듣는 삶

모든 그리스도인들은 하나님의 음성을 듣는 것이 어떤 것인지 경험적으로 안다. 복음의 말씀을 들을 때 '갑자기' 하나님의 말씀이 자신의 영혼 전체를 진동시키는 것을 경험한 사람들이다. 하나님의 영(바람)이신 성령께서 듣는 자들을 진동시켰기 때문이다. 하나님께서 미리 아신 자들은 쉽게 하나님의 말씀이란 빛의 강력한 파장을 경험할 수 있다. 믿지 않는 자들은 아무리 애를 쓰고 노력하여도 스스로의 힘으로 그러한 진동을 만들어 낼 수 없다.

거듭난 이후 하나님의 빛 가운데 살아가면서 이러한 경험을 언제나 하나님의 뜻 가운데서 할 수 있게 된다. 하나님의 영은 믿을 때만 역사하는 것이 아니라 믿음 이후에 빛 가운데 살아갈 수 있도록 우리 영혼을 진동시키시는 분이다. 성령의 진동시키심을 '기름 부음'이라 한다. 모든 그리스도인들은 기본적으로 이러한 '기름 부음'을 가지고 있다. 이 '기름 부음'을 받은 하나님의 자녀들은 참 진리이신 예수 그리스도에 대한 앎의 주파수를 가지고 살아가는 사람들이다.

"너희는 주께 받은바 기름 부음이 너희 안에 거하나니 아무도 너희를 가르칠 필요가 없고 오직 그의 기름 부음이 모든 것을 너희에게 가르치며 또 참되고 거짓이 없으니 너희를 가르치신 그대로 주 안에 거하라"(요일 2:27)

이 말씀의 문맥은 우리가 성경이나 신학을 배울 필요가 없다는 뜻이 아니라 거짓 교사들과 거짓 그리스도를 구분하는 데 있어서 따로 특별히 배울 필요가 없다는 것이다. 하나님의 말씀이라고 외치며 다가오는 거짓 교사들과 적그리스도의 가르침을 분별하는 능력은 모든 그리스도인들이 기본적으로 가지고 있다. 하나님의 음성을 듣는 삶 역시 마찬가지다. 내가 들은 것이 과연 하나님의 말씀인지 아닌지 깊이 고민할 필요가 없다. 하나님의 음성을 경험함으로써 그리스도인이 된 사람들이기에 기본적으로 하나님의 음성인지 아닌지 본능적으로 구분할 능력이 있다. 만일 나에게 '이것이 과연 하나님의 말씀하신 것이 맞는지' 물어보러 어느 누가 다가온다면 거의 확실하게 '아니요'라고 대답할 수 있다. 하나님의 음성을 듣는 것은 내 영혼 전부를 진동시키는 사건이므로 말씀을 들은 사람은 그것이 하나님의 말씀인지 스스로 알게 된다. 만일 그것이 하나님으로부터 온 것이 아니라, 스스로 만들어 낸 것이라면, 자신의 부족한 확신을 보강하기 위해 다른 물리적이고 시각적인 어떤 것으로 보강하려고 들 것이다. 그러나 참으로 하나님의 말씀을 들은 사람이라면 다른 어떤 보강재의 도움을 받을 필요를 전혀 느끼지 못할 것이다.

기독교 생명윤리

생명에 관한 기독교적 관점은 '피'에 관한 교리가 핵심이다. 피에 관한 율법의 조항은 매우 엄격하다. 지금도 유대인의 랍비들은 피에 관하여 극도로 예민하여 도축에 쓰이는 칼을 자세히 조사한다고 한다. 그렇다면 성경은 피에 관하여 어떻게 말하고 있는가? 구약의 율법에는 피에 관하여 다음과 같이 기록하고 있다.

> "무릇 이스라엘 집 사람이나 그들 중에 우거하는 타국인 중에 어떤 피든지 먹는 자가 있으면 내가 그 피 먹는 사람에게 진노하여 그를 백성 중에서 끊으리니 육체의 생명은 피에 있음이라 내가 이 피를 너희에게 주어 단에 뿌려 너희의 생명을 위하여 속하게 하였나니 생명이 피에 있으므로 피가 죄를 속하느니라"(레 17:10-11)

> "모든 생물은 그 피가 생명과 일체라 그러므로 내가 이스라엘 자손에게 이르기를 너희는 어느 육체의 피든지 먹지 말라 하였나니 모든 육체의 생명은 그 피인즉 무릇 피를 먹는 자는 끊쳐지리라"(레 17:14)

모든 육체의 생명은 피에 있다. 생명체에게 피는 생명유지에 절대적으로 필요한 것이다. 피에는 헤모글로빈이란 철분이 있는데 이것이 산소와 만나서 산화하여 붉게 보인다. 이 피에는 절반은 백혈구 적혈구 혈소판이란 고체 성분이 있고 절반은 혈장이라는 액체 성분이 있다. 이 피가 세포의 재생에 필요한 에너지를 실어 나르며, 이 피가 모든 노폐물을 반대 방향으로 실어 나른다. 그래서 기독교에서는 뇌사를 죽음의 증거로 간주하지 않고 심장이 정지되어 피가 굳기 시작할 때 비로소 육체적인 죽음으로 간주한다. 이 피에 대한 하나님의 엄격한 명령은 율법이 있기 이전에 노아 홍수 직후 생겼다.

> "무릇 산 동물은 너희의 식물이 될찌라 채소 같이 내가 이것을 다 너희에게 주노라 그러나 고기를 그 생명 되는 피채 먹지 말 것이니라 내가 반드시 너희 피 곧 너희 생명의 피를 찾으리니 짐승이면 그 짐승에게서, 사람이나 사람의 형제면 그에게서 그의 생명을 찾으리라 무릇 사람의 피를 흘리면 사람이 그 피를 흘릴 것이니 이는 하나님이 자기 형상대로 사람을 지었음이니라"(창 9:3-6)

인간에게 최초로 육식을 허락하신 것은 노아 홍수 직후이다. 짐승이 다른 짐승의 피를 흘리면 "내가 반드시 그 생명의 피를 찾겠다."라고 하신 말씀은 쉽게 말해 "내가 반드시 보복하겠다."라는 뜻이다. 사람이 다른 사람의 피를 흘린다는 것은 그 사람을 해치는 것이 아니라 하나님의 형상에 대한 도전이기 때문에 하나님께서 싫어하신다. 그러나 창세기 1장에서 동물과 사람을 창조하셨을 때는 채식만 가능했다.

창세기 1장에서 하나님의 창조기사를 자세히 살펴보면 다섯째 날 물고기와 새들을 창조하실 때, 그리고 여섯째 날 동물과 사람을 창조하실 때 하나님은 모든 피를 가진 생명체를 향해 "그들에게 복 주시며" 생육하고 번성할 것을 말씀하신다. 여기서 우리는 하나님의 복이 모든 생명체의 생육 번성과 깊은 관계가 있음을 보게 된다. 하나님이 복을 주신다는 것을 이스라엘의 제사장은 어떻게 이해하고 있는지 잘 보여 주는 본문이 있다. 그 유명한 제사장의 축복문이다.

> "여호와는 네게 복을 주시고 너를 지키시기를 원하며 여호와
> 는 그 얼굴로 네게 비취사 은혜 베푸시기를 원하며 여호와는
> 그 얼굴을 네게로 향하여 드사 평강 주시기를 원하노라 할찌니
> 라 하라"(민 6:24-26)

즉 하나님께서 복을 주신다는 것은 피를 가진 모든 생명체를 향하여 대면하여 얼굴빛을 비추는 하나님의 행위를 말한다. 세상 모든 물질은 하나님께서 창조하신 빛, 즉 양자의 세계로 구성되었는데 특별히 그중에서도 피를 가진 생명체는 하나님께서 당신의 얼굴빛을 한 번 더 비추어 주신다. 하나님께서 모든 생명체를 대하여 마치 갓난아이를 그 부모가 얼굴을 대면하듯이 애정을 갖고 대하신다고 말하고 있다. 이것이 기독교에서 말하는 모든 생명을 소중히 대하여야 하는 이유이다.

그렇다면 죄가 무엇인가? 죄는 하나님의 얼굴을 가리게 한다. 하나님께서 자신의 얼굴을 돌리심으로 말미암아 하나님의 얼굴빛으로부터 단절된 상태가 바로 인간이 경험한 최초의 죽음, 즉 영적인 죽음이자 참된 죽음이었다. 그러한 죽음으로 인해 인간은 서서히 육체의 생명의 빛이 꺼져 가는 상태로 살다가 육체적으로 죽는 것이다. 그렇다면 구원이란 무엇인가? 구원이란 다시 하나님의 얼굴을 대면하는 것이다. 하나님의 얼굴빛이 다시 내게 비추기 시작하는 것이

다. 하나님의 빛 가운데 살아가는 것이다. 빛이 어둠을 몰아내는 것을 경험하는 삶이다. 죄로 인하여 외면하셨던 하나님의 얼굴의 방향이 다시 내게로 향하는 것이다.

그렇다면 이것이 어떻게 가능할 수 있는가? 죄는 속하여야 한다. '속하다'는 히브리어의 '카파르'로 '덮는다' '가린다'는 뜻이다. 죄는 덮어야 한다. 그래서 하나님이 죄를 보시지 않게 해야 한다. 그리고 하나님이 귀하게 보시는 생명으로 그 죄를 덮어야 한다. 그러면 죄를 대하여 얼굴을 돌리셨던 하나님께서 다시 대면하여 얼굴빛을 비추실 수 있는 것이다. 죄를 생명의 피로써 덮을 때 죄인을 외면하셨던 하나님께서 다시 대면하신다! 그래서 신약성경에서는 다음과 같이 복음의 핵심인 속죄교리를 말하고 있다.

"율법을 좇아 거의 모든 물건이 피로써 정결케 되나니 피흘림이 없은즉 사함이 없느니라"(히 9:22)

창조의 순간부터 모든 생명체를 애정 어린 시선으로 바라보시며 생육 번성하라고 하셨던 하나님께서 죄 문제를 해결하는 방법으로 생명의 피로써 죄를 덮어 가리는 것을 말씀하셨다. 생명의 피로써 죄를 덮을 때 하나님의 애정 어린 시선으로 죄인을 대면하시겠다고 하신 것이다. 신약의 사도들이 선포한 복음은 동물의 피보다 더 나은 '말하는 피' 더욱 강력한 피, 즉 세상 그 어떤 생명보다 더 사랑하시는 그 아들의 피로써 인간의 죄를 덮어야 구원, 즉 하나님의 얼굴을 보게 될 것이라고 말한다. 가인이 동생 아벨을 살해하였을 때 땅이 아벨의 피를 받아 하나님께 보복을 호소하고 있었다. 모든 피 흘림에는 하나님의 보복의 대가가 뒤따른다. 하나님의 구원이란 하나님의 얼굴을 다시 대면하는 관계의 회복이다. 이것은 죄를 보지 못하시게 만들어야 하는데 하나님이 사랑하는 생명의 피로 덮고, 가리는 방법만이 유일한 구원의 길이다. 이 구원의 길은 구약에서 그림자로 계시되었고, 신약에서 실체로 드러나게 되었다. 동물의 피가 육신으로 오신 하나님의 아들의 피로써 완성된 것이다. 그 피가 없이는 아무도 그 어떤 방법으로도 하나님의 얼굴을 다시 볼 수가 없다.

따라서 기독교의 생명윤리는 기독교의 핵심 교리인 속죄교리와 매우 밀접하게 연결되어 있다. 하나님은 모든 물질과 모든 생명체의 창조주이시며, 특히 모든 생명체에 관하여 애정 어린 시선으로 바라보고 계신다. 따라서 생명을 함부로 취급하는 것은 하나님의 얼굴을 향한 매우 심각한 도전이 아닐 수 없다. 어떤 피를 흘리든지 그 피를 다시 찾겠다, 즉 피 흘린 자에게 보복하겠다는 하나님의 선언을 보라! 기독교회는 생명 경시의 풍조에 관하여 매우 엄중한 경고를 날려야 한다.

'깨달음'과 '거듭남'

기독교에서 '믿음'은 다른 종교에서 말하는 '믿음'과 어떻게 다른가? 가장 큰 차이점은 바로 '계시'의 사건과 계시의 주체가 되시는 하나님을 인정하는가, 그리고 '믿음'의 대상에 대한 명확한 구분에 있다. 우선 믿음의 대상에 대한 생각이 다르다. 과학자들은 실험과 방정식으로 검증된 이론체계를 '진리'로 믿는다. 그들은 사물의 이치를 잘 설명하는 어떤 이론이 여러 실험(사고실험도 포함)으로 증명되었을 때만 그것을 '진리'로 믿는 경향이 있다. 그리고 다른 종교인들은 명상을 통해 세상의 이치를 깨달았을 때 '진리'를 얻었다고 말한다. 그러나 기독교에서 말하는 진리는 매우 특이하게도 예수 그리스도라는 한 인격을 발견했을 때 진리를 발견했다고 말한다. 자연법칙이나 사물의 이치도 아니라 인격에 대한 '깨달음'이다. 그리고 이러한 깨달음은 인간 스스로의 능력으로는 불가능하고 전적으로 창조주의 특별한 계시로 인하여서만 가능한 것이라고 말한다.

"예수께서 대답하여 가라사대 바요나 시몬아 네가 복이 있도다 이를 네게 알게 한 이는 혈육이 아니요 하늘에 계신 내 아버지시니라"(마 16:17)

성경은 이러한 깨달음을 '믿음'이라고 부르고 있고, 그것을 '보는 것'과 동일하게 설명한다. 한밤중에 예수께 찾아와서 예수가 어떤 분인지 알고 있다고 말하는 바리새인 니고데모에게 예수께서는 다음과 같이 말씀하셨다.

"진실로 진실로 네게 이르노니 사람이 거듭나지 아니하면 하나님 나라를 볼 수 없느니라"(요 3:3)

예수님께서 말씀하신 하나님 나라는 자신을 가리키는 말이었다. 즉, 예수님이란 분이 어떤 분인지 깨닫는 것이 곧 하나님 나라를 보는 것이다. 그러한 깨달음은 인간의 노력과 의지에 달려 있는 것이 아니라 '거듭남'이 전제되어야 한다. 그래서 니고데모는 다시 여쭈었다. 사람이 어떻게 거듭날 수 있느냐고. 예수님은 '거듭남'에 대해서 다음과 같이 말씀하셨다.

"진실로 진실로 네게 이르노니 사람이 물과 성령으로 나지 아니하면 하나님 나라에 들어갈 수 없느니라 육으로 난 것은 육이요 성령으로 난 것은 영이니 내가 네게 거듭나야 하겠다 하는 말을 기이히 여기지 말라 바람이 임의로 불매 네가 그 소리를 들어도 어디서 오며 어디로 가는지 알지 못하나니 성령으로 난 사람은 다 이러하니라"(요 3:5-8)

기독교에서 말하는 깨달음이란 예수라는 한 인격의 참된 본질을 이해하는 것인데, 이러한 이해는 연속적이거나 자연스러운 경험이 아닌 단회적이고 충격적인 사건이라는 점에서의 '깨달음'이다. 양자역학적 용어를 빌려 말하자면 이러한 깨달음은 '엄청난 진동 혹은 떨림'이다. 이러한 떨림은 인간 스스로가 만들어 내는 것이 아니라 외부에서 오는 어떤 충격, 다시 말해 더 큰 어떤 파장(wave)에 부딪힐 때 만들어지는 그런 '진동'(vibration)이다. 그러한 '외부에서 오는 충격파'의 실체는 '물과 성령'이시다. 물과 성령은 히브리어 대구법에 의하면 사실 동전의 앞뒷면과 같은 것으로 전자는 사역의 상징을, 후자는 사역의 실체를 의미하는 것이다. 즉, 성령은 하나님의 영(루아흐, 바람)으로서 '씻음'의 사역으로 다가오시는 분이시다. 3절에서 '위로부터 나는 것'은 즉, '하나님께서 보내시는 성령으로부터 씻음을 받는 것'을 의미한다. 무엇을 씻는다는 말인가? 그것은 사람의 영이다. 아담 이후 태어난 모든 인류는 하나님의 영으로부터 단절된 채 태어났다. 영적으로 죽은 상태인 것이다. 죽은 자에게 하나님께서 보내시는 바람이 불어와야 한다. 그럴 때만이 살아나게 된다. 그리고 그럴 때만이 예수라는 인격의 참 본질을 볼 수 있게, 즉 깨닫게 되고 영혼의 떨림으로 반응하게 된다. 예수님께서 니고데모에게 '바람이 부는 것'에 대해 말씀하신 것도 그런 맥락이다.

신약성경은 이러한 깨달음, 즉 영혼의 진동과 떨림이 있는 순간부터 참된 신앙생활이 비로소 시작된다고 말한다.

"이 복음이 이미 너희에게 이르매 너희가 듣고 참으로 하나님의 은혜를 깨달은 날부터 너희 중에서와 같이 또한 온 천하에서도 열매를 맺어 자라는도다"(골 1:6)

이러한 영혼의 진동 혹은 영혼의 떨림은 하늘의 세계와 비로소 연결되는 순간이다.

"그의 신기한 능력으로 생명과 경건에 속한 모든 것을 우리에게 주셨으니 이는 자기의 영광과 덕으로써 우리를 부르신 자를 앎으로 말미암음이라"(벧후 1:3)

예수 그리스도께서 자신을 믿는 자들의 모임인 교회를 지상에 세우셨을 때 가장 중요한 것이 이러한 떨림을 계속 유지하며 하나님을 알지 못하는 세상을 향하여 울림을 발산하는 것이었다. 교회 안과 밖에서 하는 주요한 사역이 바로 말씀을 증거하는 일이다. 가르침과 선포의 방식으로 하나님의 말씀을 전하는 것은 떨림의 나눔이다. 이것으로 모든 교우들을 더욱 강력하게 떨리게 할 것이며, 택함받은 자들이 또한 반응하여 진리 안으로 나아오게 될 것이다. 그래서 교회에서 일하는 모든 사역자들은 하나님의 영(바람)에 적극 반응하여 강력한 떨림을 지속적으로 경험하고 그러한 떨림의 상태에서 다른 사람들을 가르치고 깨우치는 일에 전심을 다하여 집중해야 한다.

"그러나 교회에서 네가 남을 가르치기 위하여 깨달은 마음으로 다섯 마디 말을 하는 것이 일만 마디 방언으로 말하는 것보다 나으니라"(고전 14:19)

설교

기독교에서 설교행위는 매우 특별하다. 왜냐면 하나님께서 자신의 택한 백성을 설교라는 행위를 통해 부르시기로 결정하셨기 때문이다. 또한 설교는 "양 떼를 먹이는 하나님의 방법"이기도 하다. 그렇기 때문에 설교는 교회의 모든 예전에 있어서 가장 중요한 순서가 된다. 설교가 살아 있으면 교회도 살아 있게 된다. 설교는 교회에 생명을 불어넣는 수단이며, 새로운 생명을 탄생하게 하는 수단이기도 하다. 성경에서 '설교'를 어떻게 말하고 있는지 살펴보자.

설교행위보다 설교자의 정체성이 우선한다. 사도 바울은 자신의 정체성을 '선포자'로 세우심을 받은 자로서 소개하고 있다.

> "내가 이 복음을 위하여 반포자와 사도와 교사로 세우심을 입었노라"(딤후 1:11)

우선 설교는 재판정에서 하는 증언(testimony)이다. 그리고 설교자는 증인(witness)이다. 설교하는 행위는 따라서 '하나님 앞에서' 이루어진다. 사람에게 하는 것처럼 보이지만 설교자는 하나님 앞에서 말하는 사람이다. 설교는 '논쟁'도 아니고 '주장'도 아니며, 정보를 전달하는 '강의'도 아니고 '설득'도 아닌 '선포'이다. 설교는 하나님 앞에서 하는 '증언행위'이므로 설교자가 설교를 올바르게 한다면 설교자는 하나님에 대한 경외심으로 '진동'하게 될 것이다. 왜냐하면 하나님의 말씀은 온 우주 만물을 창조한 원천적인 진동이기 때문이다.[139] 따라서 하나님의 말씀을 전하는 설교자는 떨림이 있어야 한

---

139 최신 이론 입자물리학의 연구동향은 '끈이론'(string theory)으로 만물의 움

다. 하나님을 대면할 때 떨면서 '죽은 자와 같이' 되었던 많은 선지자들의 떨림이다.

"내가 너희 가운데 거할 때에 약하며 두려워하며 심히 떨었노라"(고전 2:3)

설교의 내용은 구체적으로 '하나님이 어떤 분인지, 하나님이 어떤 일을 행하셨는지'에 관한 메시지이다. 그러한 메시지는 전적으로 기록된 성경의 범위 안에 있어야 한다. 따라서 설교를 다음과 같이 정의할 수 있겠다. "설교는 하나님 앞에서 하나님이 어떤 분인지, 어떠한 일을 하셨는지에 관하여 하나님과 증인들 앞에서 신실하게 증언하는 행위"다.

"믿음의 선한 싸움을 싸우라 영생을 취하라 이를 위하여 네가 부르심을 입었고 많은 증인 앞에서 선한 증거를 증거하였도다"(딤전 6:12)

설교에서 가장 중요한 것은 설교자가 하나님을 뚜렷하게 의식하는 것이고 동시에 증인들의 눈을 바라보는 것이다. 눈 마주침(아이컨택)은 증인이 참말을 하고 있다는 것을 증명하는 행위이다. 그리고 증언의 권위는 웅변이나 화술에 달린 것이 아니라 성경의 권위

직임을 설명하는 것이다. 이에 관하여 다음의 책을 볼 것을 추천한다.
초끈이론의 진실, 피터 보이트, 박병철 역, 승산출판, 2013

와 성령의 임재에 대한 확신에서 나온다. 살아 있는 설교는 하나님의 빛이 회중에게 비치는 은혜의 통로가 된다. 이 설교를 통해 하나님의 백성은 영혼의 안식과 믿음을 갖게 되는 경험을 하게 된다. 하나님의 말씀은 기적을 낳는 힘이 있다. 그 힘이 활성화되려면 설교자는 하나님을 응시하고 청중을 응시해야 한다.

"베드로가 요한으로 더불어 주목하여 가로되 우리를 보라 하니"(행 3:4)

설교자에게 있어 설교는 목숨을 건 증언이기 때문에 그 준비에 심혈을 기울여야 한다. 설교는 미리 준비해야 하며, 이를 위해 가능한 한 오래전에 본문을 연구하여야 하며, 충분히 묵상하여야 하며, 자신의 삶 속에서 스스로 실천하며 적용함으로써 메시지가 설교자 자신의 삶의 전부가 되도록 힘써야 한다. 설교자의 설교 연구는 대체로 두 가지로 나뉜다. 하나는 본문 연구이고 다른 하나는 설교 연구이다. 본문 연구란 성경 본문에 대한 원어적, 문법적, 역사적, 교리적 해석을 하며, 묵상과 실천을 통해 자신의 내면에 깊이 스며들게 하는 과정이다. 반면, 설교 연구란 설교의 구성과 흐름에 관하여 연구하는 것이다.

"에스라가 여호와의 율법을 연구하여 준행하며 율례와 규례를 이스라엘에게 가르치기로 결심하였었더라"(스 7:10)

설교자는 항상 연구하는 자세를 가져야 하고, 묵상하는 일과 기록하는 일을 습관적으로 해야 한다. 중요한 것은 연구하고 묵상하는 과정 속에서 "깨달은 것"을 기록하는 것이다. 설교자 자신에게 먼저 그 말씀을 깊이 적용하는 것이 중요하다. 그리고 그 말씀을 하나님 앞과 증인들 앞에서 실실하게 '증언'하는 자신의 모습을 그려 보는 것으로 설교를 준비하게 된다.

"그러나 교회에서 네가 남을 가르치기 위하여 깨달은 마음으로 다섯 마디 말을 하는 것이 일만 마디 방언으로 말하는 것보다 나으니라"(고전 14:19)

설교자가 자신의 마음에 새기는 작업이 중요하다. 원고는 종이에 쓰는 것이 아니라 마음에 새겨야 한다. 강단(pulpit)에서는 원고에 얽매여서는 안 된다. 강단에서는 오로지 '자유로워야' 한다. 설교자가 자유로울 때 성령께서도 자유롭게 운행하실 수 있기 때문이다. 또한 설교자는 자신을 온전히 부인해야 하며, 복음의 메시지에 스스로 결박당해야 한다. 자신을 부인하고 복음을 개방해야 한다. 설교자는 하나님의 빛을 가리는 방해물이 되지 않도록 최선을 다해야 한다.

기독교에 있어서 설교는 정보전달이 아니라 '사건'이다. 흔히들 설교한다고 하면 '잔소리하다' '가르치려 하다' '훈계조로 말하다' '개념전달'의 의미로 생각한다. 많은 목사들은 '대언한다'라고 대답할 것이다. 그러나 그 어떤 것도 아니다. 설교는 어떤 사건이 발생하는 순간이다. 하나님의 말씀에 관해 설명할 때 물질세계가 파동으로서 존재하는 것을 가능하게 하는 원천적인 파동이라고 정의하였다. 그렇다면 설교란 행위는 하나님의 진동을 중심으로 설교자와 회중에 함께 공명하는 사건이라고 할 수 있다. 이러한 '공명'이 발생하지 않는 설교를 설교라 할 수 없다.

설교는 청중의 마음속에 '진동'을 일으키는 행위이다. 그러기 위해서는 설교자 자신이 '증인'으로서의 분명한 정체성을 확립하고 있어야 하며, 자신이 전달하게 될 그 말씀에 대한 깊은 '깨달음' 즉 '울림'을 가져야 한다. 자신이 깨닫는 기쁨이 없는데 어떻게 듣는 사람들을 깨닫게 할 수 있을까. 하나님의 말씀은 전하는 자에게 먼저 '사건'으로 다가와야 한다. 또한 설교자는 자신의 '음성'에 주의를 기울여야 한다. 자신의 목소리를 항상 깨끗하게 유지하는 노력을 해야 한다.

물리학자들에게 '공명'(resonance)이란 현상은 익숙하다. '공명현상' 혹은 '공진현상'(resonance)이란 특정한 주파수를 가진 물체에 같은 주파수를 외부에서 가하면 진폭이 커지는, 즉 에너지가 커지는 현상을 말한다. A라는 전원장치와 B라는 회로장치는 떨어져 있다. 전원장치에서 발생하는 주파수가 회로의 주파수와 서로 일치할 때 '공명현상'(또는 공진현상)이 발생하게 되어 회로에도 전류가 흐르게 되는 것을 관측할 수 있다. 오늘날 휴대폰을 선이 없어도 충전시킬 수 있는 기술이 이 원리로 만들어진 것이다.

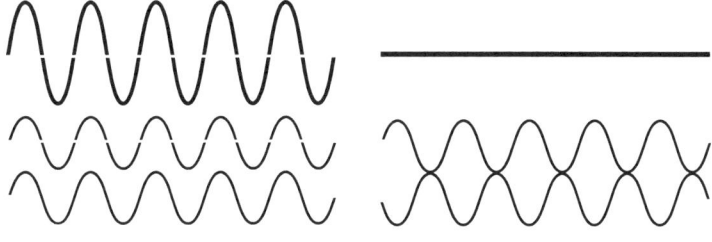

파동이 어떻게 중첩되느냐에 따라 증폭되기도 하고 상쇄되기도 한다

선교하는 하나님

복음주의적 신학의 마지막 단원은 언제나 선교에 관한 진술이다. 기독교 선교학(Christian missiology)에서 가장 중요한 명제는 이것이다. 살아 계신 하나님은 선교하는 하나님이시다!

하나님께서 만물을 그 로고스(Logos)로써 창조하셨다. 로고스는 하나님의 창조의 방법이자 목적이며 근본이시다. 적절한 비유인지 모르나 부모는 그 사랑하는 자녀를 위해 모든 파티를 준비한다. 그것이 자녀의 기쁨을 위한 것이고 동시에 부모 자신의 기쁨이기도 하다. 첫째 날 모든 만물의 근본이 되는 빛을 창조하셨다. 모든 만물은 하나님께서 첫째 날 만드신 빛으로 되어 있다. 모든 만물은 빛을 품고 있고 빛을 방출하고 있다. 실체를 반영하는 거울처럼 만물은 창조주의 힘과 거룩과 아름다움을 반영하고 있었다. 그래서 하나님은 보시고 좋다고 하셨다.

하나님은 그 사랑하는 아들을 위해 하나님을 닮은 사람을 흙으로부터 만드셨다. 다른 모든 동물들은 둘씩 짝으로 창조하셨지만 창조된 사람은 혼자였다. 흙(원자)에서 창조된 사람에게 하나님의 호흡(wave)을 불어넣으시자 사람은 '살아 있는 영' 즉 매우 특별한 존재가 되었다. 그리고 그를 깊이 잠들게 하신 다음 그의 옆구리에서 갈빗대 하나를 취하여 여자를 만드셨다. 하나님께서 작정하신 일, 그리고 장차 하실 일을 행동으로 보이신 것이다.

첫 사람 아담과 하와는 하나님의 피조물을 다스리는 제사장과 같은 역할을 감당하기 위해 지음받았고 그들은 정기적으로 하나님을 만날 성전과 같은 곳인 에덴동산에서 거하면서 하나님을 섬기며 피조물을 축복하며 다스리는 일을 수행해야만 했다. 그러나 그들은 하나님처럼 되고자 하는 욕심에 눈멀어 결국 하나님의 명령을 어겼고 그들이 지음받을 때 입혀졌던 영광의 옷은 박탈되었다. 범죄한 그 즉시 그들은 자신들이 벌거벗었음을 깨닫게 되었다. 수치심은 인간이 범죄함으로 갖게 된 첫 감정이었다. 그 수치심은 형벌에 대한 두려움으로 즉시 바뀌었다. 그러나 그들이 추방당하기 전 하나님은 그들에게 '구원의 길'을 제시하여 주셨다(창 3:15).

범죄한 첫 사람은 하나님의 영광이 새어 나오는 에덴의 입구에서 머물며 회복의 길을 열어 줄 구세주를 기대하면서 살았다. 하지만 죄는 더욱 강력한 힘을 발휘하여 가인이 아벨을 죽이는 일이 발생하고 말았다. 하나님의 빛이 새어 나오는 에덴의 동편 입구에서조차 가인은 머물지 못하고 추방되어 동쪽으로 계속 발걸음을 옮겨야 했다. 범죄한 인류의 발걸음이 하나님의 빛으로부터 점점 멀어지면서 문명은 발달하였지만 점점 죄악이 심각하게 퍼지게 되었다. 하나님은 홍수를 보내어 그들을 심판하셨지만 그 와중에도 노아와 노아의 가족은 살아남아 다시 인구는 번성하기 시작했다. 그렇게 불어난 인류는 다시 홍수의 재난을 당하지 않기로 결심하면서 하나님을 대항하여 뭉치기로 하자 하나님은 강림하셔서 원래 하나였던 그들의 언어를 혼잡하게 섞어 버리셨다. 그 결과 각종 언어그룹으로 나뉘어 땅의 끝까지 흩어지고 말았다.

70여 민족으로 나뉘어 땅끝까지 흩어진 족속들에게 하나님의 이름과 빛을 전하는 특별한 족속을 선택하기로 하셨다. 그래서 그 특별한 민족의 조상으로 아브라함을 선택하시고 불러내시고 그 민족을 심으실 그 땅을 향하여 가게 하셨다.

"여호와께서 아브람에게 이르시되 너는 너의 본토 친척 아비집을 떠나 내가 네게 지시할 땅으로 가라 내가 너로 큰 민족을 이루고 네게 복을 주어 네 이름을 창대케 하리니 너는 복의 근원이 될찌라 너를 축복하는 자에게는 내가 복을 내리고 너를 저주하는 자에게는 내가 저주하리니 땅의 모든 족속이 너를 인하여 복을 얻을 것이니라 하신지라"(창 12:1-3)

하나님은 아브라함과 언약을 맺으셨다. 하나님께서 하실 일들을 분명히 약속하셨다. 그리고 이러한 약속은 그 아들 이삭과 그 손자 야곱과 더불어 세 번 반복되었다. 그리고 드디어 아브라함을 큰 민족의 조상으로 삼겠다는 약속을 이루기 위해 요셉을 전령으로 애굽에 보내셔서 준비하게 하셨다. 흩어진 70여 족속을 향해 나아가는 특별한 족속을 이루기 위해 야곱의 70여 가족은 이집트로 내려가게 되었다.

이집트에서 400여 년간 살면서 드디어 큰 민족을 이루게 되었다. 때가 되어 하나님은 모세를 억압을 받던 그들에게 보내셔서 구원하게 하셨다. 하나님께서 이집트에 있던 이스라엘을 건져 내기 위해 하신 방법은 이집트 전역에 큰 재앙들을 내리신 일이었다. 이집트 전역에서 모든 사람들이 떠받들며 두려워하며 섬기던 그들의 신들에게 재앙을 내리셨다. 이 재앙을 통해 이스라엘 민족은 추방당하듯이 탈출하게 되었다. 더 이상 돌아갈 수 없는 바다를 기적적으로 건넌 후 도착한 시내산에서 그들은 하나님과 언약식을 갖게 된다. 하나님은 모세를 통해 그들에게 계명과 성막을 주시면서 그들을 그곳으로 인도하여 내신 목적을 선포하신다.

"나의 애굽 사람에게 어떻게 행하였음과 내가 어떻게 독수리 날개로 너희를 업어 내게로 인도하였음을 너희가 보았느니라 세계가 다 내게 속하였나니 너희가 내 말을 잘 듣고 내 언약을 지키면 너희는 열국 중에서 내 소유가 되겠고 너희가 내게 대하여 제사장 나라가 되며 거룩한 백성이 되리라 너는 이 말을 이스라엘 자손에게 고할찌니라"(출 19:4-6)

하나님께서 이집트에서 벗어난 이스라엘에게 주신 율법과 성막은 구원의 선물과도 같았다. 율법은 이스라엘 민족을 모든 민족 중에서 가장 윤리적이고 고상한 민족으로 만들 것이며 모든 민족을 이끌 만한 리더십을 갖춘 민족으로 되기에 충분할 것이다. 또한 하나님은 그들에게 성막(tabernacle)을 주셨는데 하나님은 그들을 언제든지 만나 주겠다고 하신 것이다. 이스라엘은 하나님을 만날 수 있는 특별한 성소를 가진 민족이 되었던 것이다. 아담이 잃어버린 동산이 이제는 성막이 되어 이스라엘 품에 안긴 것이다. 온 우주의 하나님을 자유로이 만날 수 있는 것이 얼마나 큰 선물인가!

하나님은 본격적으로 모세를 통해 계속 말씀하시면서 이스라엘을 '거룩한 백성, 제사장 나라'로 만들기 위한 하나님의 방법들에 관하여 말씀하셨다. 그들을 거룩하게 만드는 하나님의 방법은 레위기에 자세히 기록되어 있다. 기본 제사법을 통해 죄를 처리하는 방법이 구체적으로 제시되고 있고, 그 제사를 수행할 제사장들이 임명되고 있고, 이스라엘 백성을 거룩하게 만들기 위해 음식, 옷, 피부, 가옥, 관계, 사회 전반에 걸쳐 거룩에 대한 하나님의 방법이 제시되고 있다.

그러나 이스라엘이 하나님의 마음을 놓쳐 버리고 광야 생활을 하는 내내 하나님에 대하여 신실하지 못하게 행동하였다는 것은 민수기를 통해 자세히 나와 있다. 그러나 그들의 신실하지 못함에도 불구하고 하나님은 그들을 언제나 신실하게 공급하시고 인도하시는 일이 대조적으로 기록되어 있다. 그동안 첫 인구조사에 참여한 첫 세대는 광야에서 다 죽게 되고 새로운 세대가 준비되어 요단을 건너 약속의 땅을 향하여 전진하려고 할 즈음에 모세는 요단을 건널 이스라엘에게 다시 율법을 강론하면서 그들의 과거 현재 미래를 조망하고 있다(신명기).

요단을 건너 성공적으로 가나안 땅을 차지한 이스라엘은 제비뽑기를 통해 땅을 분배받았으나 그 땅에서 여전히 남아 있던 우상숭배의 뿌리를 완전히 제거하지 못하고 때로는 가나안 토착종교와 혼합되기도 하면서 하나님을 믿는 신앙에서 멀어지곤 했다. 그럴 때마다 하나님은 그들을 버리지 않으시고 외부의 적들을 일으켜 그들을 치게 하셨고 그들은 각성하여 간절히 도움을 부르짖을 때 하나님은 그들을 억압하고 폭정으로 다스리던 적들을 심판할 '사사'(판관, judges)를 보내셔서 그들을 구원하게 하셨다. 계속되는 실패와 타락과 징계와 구원이 반복되면서 사람들은 저마다 자기 소견에 좋을 대로 행동하면서 영적으로 성적으로 이스라엘은 타락하던 시기에도 보아스와 룻의 이야기처럼 하나님의 은혜의 강물은 여전히 흐르고 있었다.

이스라엘은 사사들로 만족하지 못했고 열국과 같이 강력한 왕을 요구했다. 그들의 요구에 따라 세워진 첫 왕인 사울은 기름 부음을 받은 지 얼마 안 되어 하나님으로부터 멀어지게 되었고 이스라엘은 또다시 고통을 겪게 되었다. 그들을 위해 하나님은 하나님의 마음에 합한 다윗을 왕으로 준비시켜 주셨다. 하나님의 성전을 향한 열망을 품고 있던 다윗에게 하나님은 그의 몸에서 날 아들이 하나님을 위한 성전을 지을 것을 약속하시는 언약을 주셨다. 그의 아들 솔로몬을 통해 그 언약이 얼핏 성취되는 것처럼 보였으나 그 영광은 금방 시들고 말았고 나라는 북이스라엘과 남유다로 분열되어 서로 싸우다가 북이스라엘은 주전 722년 아시리아 제국에게 멸망하고 남유다는 주전 586년에 바벨론에 의해 멸망당했다.

포로로 잡혀간 유대인들이 70여 년간 나그네 생활을 하면서 다시 고국으로 돌아가 성전을 짓고 살게 될 희망을 가지고 귀환할 수 있었다. 많은 방해와 어려움에도 불구하고 성전과 성벽은 재건될 수 있었다. 그럼에도 유대 백성들의 삶은 점점 정체성을 잃고 또다시 방황하기 시작하였다. 더 이상 선지자들이 일어나지 않았으나 유대 백성들은 오실 메시아를 기대하면서 살게 되었다. 하나님의 빛을 세계 열방에 비추어야 할 제사장 사명을 지녔음에도 불구하고 그들은 선민의식에 사로잡힌 채 스스로 고립되고 있었다.

때가 되어 여자의 몸에서 하나님의 아들이 나셨는데 그분이 예수 그리스도이시다. 예수님은 세상 죄를 지고 가는 하나님의 어린양으로 오셔서 하나님 나라의 비밀을 선포하셨고 하나님의 영광을 보여주셨으며 마침내 그 백성의 죄를 짊어지고 십자가에 달려 죽으셨고 그 옆구리에 창이 찔려 물과 피를 쏟으셨다(아담의 옆구리에서 갈빗대를 취하여 여자를 만드신 하나님께서 십자가에 달려 죽으신 예수의 옆구리에서 여자가 해산할 때 흘리는 물과 피와 같이 새 생명의 공동체를 출산하는 과정으로 복음서는 묘사하고 있다). 예수께서는 십자가에서 속죄의 피를 쏟으시기 전 자신에 대해 다음과 같이 선포하셨다.

> "나는 세상의 빛이니 나를 따르는 자는 어두움에 다니지 아니하고 생명의 빛을 얻으리라"(요 8:12)

그러나 더욱 놀라운 것은 세 번 미리 예고하신 대로 예수는 다시 살아나셨고 제자들과 40여 일 더 지내다가 제자들이 보는 가운데서 하늘로 올리우셨다. 그리고 올라간 그대로 다시 오실 것이 선포되었다. 그리고 지상의 교회들에게 "가서 땅의 모든 족속을 제자로 삼을 것"을 지상명령으로 주셨다. 그리스도를 주로 고백하고 예배하는 신약의 모든 교회들은 그 명령에 순종하는 것을 최우선 과제로 삼고 있다.

"예수께서 나아와 일러 가라사대 하늘과 땅의 모든 권세를 내게 주셨으니 그러므로 너희는 가서 모든 족속으로 제자를 삼아 아버지와 아들과 성령의 이름으로 세례를 주고 내가 너희에게 분부한 모든 것을 가르쳐 지키게 하라 볼찌어다 내가 세상 끝날까지 너희와 항상 함께 있으리라 하시니라"(마 28:18-20)

여기까지가 성경 전체를 요약한 것이다. 즉 성경 66권은 선교하시는 하나님의 이야기인 것이다. 선교란 하나님의 영광을 피해 추방 혹은 흩어지고 떨어져 나갔던 땅의 족속들, 세계 민족들을 향하여 찾아가시는 하나님이 하시는 일이다. 선교의 주체는 교회가 아니며 하나님이시다. 교회는 하나님이 하시는 일에 단지 부름받고, 동역자로 쓰임 받는 하나님의 백성으로서의 공동체이다. 선교하시는 하나님이 하시는 일이 무엇인가? 흩어진 땅의 족속들에게 찾아가셔서 하나님의 빛을 전하는 것이다. 하나님의 얼굴빛을 다시 비추어 주시는 일이다. 하나님의 빛으로 다시 불러 모으는 일이다. 이 일을 위해 교회를 세우신 것이다. 하늘로 올리우신 예수 그리스도는 지금도 살아 계셔서 그의 몸 된 교회를 통해 하나님의 빛을 열방에 확장케 하는 일을 하고 계신다. 하늘의 광명체들(lights)이 첫째 날 빛의 운반체였듯이 교회는 하나님의 빛을 세계 열방에 전하는 등대와 같은 기관이다. 교회가 땅끝까지 가서 모든 족속에게 전하는 소식은 이것이다.

"각양 좋은 은사와 온전한 선물이 다 위로부터 빛들의 아버지께로서 내려오나니 그는 변함도 없으시고 회전하는 그림자도 없으시니라 그가 그 조물 중에 우리로 한 첫 열매가 되게 하시려고 자기의 뜻을 좇아 진리의 말씀으로 우리를 낳으셨느니라"(약 1:17-18)

"우리가 저에게서 듣고 너희에게 전하는 소식이 이것이니 곧 하나님은 빛이시라 그에게는 어두움이 조금도 없으시니라"(요일 1:5)

하나님께서 하신 모든 일들은 빛을 중심으로 일어난 일들이다. 하나님은 자신의 신성과 영광과 능력을 잘 드러내는 빛을 만드시고 빛으로 모든 만물을 창조하셨다. 혼돈에서부터 질서로 나아간 모든 세계가 하나님의 역사라 하겠다. 어둠은 죄를 가져오게 했고 세상은 혼란에 빠지게 되었으나 하나님은 빛으로 모든 어둠을 몰아내기 시작하셨다. 하나님의 나라는 하나님께서 빛으로 다스리는 영역이자 하나님의 얼굴빛이 닿는 모든 곳이다. 죄는 하나님의 얼굴을 돌리게 만들어 하나님의 빛으로 차단시키는 것이었고, 죽음은 하나님의 빛으로부터 단절되어 어둠 가운데 사는 것이었다. 하지만 하나님은 그들에게 속죄의 길을 제시하셔서 하나님 자신의 얼굴빛을 땅끝까지 비추시기로 하셨다. 약속하신 대로 하나님의 로고스가 사람의 모양으로 오셔서 대속의 토대를 성취하셨고 그 위에 빛의 나라는 다시 건설되기 시작하게 하셨다. 하나님의 아들로 말미암아 신기한 빛의 세계로 다시 연결되는 구원의 길이 열리게 되었고 그 빛을 전하는 교회를 지상에 두셨다. 때가 되면 그 빛의 나라가 온 세상에 나타나게 될 것이다.

교회: 빛의 공동체

교회는 어둠에서 빛으로 부름받은 자들의 모임(*ekklesia*) 즉, 어둠의 나라에서부터 불러내심을 받아 하나님의 빛 아래 들어와서 사는 사람들의 공동체를 교회라 한다. 교회는 빛의 운반자이며 빛의 공동체이다. 이 공동체의 대표는 부활의 첫 열매이신 예수 그리스도이시다.

> "오직 너희는 택하신 족속이요 왕 같은 제사장들이요 거룩한 나라요 그의 소유된 백성이니 이는 너희를 어두운데서 불러 내어 그의 기이한 빛에 들어가게 하신 자의 아름다운 덕을 선전하게 하려 하심이라"(벧전 2:9)

교회는 세상 가운데 빛을 선포하기 위해 세워진 기관이다. 하나님의 말씀이 곧 빛이다. 어둠을 비추는 빛이다. 교회는 빛을 만들어 내는 곳이 아니라 빛을 운반하는 곳이다. 빛을 비추는 교회가 자기 기능을 잃어버리게 되면 그것으로 교회는 존재할 이유를 잃어버리는 것이다.

> "너희는 세상의 빛이라 산위에 있는 동네가 숨기우지 못할 것이요 사람이 등불을 켜서 말 아래 두지 아니하고 등경 위에 두나니 이러므로 집안 모든 사람에게 비취느니라 이같이 너희 빛을 사람 앞에 비취게 하여 저희로 너희 착한 행실을 보고 하늘에 계신 너희 아버지께 영광을 돌리게 하라"(마 5:14-16)

교회는 어떤 의미에서 세상 안에서 등잔(lamp)과 같다. 만일 교회가 빛을 비추는 기능을 제대로 하지 못하면 어떻게 되는가?

"그러므로 어디서 떨어진 것을 생각하고 회개하여 처음 행위를 가지라 만일 그리하지 아니하고 회개치 아니하면 내가 네게 임하여 네 촛대를 그 자리에서 옮기리라"(계 2:5)

교회는 진리의 빛을 비추기 위해 항상 거룩하기 위해서 노력해야 한다. 회개하고 또 회개하여야 한다. 죄와 치열하게 싸워야 한다. 그럴 때만이 교회는 세상 가운데 진리의 빛을 비추는 운반자의 역할을 수행할 수 있다. 만일 교회가 그 사명을 제대로 감당하지 못하면 교회의 머리 되신 예수 그리스도께서는 다른 교회를 일으키시어 그 일을 하게 하실 것이다. 지금도 빛 가운데 계신 하나님은 그 아들에 관하여 증언하는 복음의 메시지를 통해 미리 아신 자들을 부르신다. 하나님의 부르심에는 후회가 없으므로 그 속에는 의롭다 하심과 거룩하게 하심과 영화롭게 하심이 다 들어가 있다.

"하나님이 미리 아신 자들로 또한 그 아들의 형상을 본받게 하기 위하여 미리 정하셨으니 이는 그로 많은 형제 중에서 맏아들이 되게 하려 하심이니라 또 미리 정하신 그들을 또한 부르시고 부르신 그들을 또한 의롭다 하시고 의롭다 하신 그들을 또한 영화롭게 하셨느니라"(롬 8:29-30)

하나님의 복음의 말씀을 들을 때 하나님의 빛이 비추이도록 하나님의 성령께서 일하신다. 하나님의 빛으로 비추임을 받은 자들은 어둠에서 나와 그 빛 가운데 자신을 드러낼 것이다. 그렇게 부름받은 자들이 모여서 사람들의 빛이요, 생명이시며 부활하신 하나님의 로고스를 높이고 그 이름을 부르며 예배한다. 하나님의 빛 가운데 살기를 소망하며 서로를 그렇게 축복하며 격려한다. 그리고 하나님의 빛을 세상에 비추며 살기를 다짐하며 빛의 사자로 세상으로 나아가기로 자처한다. 하나님은 그들을 위해 하늘의 빛난 집을 준비하고 계신다.

"저희가 이제는 더 나은 본향을 사모하니 곧 하늘에 있는 것이라 그러므로 하나님이 저희 하나님이라 일컬음 받으심을 부끄러워 아니하시고 저희를 위하여 한 성을 예비하셨느니라"(히 11:16)

"너희는 마음에 근심하지 말라 하나님을 믿으니 또 나를 믿으라 내 아버지 집에 거할 곳이 많도다 그렇지 않으면 너희에게 일렀으리라 내가 너희를 위하여 거처를 예비하러 가노니 가서 너희를 위하여 거처를 예비하면 내가 다시 와서 너희를 내게로 영접하여 나 있는 곳에 너희도 있게 하리라"(요 14:1-3)

교회는 빛의 공동체이다. 하나님의 빛 가운데 살아가는 자들의 모임이다. 빛은 모든 어둠을 밝히는 힘이 있다. 빛이 있는 곳에 어둠은 함께 존재할 수 없다. 따라서 교회는 어둠과 전투하는 공동체이다.

교회에서 세우는 모든 직분자들은 어둠과의 전투가 벌어지는 최전방에서 전투를 벌이는 빛의 전사들이다. 그들은 도덕적 권위와 영적 권위에서 세상이 감당할 수 없는 사람들이다. 교회가 세상으로부터 비난을 받는 것은 교회가 도덕적인 권위를 상실하였기 때문이다. 교회는 세상에 빛을 비추는 등대의 역할을 감당하기 위해서는 먼저 권위를 회복해야 한다.

"이와 같이 집사들도 단정하고 일구 이언을 하지 아니하고 술에 인박히지 아니하고 더러운 이를 탐하지 아니하고 깨끗한 양심에 믿음의 비밀을 가진 자라야 할찌니 이에 이 사람들을 먼저 시험하여 보고 그 후에 책망할 것이 없으면 집사의 직분을 하게 할 것이요"(딤전 3:8-10)

너를 이해함으로써 나를 이해한다

나는 신학을 이 시대가 접근하여 이해하기 쉽게 하기 위해 이 시대의 언어로 재구성되어야 한다는 생각을 가지고 글을 쓰기 시작했다. 이 시대가 보고 있고 누리고 있는 20세기와 21세기 현대문명(예를 들어, 통신, 컴퓨터, 휴대폰, 가전제품을 가능하게 만든 반도체 산업, 핵에너지 등)은 모두 양자역학의 발달로 생겨난 열매들이다. 오늘날 사람들은 양자역학을 몰라도 양자역학의 열매를 즐기고 있다. 사람들은 이제 조금씩 양자역학에 대해 알아 가기 시작하고 있다. 언젠가는 양자역학이 모든 사람의 상식이 될 날이 올 것이다. 그렇다면 21세기를 살아갈 사람들에게 '하나님의 말씀'은 양자역학의 언어로 다시 쓰여야 한다는 것이 나의 신념이다.

그래서 최대한 선입견이 없이 양자 물리학을 살펴보기로 했다. 최대한 넓게 다양하게 연구도서를 읽고 이해하려고 노력했다. 수학적 기호와 방정식은 건너뛰고 그것이 설명하고자 하는 원리와 현상에 대해 집중하고자 했다. 그래서 배운 것이 많다. 우선, 양자역학을 통해 신학을 이해할 수 있게 된 것이 있다. 양자의 세계와 신학의 세계가 서로 극과 극에 위치한 것처럼 보이지만 사실 공통된 점이 너무나 많다는 점이다. 내가 알고 믿고 가르치던 신학이 우리가 실제 경험하는 현실과 동떨어진 것이 아니라 사실 우리가 보고 듣고 만지는 것을 가지고 보이지 않는 하나님과 하나님의 진리의 세계를 설명하고 있다는 것을 알게 되었다. 그런 점에서 양자역학을 배우면서 신학에 대해 새롭게 알게 된 것이 많았다. 정확하게 표현하자면 새로운 진리를 발견했다고 하기보다는 내가 갖고 있었던 진리체계가 더욱 선명해지는 그런 것이었다.

둘째로, 신학을 통해 양자역학을 이해할 수 있게 된 것이 있다. 양자물리학은 원자의 세계를 관찰하면서 그 법칙을 발견하는 것이다. 보이는 거시세계와 달리 양자세계는 매우 신비하고 또 신기하였다. 관측할 때 파동함수가 붕괴된다든지, 양자중첩 혹은 양자얽힘이라든지 하는 말들이 너무나 신기하였지만 신학을 한 사람의 눈에는 그것이 새롭기 때문에 신기한 것이 아니라 신앙의 체계와 너무나 비슷하기 때문에 신기했다. 과학자들은 왜 그런 현상이 그런 식으로 발생하는가에 대해서는 결코 답을 하지 못했다. 하지만 신학은 그 현상을 설명하는 것이 아니라 원인을 알려 준다. 나는 양자가 왜 그런 식으로 작동하는지 신학을 통해 이미 알고 있었다.

셋째로 이 작업을 수행하면서 나는 이해의 폭이 넓어지는 것은 무지의 폭이 넓어지는 것과 같다는 것을 깨닫게 되었다. 이해는 무지함을 발견하는 것이다. 하나님을 아는 것은 하나님에 대한 나의 무지함을 아는 것이다. 양자역학도 마찬가지다. 처음에는 너무 재미있었다. 그래서 신이 났지만 공부하면 할수록 리처드 파인만의 말이 맞다는 것을 실감할 수밖에 없었다. 내가 양자역학에 관하여 모르는 것이 더욱 많아져 갔다. 이러한 깨달음은 확실히 내가 오만과 독선에 빠지지 않게 해 주는 힘이 있다는 것을 알게 되었다. 그리고 나와 다른 생각을 가진 사람의 말에 대해 마음을 열고 경청할 준비를 하게 만들었다. 이것으로 나는 나의 노력에 충분한 보상을 받은 것이다.

넷째로, 내가 무엇인가를 '진정으로' 이해할 때 우리는 반드시 변화된다는 사실이다. 내가 하나님을 아는 순간 그 즉시 나 자신이 변화되는 것을 경험한다. 양자얽힘의 원리가 신학에도 적용되는 순간이다. 내가 양자역학을 다 이해하지는 못했지만 이해한 범위만큼 나 자신이 변화되었다고 느낀다. 그리고 이러한 변화는 내 의식이 다른 어떤 존재와 연결되었다는 증거임을 알게 되었다. 그래서 나는 더욱 열망하게 되었다. 하나님을 더 알고 싶다고. 하나님을 알기 위해 더욱 노력할 것이라고. 우리는 이러한 변화를 경험함으로써 성장하게 된다.

다섯째, 하나님을 알려면 어떻게 해야 할까? 원래 하나님께서 양자세계와 물질세계를 창조하신 이유는 사람으로 하여금 보고 발견하라는 목적 때문이었다. 모든 피조물은 하나님의 영광과 능력과 신성을 반사하고 있다. 그래서 그것을 보고 발견하게 되면 하나님께 다시 영광을 돌려드릴 수밖에 없다. 발견한 그 빛을 원주인에게 다시 되돌려 보내는 것, 이것이 사람을 창조하신 하나님의 궁극적인 목적이다.

하나님을 아는 것과 하나님이 창조하신 자연을 아는 것은 무엇이 다른가? 자연을 아는 것이 곧 하나님을 아는 것이라고 하는 자연신론과 달리 하나님을 알 때 비로소 자연을 알게 된다고 믿는다. 하나님을 알기 위해 자연을 알려고 할 필요는 없다. 그러나 하나님을 아는 사람은 자연을 통해서 하나님을 더욱더 알 수 있다. 이것이 신학자가 물리학을 배워야 하고, 물리학자가 신학을 배워야 하는 이유이다.

신학자와 물리학자는 각자 오만과 독선을 넘어서기 위해 서로를 이해하고 서로에게 도움을 요청해야 한다. 원자가 서로 결합하여 화학 성질을 띠는 다른 물질을 만들어 내듯이 그렇게 융합할 필요까지는 없다. 단지 서로를 이해하고자 노력함으로써 도움을 주고받는 친구가 될 수 있다. 신학은 겸손히 몸을 낮추어 변화하는 시대에 맞추어 새로운 옷을 입고자 자신을 개혁하는 자세를 보여야 한다. 그럴 때 세상은 복음에 귀를 기울이며 다가올 수 있을 것이다.

지금까지 달려온 진리를 향한 나의 탐구의 여정을 마무리할 때가 되었다. 존 폴킹혼이 자신에 관하여 한 말로써 끝내려 한다.

> "저는 과학과 종교라는 두 관점으로 실재를 보는 '두 개의 눈을 가진 사람'(two-eyed person)입니다. 이런 쌍안경의 시야가 한 눈으로만 보는 것보다 훨씬 더 많은 것을 볼 수 있게 해 준다고 저는 믿습니다.[140]"

---

[140] 쿼크, 카오스, 그리스도교, 존 폴킹혼, 우종학 역, 비아출판, p. 9

에필로그

저는 책을 위한 원고를 탈고하기를 마치자마자 그동안 미뤄 왔던 별 보기 캠핑을 떠났습니다.

자신이 수집한 보석을 남몰래 보면서 행복해하는 어느 수집가처럼 저는 밤하늘의 별을 보고 있으면 행복해집니다. 우주에 흩뿌려 놓은 보석들은 하나님의 아들들에 대한 하나님의 비전을 나타냅니다. 복잡한 도시 생활 속에서 답답할 때면 텐트와 망원경을 가지고 광해(light pollution)가 적은 곳으로 훌쩍 떠납니다. 별들을 관찰하는 일은 제게는 가장 효과적인 스트레스 해소법입니다.

그런데 광해가 심한 도시에서도 유난히 잘 보이는 별들이 몇 있습니다. 그중에 목성과 토성은 매우 밝은 별입니다. 그런데 사실 목성과 토성은 밤하늘에 매우 밝게 빛나지만 사실 별이 아닙니다. 그것들은 별(star)이 아니라 행성(planet)입니다. 별은 내부에서 수소 원자를 핵융합시켜 스스로 빛을 내며 밤하늘을 밝히지만 행성은 스스로 빛을 내지 못합니다. 주변의 항성(star)에서 나오는 빛을 반사할 뿐입니다. 행성은 항성 없이는 혼자서 빛나지 않습니다.

우리가 사는 이 세상을 볼 때도 그렇습니다. 화려한 빛을 내는 별과 같은 인생처럼 보이지만 사실 스스로 빛을 내지 못하고 단지 만들어진 빛을 반사할 뿐입니다. 항성이 사라지면 행성은 즉시 어두워집니다. 그러나 별은 어둠이 강할수록 밝은 빛을 냅니다. 이처럼 어떤 이들은 세상에서 아무것도 아닌 것 같지만 엄청난 빛을 내면서 진정한 스타로 살아갑니다. 내면에 말씀이 역사하고 있기 때문입니다.

밤하늘의 어떤 별은 매우 희미한 빛을 내는 것처럼 보이지만 천체 망원경을 통해 보면 깜짝 놀라게 됩니다. 센타우루스 자리의 구상성단은 하나의 별처럼 보이지만 사실은 천만 개의 별을 가지고 있지요. 희미한 별 하나로 보이던 것이 1조 개의 별을 가진 메시에 31번 안드로메다은하(galaxy)일 수 있고, 메시에 45번 자리 플레이아데스성단(Pleiades star cluster)일 수 있습니다.

우주는 보이는 것과 실재가 너무나 다릅니다. 하나님께서는 욥에게 "네가 아름다운 플레이아데스성단을 한데 묶을 수 있겠느냐?"라고 물으셨듯이 제게도 물으십니다. "너는 별자리들을 각각 제때에 이끌어 낼 수 있으며 북두성을 다른 별들에게로 이끌어 갈 수 있겠느냐? 네가 하늘의 궤도를 아느냐? 하늘로 하여금 그 법칙을 땅에 베풀게 하겠느냐?"(욥 38:32, 33) 저의 대답은 이것입니다. "저는 무지하며 무지한 말로 이치를 가리는 자입니다. 재 가운데에서 회개할 따름입니다."

양자역학을 공부하면 할수록 더욱 모르는 자신을 발견하게 됩니다. 우주도 마찬가집니다. 그리고 하나님의 말씀도 마찬가지입니다. 하나님을 알아 가는 것은 하나님에 대해 너무나 무지한 나 자신을 알아 가는 것입니다. 그러나 확실한 것은 진리를 알면 알수록 내가 변하게 되는 것입니다. 우리는 스스로의 힘으로 빛을 내지 못합니다. 그러나 진리의 말씀을 밝히 깨닫게 되고 그 말씀을 즐거워하며 살아가게 되면서 어두운 우주를 밝히는 별과 같은 인생이 될 수 있습니다. 지금 짧은 인생을 사는 동안 진정한 별과 같이 사는 인생에게 하나님은 가까운 장래 영원히 우주를 밝히는 별과 같은 인생으로 부활하게 하실 것입니다.

"흠 없고 순결하여 굽어지고 뒤틀린 세대 가운데서 하나님의 흠 없는 자녀가 되어 세상에서 빛을 비추는 자들이 되십시오. (그러기 위해서) 생명의 말씀을 굳게 잡으십시오. 그러면 나의 달음질과 나의 수고가 헛되지 않고 마쉬아흐의 날에 내게 자랑거리가 될 것입니다."(직역성경 빌 2:15, 16)[141]

책의 마지막에 매일 드리는 저의 가정예배에 사도신경 대신 사용하는 신앙고백문을 실었습니다. 예배 가운데 하나님께 나아가는 이들에게 실제적인 도움이 되길 바랍니다.

---

141 Do everything without complaining or arguing, so that you may become blameless and pure, children of God without fault in a crooked and depraved generation, in which you shine like stars in the universe as you hold out the word of life – in order that I may boast on the day of Christ that I did not run or labor for nothing. (NIV, Phil. 2:14-16)

참고문헌

강성열, 기독교 신앙과 카오스이론, 대한기독교서회, 2018
고재현, 양자역학 쫌 아는 10대, 풀빛, 2023
고석규, 역사 속의 시간 시간 속의 역사, 느낌이있는책, 2021
곽영직, 양자역학으로 이해하는 원자의 세계, 지브레인, 2017
귀도 토넬리, 제네시스, 김정훈 역, 2024
김갑진, 마법에서 과학으로: 자석과 스핀트로닉스, 이음, 2022
김상욱, 김상욱의 양자공부, 사이언스북스, 2023
떨림과 울림, 동아시아, 2024
김송호, 신의 존재를 과학으로 입증하다, 물병자리, 2016
김유신, 양자역학의 역사와 철학, 이학사, 2016
김재권, 신을 제외하면 나는 합리적일 수 있을까, 연세대출판문화원, 2022
다카미즈 유이치, 시간은 되돌릴 수 있을까, 김정환 역, 북라이프, 2024
레너드 서스킨드, 블랙홀 전쟁, 이종필 역, 사이언스북스, 2022
리 스몰린, 아인슈타인처럼 양자역학하기, 박병철 역, 2021
리먀오, 세상에서 가장 쉬운 양자역학 수업, 고보혜 역, 더숲, 2023
리사 랜들, 우주를 지배하는 제5의 힘 암흑물질과 공룡, 김명남 역, 사이언스북스, 2023
리처드 파인만, 파인만의 여섯 가지 물리 이야기, 박병철 역, 승산, 2023
마쓰우라 소, 직감하는 양자역학, 전종훈 역, 보누스, 2023
마이클 다인, 우주로 가는 물리학, 이한음 역, 은행나무, 2022
마이클 워커, 양자역학이란 무엇인가, 조진혁 역, 처음북스, 2023
마크 해리스, 창조의 본성, 장재호 역, 두리반, 2020
만지트 쿠마르, 양자혁명: 양자물리학 100년사, 이덕환 역, 2022
미하엘 벨커 외, 케노시스 창조이론, 박동식 역, 새물결플러스, 2015
박권, 일어날 일은 일어난다, 동아시아, 2023

박영식, 창조의 신학, 동연, 2023
브라이언 그린, 엘러건트 유니버스, 박병철 역, 승산, 2022
우주의 구조, 박병철 역, 승산, 2022
브라이언 크레그, 한 권으로 이해하는 양자 물리학의 세계, 박지웅 역, 북스힐, 2019
박찬호, 창조신학특강, CLC, 2023
사이먼 싱, 우주의 기원 빅뱅, 곽영직 역, 영림카디널, 2022
숀 캐럴, 다세계, 김영태 역, 프시케의숲, 2023
스티븐 베리, 열역학, 신석민 역, 김영사, 2022
신국현, 유신진화론과의 대화, 세움북스, 2024
아놀드 민델, 양자심리학: 심리학과 물리학의 경계], 양명숙·이규환 공역, 학지사, 2024
애덤 베커, 실재란 무엇인가, 황혁기 역, 승산, 2022
이강영, 스핀: 파울리, 배타원리 그리고 진짜 양자역학, 계단, 2023
이길찬, 쉐퍼의 생명윤리, 솔로몬, 2011
이석영, 모든 사람을 위한 빅뱅 우주론 강의, 사이언스북스, 2023
이순칠, 퀀텀의 세계, 해나무, 2023
이재원, 우주의 빈자리, 암흑 물질과 암흑 에너지, 컬처룩, 2018
장왕식, 종교적 상대주의를 넘어서, 대한기독교서회, 2017
장회익, 양자역학을 어떻게 이해할까, 한울아카데미, 2022
정세영 외, 물질의 재발견, 김영사, 2023
정완상, 세상에서 가장 쉬운 과학 수업 원자모형, 성림원북스, 2023
잭 챌로너, 원자: 만물의 근원에 관한 모든 것, 장정문 역, 소우주, 2019
제레미 리프킨, 엔트로피, 이창희 역, 세종연구원, 2023
제원호, 과학, 창세기의 우주를 만나다, passover, 2021
제프리 베네트, 상대성 이론이란 무엇인가, 이유경 역, 처음북스, 2023
존 그리빈, 슈뢰딩거의 고양이를 찾아서, 박병철 역, 휴머니스트, 2021
존 폴킹혼, 폴킹혼의 양자물리학과 신학, 현우식 역, 동방박사, 2022
쿼크, 카오스, 그리스도교, 우종학 역, 비아, 2022

케노시스 창조이론, 박동식 역, 새물결플러스, 2015
짐 배것, 퀀텀스토리: 양자역학 100년 역사의 결정적 순간들, 박병철 역, 반니, 2011
기원의 탐구, 박병철 역, 2017
물질의 탐구, 배지은 역, 2017
힉스, 신의 입자 속으로, 박병철 역, 김영사, 2016
최무영, 최무영 교수의 물리학 강의, 책갈피, 2019
카를로 로벨리, 시간은 흐르지 않는다, 이중원 역, 쌤앤파커스, 2023
칼 세이건, 코스모스, 홍승수 역, 사이언스북스, 2023
테야르 드 샤르댕, 인간현상, 양명수 역, 한길사, 2023
토니 로스먼, 빅뱅의 질문들, 이강환 역, 한겨레출판, 2022
토마스 헤르토흐, 시간의 기원, 박병철 역, RHK, 2023
티모시 페리스, 물리학의 길, 오세웅 역, 생각의길, 2021
팀 제임스, 양자역학 이야기, 김주희 역, 한빛비즈, 2023
폴 데이비스, 현대물리학이 발견한 창조주, 류시화 역, 정신세계사, 2000
피터 보이트, 초끈이론의 진실, 박병철 역, 승산, 2013
한정훈, 물질의 물리학, 김영사, 2022
현우식, 신의 존재에 대한 괴델의 수학적 증명, 경문사 2013

부록 1 - 양자역학 & 천체물리학 연표[142]

1618 데카르트가 빛은 플레넘(plenum)을 매개로 이동하는 파동이라 제안함
1672 뉴턴이 빛은 미립자로 구성되어 있다고 주장함
1801 영이 이중 슬릿 실험으로 빛의 파동성을 입증함
1842 크리스티안 도플러가 도플러 효과를 발견함
1846 패러데이가 빛은 전자기파라고 추측함
1961 맥스웰이 패러데이의 가설을 입증함
1897 J.J.톰슨이 전자를 발견함
1899 러더퍼드가 방사선이 입자로 구성되어 있음을 발견함
     독일 물리학자 막스 플랑크가 플랑크 상수를 발견함
1900 플랑크가 빛은 양자라는 가설을 제시함
1903 마리 퀴리가 자연방사능 연구로 노벨물리학상을 수상함(그녀는 1911년 폴로늄 라듐의 발견으로 노벨화학상을 수상함)
1905 아인슈타인이 빛은 광양자로 구성되어 있음을 증명함. 또한 특수상대성 이론을 발표함
1908 러더퍼드가 원자핵을 발견함
1911 벨기에 사업가인 어네스트 솔베이가 세계적인 물리학회를 주최함
1913 닐스 보어가 전자껍질을 채운 전자 에너지가 양자화되어 있음을 발견함
1915 아인슈타인이 일반 상대성 이론을 발표함
1917 러더퍼드가 양성자를 발견함
1918 독일의 물리학자 막스 플랑크가 흑체복사와 양자역학 연구로 노벨물리학상 수상함
1919 영국 아서 에딩턴이 아프리카에서 개기일식 현상 관측을 통해 아인슈타인의 상대성 이론을 검증하는 데 성공함
1921 알버트 아인슈타인이 이론물리학의 공헌과 광전효과로 노벨물리학상을 수상함

---

142 이석영, 『빅뱅우주론 강의』 및 팀 제임스, 『양자역학 이야기』, 김주희 역, pp. 278-283 참조

1922 러시아 알렉산드로 프리드만이 최초로 우주팽창가설을 제시함
      덴마크 물리학자 닐스 보어가 그의 양자연구로 노벨물리학상을 수상함
1924 드 브로이가 파동-입자 이중성을 제안함
1926 슈뢰딩거가 파동방정식을 발표함
      보른이 파동함수를 특정 사건이 발생할 확률의 제곱근으로 해석함
      미국의 천문학자 에드윈 허블에 의해 우리 은하 외에 다른 외부 은하의 존재 발견함
1927 제5차 솔베이 회의에서 양자역학과 관련하여 혁명적인 논쟁이 시작됨
      파울리가 슈뢰딩거 방정식에 스핀 개념을 도입함
      하이젠베르크가 불확정성 원리를 발견함
      조지 톰슨이 전자도 파동처럼 회절간섭 하는 것을 입증함
      드 브로이가 파일럿 파동 해석을 발표함
      벨기에의 물리학자 르메트르가 우주 팽창론을 벨기에 학술지에서 불어로 발표함
1928 폴 디랙이 양자장 이론을 제안함
1929 미국 천문학자 에드윈 허블이 외부은하들의 스펙트럼에서 나타나는 적색편이를 관찰하여 우주팽창의 증거로서 제시함
      루이 드 브로이가 전자의 파동성을 연구한 공로로 노벨물리학상을 수상함
1930 하이젠베르크가 코펜하겐 해석의 윤곽을 제안함
      파울러가 중성미자의 존재를 제안함
      제6차 솔베이 회의에서 양자역학의 불완전성을 주장하는 EPR 역설이 제시됨
1932 채드윅이 중성자를 발견함
      폰 노이만이 파동함수 붕괴의 원인을 찾으려고 시도함
      앤더슨이 양성자를 발견함
1933 페르키가 약장을 제안함
      폴 디랙이 디랙 방정식으로 노벨물리학상을 수상함
      인도의 천체물리학자 수브라마니안 찬드라세카르가 백색왜성 이론을 발표함(그는 백성왜성 연구에 대한 공로를 인정받아 1983년에 노벨상을 수상하게 됨)
1935 슈뢰딩거가 상자 안의 고양이 사고실험을 제안함
      유카와가 원자핵의 안정성을 설명하는 강력(핵력)을 제안함
      아인슈타인, 포돌스키, 로슨이 EPR 역설을 발표함

1936	뮤온이 발견됨
1939	한스 베데가 태양의 수소핵융합 원리를 논문으로 발표함(1967년 노벨 물리학상 수상)
1947	파이온과 케이온이 발견됨
1948	조지 가모프와 랄프 알퍼가 「화학 원소들의 기원」이란 논문을 통해 우주를 이루는 주기율표에 나오는 원소들이 어떻게 형성되는지 설명함
1949	파인먼, 슈윙거, 도모나가가 성공적으로 QED 이론을 고안함
	영국 천문학자 프레드 호일은 팽창우주론을 '빅뱅아이디어'라고 비판함
	프리드먼의 제자였던 조지 가모프가 빅뱅이론을 논문으로 발표함
1952	데이비드 봄이 파일럿 파동해석을 확장함
1956	전자 중성미자가 발견됨
	우젠슝이 약장은 비대칭임을 확인함
1957	에버렛이 다세계 해석을 제안함
	프레드 호일, 마거릿 버비지, 제프리 버비지, 윌리엄 파울러가 함께 탄소를 포함한 무거운 원소들이 1억 도 이상의 고온의 별의 중심부에서 만들어졌다는 사실을 발견함. 이 연구로 1983년 파울러는 노벨상을 수상하게 됨
1961	위그너가 의식이 파동함수의 붕괴를 유발한다고 주장함
1962	뮤온 중성미자가 발견됨
1964	벨이 EPR 역설 검증 방법을 제시함
	겔만이 위, 아래, 기묘 쿼크를 포함하는 양자색역학의 개요를 제안함
	글래쇼가 맵시 쿼크를 제안함
	브라우트, 앙글레르, 힉스가 질량을 설명하는 새로운 장을 제안함
1965	아르노 펜지어스와 로버트 윌슨이 우주 마이크로파 배경 복사(CMBR)를 우연히 발견함. 그 공로로 그들은 1978년 노벨물리학상을 수상하게 됨
1968	위, 아래, 기묘 쿼크가 발견됨
	와인버그, 살람, 글래쇼가 약전자기 이론을 완성함
1973	Z 보손이 발견됨
1974	맵시 쿼크가 발견됨
	타우온 입자, 타우온 중성미자가 발견됨
	영국의 천체물리학자 스티븐 호킹이 블랙홀 주변에서 발생하는 양자역학 이론, 이른바 호킹복사론을 발표함
1975	미국 여성 천문학자 베라 루빈이 암흑물질의 증거를 제시함(암흑물질에 대한 진지한 논의는 1980년대 중반에서야 본격적으로 시작됨)

1977	바닥 쿼크가 발견됨
1982	아스페가 벨의 실험을 성공적으로 수행하며 고전물리학으로는 얽힘을 설명할 수 없음을 증명함
1983	W+, W- 보손이 발견됨
1989	미국 항공우주국(NASA)에서 코비 인공위성을 띄워 우주 배경 복사를 정밀하게 관측함
1990	4월 24일. 미 항공우주국(NASA)와 유럽우주국(ESA) 협력으로 개발한 허블 우주 망원경을 우주 왕복선 디스커버리호에 실어 우주로 보냄
1993	페리스, 우터스, 베넷이 양자 원격 전송을 제안함
1994	도노무라가 단일 전자로 이중 슬릿 실험을 수행하여 입자가 자신을 간섭함을 증명함
1995	꼭대기 쿼크가 발견됨
1998	거대 강입자 충돌기 건설이 시작됨
1999	김윤호가 '지연된 선택에 의한 양자 지우개' 실험으로 미래가 과거의 양자 얽힘에 영향을 준다는 것을 보여 줌
2003	레너드 서스킨드는 소립자가 상대론적 끈의 들뜬 상태로 기술될 수 있다는 끈이론 풍경 개념을 발표함
2005	쿠더가 드 브로이-봄 해석을 입증할 몇 가지 증거를 제시함
2006	미국 항공우주국(NASA)의 존 매더 박사는 2.725K의 정밀한 우주 배경 복사를 측정한 공로로 인공위성 코비를 설계한 조지 스무트와 함께 노벨상을 수상함
2008	거대 강입자 충돌기를 처음으로 가동함 6월 11일, NASA에 의해 감마선 관측을 통해 블랙홀 탐사를 위한 페르미 우주 망원경 발사함
2009	5월 14일 유럽 우주국(ESA)에 의해 허셜 우주 망원경과 플랑크 우주 망원경 발사하여 우주배경복사(CMB) 관측 시작함
2009	12월 14일 NASA에 의해 적외선 관측을 통해 지구 근접 소행성과 혜성을 발견하기 위해 와이즈(WISE) 우주 망원경 발사함
2011	초신성 관측을 통해 가속 팽창 우주의 증거를 찾은 솔 펄머터, 브라이언 슈미트, 아담 리스가 노벨물리학상을 수상함
2012	7월 4일 스위스 제네바에 있는 유럽원자핵공동연구소(CERN)에서 거대 강입자 충돌기로 힉스 보손을 발견함

2014 오코넬이 처음으로 고전적인 물체를 양자 중첩 상태에 놓음
2017 판젠웨이가 인공위성으로 양자 원격전송을 실시함
      리드지가 박테리아에 레이저를 쏘아 얽힌 상태로 만듦
2018 4월 18일 미국항공우주국(NASA)에 의해 외계행성 탐사 목적으로 테스(TESS) 우주 망원경을 발사함
2021 12월 25일, 허블 망원경의 직경보다 3배 큰 6.5미터의 직경을 가지면서 적외선 관측 가능한 제임스 웹 우주 망원경이 우주로 보내짐
2023 7월 유럽우주국(ESA)이 암흑물질과 암흑에너지를 관측하기 위해 유클리드 망원경을 우주로 보냄(미국 NASA에서는 2027년 같은 목적을 위해 만든 로먼 우주 망원경을 발사할 예정)

부록 2 - 나의 신앙고백문
(My Confession)

1. 나는 전지전능하셔서 천지를 만드시고 또한 나를 만드신 삼위 하나님, 곧 성부 하나님 성자 예수님 성령 하나님을 나의 주 나의 하나님으로 믿습니다.

2. 나는 영원하신 하나님의 아들 예수 그리스도께서 아무 죄 없는 사람의 몸으로 오시어 십자가에 못 박혀 죽으심으로 나의 죄가 되시고 제 삼일에 다시 살아나시어 나의 의가 되신 것을 믿습니다.

3. 나는 주 예수께서 부활의 첫 열매로서 지금도 살아계시며 하나님 아버지 우편에 계셔서 나의 구주 나의 목자 나의 중보자가 되시며 세상 끝날 나를 데리러 다시 오실 것을 믿습니다.

4. 나는 주 예수께서 복음의 말씀으로 나를 세상으로부터 불러내어 그의 거룩한 몸의 지체가 되게 하셨으며, 그분의 나라를 위해 나를 세상으로 보내신 것을 믿습니다.

5. 나는 하나님의 능력으로 보호하심을 받아 살게 될 것과 세상 끝날 모든 산자와 죽은 자가 영생의 부활과 심판의 부활을 통하여 하나님 앞에 서서 심판을 받게 될 때에도 주 예수께서 나의 의가 되실 것을 믿습니다.

6. 나는 주 예수 그리스도의 보배로운 피로 죄 사함을 받았으며 나를 데리러 다시 오시는 그날에 그분같이 새로운 몸을 입게 될 것과 그분과 함께 영원히 살게 될 것을 믿습니다.

7. 나는 성령의 감동으로 기록된 성경말씀이 나의 삶에 참된 양식이자 유일한 권위가 되는 하나님의 말씀임을 믿습니다.

8. 나의 몸은 나의 것이 아니라 하나님의 것이며, 성령을 의지하며 하나님의 영광을 위해 살아가는 하나님의 백성 하나님의 자녀가 된 것을 믿습니다. (아멘)